999 The Extraordinary
Young Women of the First Official Jewish
Transport to Auschwitz

[美]希瑟·丘·麦克亚当—— 著

曾 记——译

湖南人民出版社·长沙

致
伊迪丝

纪念
莱亚和阿德拉

本书获誉

在众多揭露纳粹屠犹暴行的图书中，本书可谓独树一帜。作为纪实文学类的作品，该书对遭到纳粹迫害的 999 名有名有姓的犹太女性的身世和遭迫害过程进行了如歌如泣又荡气回肠的描写，人们可以感受到在二战期间纳粹对犹太民族灭绝式迫害的惨烈。

——徐新，南京大学戴安 / 杰尔福特·格来泽犹太和以色列研究所所长，著有《反犹主义：历史与现状》

我们面前的这本书是极其重要的，它讲述了 1942 年春有 999 名犹太女孩从斯洛伐克被遣送到奥斯维辛，最终幸存者寥寥无几的历史。它有力地描述了这些犹太受难者遭受的痛苦，用全新的视角展现了女性在大屠杀中的特殊故事。此外，它还展示了奥斯维辛从集中营转变为"死亡工厂"以及犹太大屠杀之象征的历史过程。

——梅尔·立特瓦克教授，以色列特拉维夫大学历史系主任大屠杀的教训是普遍的教训，对于每一个人都很重要，不论他身居何处，身为何人，信奉何种宗教。而要理解大屠杀，就必须深入了解奥斯维辛这座集中营、灭绝营这个大屠杀的象征。铭记大屠杀，让人类历史上的这段惨剧不再重演，是我们每个人的责任。就这个任务而言，本书极有帮助。

——劳霈乐，以色列驻广州总领事

在奥斯维辛集中营解放75周年之际，这个关于奥斯维辛的故事鲜活而又引人注目。麦克亚当（1995年合著有《雷娜的承诺：一个关于奥斯维辛姐妹的故事》）记载了近1000名来自斯洛伐克犹太女性的故事，她们是第一批被运往这个位于波兰的死亡集中营的女性。尽管奥斯维辛集中营中的斯洛伐克犹太人不占多数，但斯洛伐克犹太人中的大多数都被遣送至此。作者充分利用了"与目击者、幸存者及其家属的访谈，还有南加州大学大屠杀档案馆证词"。大部分读者已然了解集中营里许多令人震惊的情形，包括奴役以及其他不胜枚举的剥削，但作者向我们展示的是这样的画面：每当一列火车进站，就会有一次对囚犯的拣选，囚犯要么被送去做苦役，要么被消灭；就连早上点名的时候也会经历拣选。所谓拣选，既无规律，也无道理，通常不过是心血来潮。第一批被送来的女性身上被文上了编号，号码从1000开始，但不到一年，编号就突破了39000。作者写道，有些工作更安全也稍微舒服一些，如缝纫、洗衣、邮递、文书和医务工作。她们最想得到的工作则是整理那些新来囚犯的衣物。通常情况下，这些女性能找到一块面包，或者一些违禁品，小心偷带出去。还有人曾找到过一盒钻石。被抓住后，她借口称这是留给一名纳粹军官的。她逃过一劫，而这个军官辞职去买了个农场，再也没回来过。读这本书的整个过程中，读者定会不断被这些女性的力量所震撼——她们不顾一切，奋力求生，相互扶持，常常对朋友伸出援手，或偷藏生病的囚犯。作者在序言中写道："我就是尽可能完整地还原这些第一批被'正式'遣送至奥斯维辛的犹太女孩的遭遇。"这不是一本轻松的读物，但想象一下，这个目标一旦实现……年轻女孩们在异常悲惨的境遇下迸发出巨大力量——这是多么振奋人心的故事！

——柯克斯书评

在这段充满温情又令人痛心的叙述中，历史学家、小说家麦克亚当重构了在1942年3月第一批到达奥斯维辛集中营的年轻犹太女性的生活……这部细致入微而饱含同情的历史纪实作品，描述了一场难以想象的人间悲剧。

——出版人周刊

这部充满敬意的叙事文学作品，在第二次世界大战的背景中，满怀同情而又细致入微地缅怀了整个故事中的年轻女性。值得推荐。

——图书馆期刊

希瑟·丘·麦克亚当的这本书使这些女孩重新获得了她们在历史上应有的地位。

——前言评论

该书是对大屠杀史以及女性史的重要补充。不是每个人都能处理好这种题材，但希瑟·丘·麦克亚当却具有极高的资质，表现出深刻的洞察力和敏锐的视角。

——苏珊·莱西，电影制片人

1942年春天，近一千名年轻的犹太女性，有些不满15岁，于斯洛伐克境内被征召。当时她们只知道是要去往波兰的德占区替政府工作，而且只用工作几个月。但只有极少人生还。麦克亚当不仅成功再现了第一批被遣送女性的背景，而且还再现了她们在奥斯维辛集中营那些年的日常生活和遇难过程。这样的书是必不可少的：它能时刻提醒现在的读者铭记那段不该被遗忘的历史。

——卡罗琳·穆尔黑德，著有《冬日列车》

这本书记述的是大屠杀历史中被遗忘的女性的故事，内容令人震惊。在这部叙述深刻的著作中，希瑟·丘·麦克亚当描绘了年轻女性如何在人类史上最恶劣的事件之中相互帮助、渡过难关。她的书阐述了这些女性如何在苦难中长大成人，以及她们的子女作为"二代幸存者"的情况。

——《纽约时报》畅销书作家盖尔·谢伊，著有《人生之路》和《无畏——我的人生之路》

无论人们读了多少关于大屠杀的书，依旧能发现更多震撼人心的东西。这些少女的故事确实非同寻常。祝贺希瑟·丘·麦克亚当，她的书让我们其他人能够坐下来，感慨她们到底是如何做到那一切的。

——《纽约时报》畅销书作家安妮·塞巴，著有《巴黎人》和《那个女人》

该书对丰富有关女性历史的文献做出了重要贡献。希瑟·丘·麦克亚当以其饱满的热情和广泛的研究，为第一批正式遣送至奥斯维辛集中营的女性确立了其在大屠杀历史上应有的地位。

——罗谢尔·G.赛德尔博士，"铭记女性"研究所创始人兼执行主任

推荐序

要理解大屠杀，必须充分了解奥斯维辛集中营。纳粹德国曾建立了六座集中营兼灭绝营，用以执行所谓的"犹太问题最终解决方案"。奥斯维辛是其中最大的一座，它规模最大，运作时间也最长。出于这些原因，加上其他缘由，它成了对犹太民族实施大屠杀的代名词和标志。

因此，书架上每增加一本有关奥斯维辛的新书，都是至关重要的事情。我们面前的这本书，讲述了犹太人在"最终解决方案"执行初期被遣送的始末，自然也是此类图书的一员，它的出版面世值得庆贺。

1942 年春，有 999 名犹太少女从斯洛伐克被遣送到奥斯维辛。这一事件有着重大的历史意义，它标志着斯洛伐克犹太人被毁灭的开端，也标志着奥斯维辛由一座集中营、劳动营和苏联战俘营转变成为一座灭绝营，成为纳粹德国建立的、用以实施"犹太问题最终解决方案"的六座大规模杀戮中心之一。它还有另一层历史意义：促使我们关注大屠杀中犹太女性的视角。此前鲜有人研究大屠杀中犹太女性命运的特殊性，而本书为这一主题的研究做出了重要贡献。

我衷心祝贺本书的译者——中山大学的曾记副教授。他卓越的工作，特别是翻译出版这本书，使犹太大屠杀得以在中国被人们知晓，对于人们了解犹太人在整个大屠杀期间的遭遇，尤其是在奥斯维辛集中营受到的迫害极为重要。

大屠杀的时代已渐行渐远，事件的见证者也陆续离开人世，很快就所剩无几。正因如此，我们必须不遗余力地让年轻一代走近这一时代，了解这一全人类都应知晓的事件。唯有了解这一时代，人类才会竭尽全力阻止这样的可怕罪行在未来重现——不论这种罪行是针对犹太人，还是其他任何族群。

吉迪恩·格雷夫

以色列犹太大屠杀研究所首席历史学家

目 录

历史上大部分时候，女性都湮没无闻。

——弗吉尼亚·伍尔夫

衡量任何一个社会，要看它如何对待女性。

——米歇尔·奥巴马

前　言

卡罗琳·穆尔黑德

　　1941 年至 1944 年间，到底有多少人被送进奥斯维辛集中营，又有多少人死在那里，确切数字无人知晓，也无法知晓，大多数学者所接受的只是一个并不准确的约数——100 万。希瑟·丘·麦克亚当却清楚地知道从斯洛伐克被遣送、于 1942 年 3 月 26 日抵达奥斯维辛集中营的第一批女性有多少人。通过对档案的不懈研究和对幸存者的走访，她还得知这近千名年轻的犹太女性中，有的甚至不满 15 岁，她们于 1942 年春季在斯洛伐克境内被征召，当时她们只知道是要去往波兰的德占区替政府工作，而且只用工作几个月。但最后只有极少数人活着回来。

　　麦克亚当研究了保存于以色列犹太人大屠杀纪念馆（Yad Vashem）的名单以及保存于南加州大学大屠杀基金会视觉历史档案馆（the USC Shoah Foundation's Visual Archives）和斯洛

伐克档案馆（Slovak National Archives）的证词，寻访了至今仍在世的少数女性幸存者，并和她们的家人及后代交谈，她不仅深入挖掘了第一批被遣送集中营的女性的背景，而且还原了她们在奥斯维辛集中营的日常生活和遇难过程。由于记录的缺失、不同姓名及绰号的混用、拼写的差异，加之二战以来时间的流逝，麦克亚当的研究愈发艰难。正如她所说，关于大屠杀和死亡集中营的写作绝非易事。她适当运用了文学笔法来再现当时的场景，还原当时的对话，这使得她的文字令人有身临其境之感。

正是在 1940 至 1941 年的冬末，德国法本公司（IG Farben）进驻奥斯维辛及其周边地区，因为此地靠近铁路枢纽，且矿藏丰富，水源充足，便于新建一座大型工厂，生产人工橡胶和合成汽油。奥斯维辛也受命参与执行"犹太问题最终解决方案"，囚徒们有些被分派劳作，其他人则很快遇害，尸体也很快就被处理掉。9 月份，用氢氰酸（即齐克隆 B）杀人的初次试验取得成功，850 名囚犯被毒杀。集中营的首任指挥官鲁道夫·霍斯便从这一试验里找到了解决"犹太问题"的方法。鉴于集中营内的医生跟他保证说毒杀"不会见血"，他认为这样能让手下人免于因目睹过于血腥的场景而产生心理阴影。

然而，首先集中营要建起来。建筑师汉斯·斯托斯伯格博士受命制订建造计划。在 1942 年 1 月 20 日召开的万湖会议上，帝国保安总局（the Reich Main Security Office）估计欧洲德占区将有近1100万犹太人。党卫队中仅次于海因里希·希姆莱的二号人物莱因哈德·海德里希称，犹太人必须按照"最终解决方案"以妥当的方式安排劳作。那些无法干活的老弱病残要直接处死。身强体壮的人安排劳作，也会在适当的时候被处死，因为"这些天然的精英一旦释放，又会成为新的犹太社会的滋生者"。

在纳粹仆从国中，斯洛伐克是第一个将犹太人遣送到奥斯维辛的国家。1000多年来，斯洛伐克曾是匈牙利王国的一部分，一战结束后则属于捷克斯洛伐克，直到1939年才成为独立的国家，处于德国的保护之下，通过出让大部分自主权来换取经济支持。天主教神甫约瑟夫·蒂索成为斯洛伐克的总统后，废除了反对党，实行审查制度，建立民族主义卫队，煽动反犹主义。德国吞并奥地利后，大量奥地利犹太难民涌入斯洛伐克，反犹主义态势愈演愈烈。一项人口普查显示，当时犹太人数量为8.9万，占总人口的3.4%。

命令下来了，让16至36岁的未婚犹太女性登记，带上行李前往集合地。起初这并未引起人们的警觉，尽管也有少数有预见的犹太家庭急切地想将女儿藏匿起来。事实上，一些女孩对于能去国外工作感到兴奋，尤其是得到保证说工作不久后就能回来。她们的天真，让抵达奥斯维辛时的震惊显得更加残酷，更何况到了那里之后，也无人提醒她们即将到来的恐怖。

就在同一天，从拉文斯布吕克集中营押送来了999名德国女性，而当时拉文斯布吕克集中营已经关押了5000名囚犯，容纳不了更多人。这些德国女性在出发之前经过了挑选，被认为适合承担营内职务。她们负责监督年轻的犹太女性从事拆除建筑、平整土地、挖掘沟渠、运输泥土和材料以及种地、养牛等工作，从而把已经在奥斯维辛集中营的男囚腾出来，承担扩建营地的重活。奥斯维辛集中营的斯洛伐克犹太女性多出身于充满温情的大家庭，习惯了温和的礼仪和安逸的生活，此时却被粗暴对待，被剥光衣服，被剃去毛发，在寒冷的黎明中忍受没完没了的点名，被迫赤足在泥地里行走。她们为了填饱肚子而争斗，被肆意惩罚，持续劳作，直至精疲力尽甚至死亡。她们倍感饥饿，身体虚弱，十分恐慌。据霍斯后来称，那些从拉文斯布吕克集中营调来的女看守，"对她们要求之严苛、手段之卑劣，比男看守有过之而无不及"。到1942年底，第一批送进奥斯维辛的女性有三分之二已经被折磨致死。

而奥斯维辛集中营则不断扩大。欧洲德占区内所有的犹太人，有的来自法国和比利时，有的来自希腊和南斯拉夫，还有的来自挪威和匈牙利，很快涌了进来。运送犹太人的火车每两天内就有三趟，每列火车挂有50节车厢，每节载有80多名囚犯。到1943年6月，四座焚尸场安装就位并投入使用，每天能焚烧

4736 具尸体。许多新来的囚犯，全家人连同婴儿幼直接被送进毒气室。

存活下来的斯洛伐克女性身心变得更加坚强。她们会巧计求生，报名去做最脏的活，或者进入缝纫工作队、农场工作队或是集中营办公室工作，以求活命。渐渐地，她们变得擅于躲避例行的"弱者灭绝"举动，也就是对生病、羸弱而不堪役使的人加以消灭的措施。如麦克亚当所言，这就是"生存的拉锯战"。幸运些的人在"加拿大营"里找到工作，"加拿大营"是集中营里一种具有讽刺意味的称呼，这片营区存放的是从入营的犹太囚犯那里抢来的物资。那些人在离家前曾被告知允许携带不超过 100 磅的个人物品。毯子、外套、眼镜、陶器、医疗器械、缝纫机、鞋子、手表、家具等东西，堆满了一大片，而那些比较幸运或者说比较精明的男女囚犯则持续轮班工作，收拾打包这些物品，搬上火车，运回德国。据后来估计，每周至少有两大箱贵重财物运回柏林，每箱重达一吨。

长期以来，这些斯洛伐克犹太女性的父母对女儿的去向毫不知情。零星收到的明信片，上面莫名其妙地问候早已死去的亲戚，令人费解甚至显得古怪，不过这也使得许多父母尚能说服自己：女儿目前很安全，受到良好的照顾。但是数月过后，恐慌开始蔓延，到了整户整户的人被集体带走的时候，恐慌愈发厉害。麦克亚当在书中写到的最辛酸的场景，莫过于一位幸存的女性在奥斯维辛集中营见到被送来的家人时惊恐不已，只因她太清楚等待自己父母和兄弟姐妹的命运是多么悲惨。

书中还写到奥斯维辛集中营里的许多经历，包括伤寒、毒杀、饥饿和暴行等，麦克亚当从不避讳这些惨状。这样的书是必不可少的，它能时刻提醒现在的读者铭记那段不该被遗忘的历史。

本书还详细介绍了斯洛伐克女性被遣送的背景、战前犹太社区的生活状况、对犹太人迫害的升级以及诸多家庭在为女儿打点行囊时的天真。她以令人动容的笔调写道：寥寥无几的幸存者回到家乡后，悲痛地发现双亲已逝，商铺废弃，房子也被邻居洗劫一空。战前斯洛伐克犹太人中有 7 万人死去，死亡比例超过 80%。战后，政府又禁止人们谈论任何与大屠杀有关的话题。第一批被遣送集中营的女性离家时还是女孩，三年半后回来时，饱经磨难的她们，看上去远比真实年纪苍老。但光是幸存下来就让她们饱受质疑：她们做了什么，才没和同伴一起送命？

我曾看到这么一张照片，令人久久难忘。一位叫琳达的年轻女性幸存者逃离了奥斯维辛集中营，躲过了夺去许多幸存者生命的死亡行军，横跨数个因战争变得混乱破碎的国家，数次差点被强奸，终于坐上了回家的火车。车厢里挤满了难民，于是她爬上了车顶，坐在缓缓行驶的火车上，眺望着四周的景色，那里没有带刺的铁丝网，没有瞭望塔，也没有持枪的警卫。春临大地，绿茵初现。她意识到，自己终于自由了。

作者序

鲁泽娜·格拉伯·克尼亚用德语说道："不值一提。"电话直接挂断了。我丈夫当时正为我翻译，见此也耸了耸肩。在首批被遣送奥斯维辛集中营的受害者中，鲁泽娜是我唯一能联系到的仍然在世的幸存者。她的囚犯编号是1649号。我原计划做一部纪录片，是关于第一批被遣送集中营的女性受害者的，而她在几个月前已经答应接受我的专访。但当时由于我的健康问题，未能飞去瑞士采访她。如今她却病倒了。

我试图跟她说明：我主要想和她谈论斯洛伐克的事情，以及她和其他女孩是如何被自己国家的政府征召和出卖的。她叹了口气说："我不愿再回想奥斯维辛。"她已经92岁高龄，对此我们也无可奈何。

我给她寄了感谢卡，然后在南加州大学大屠杀基金会视觉历史档案馆找到了她的证词，是德文版的。我们或许能够翻译它，但大屠杀档案馆提供的资料并未问及我想问的问题。这些问题从 25 年前（1992 年）我和雷娜·科恩赖希相识、共事以来就产生了，她也是第一批受害者里的幸存者。自从我写了《雷娜的承诺》（*Rena's Promise*）之后，第一批被遣送者的家人纷纷和我联系，告诉我更多关于自己堂表姐妹、姑姨、母亲和祖母的故事。了解的信息越多，我想到的问题就越多。

我有不少与这些亲属访谈的录音和录像，但就是没有一个幸存者本人愿意接受我的访谈，她们的亲属也不想我去叨扰她们。那些问题似乎永远不会有答案了。我理解，亲属是想保护自己的家人，毕竟她们年纪大了；如果是你，好不容易在奥斯维辛死亡集中营熬过三年，现在已年近百岁，为何还要去回忆那座地狱？我无意拿这些揭开旧伤疤的问题去伤害任何人，尤其不愿伤害那些了不起的女性。

在与鲁泽娜访谈后的一年内，我发了电子邮件给幸存者的后代，询问他们是否愿意在第一批遣送至奥斯维辛 75 周年之际，追溯他们的母亲从斯洛伐克到奥斯维辛的历史。不少人起初回复说愿意，但最后确定下来的只有 3 个家庭，它们是关系亲密的小团体，包括：埃尔娜和费拉的儿子阿维和阿基瓦，来自以色列；伊达·艾格曼的家人塔米、莎伦、塔米的孩子丹妮娜和乔纳森，来自美国；还有玛尔塔的女儿奥尔纳，来自澳大利亚。接着，在我与他们见面的前几周，我得知 92 岁高龄的伊迪丝·弗里德曼（1970 号）即将作为嘉宾出席 75 周年纪念仪式。于是几天后，我们进行了视频通话。我们一见如故。她告诉我，她愿意在斯洛伐克与我和我的摄制组会面。两周后，我们一起坐在一家苏联风格的旅馆里，房间四面是昏暗的白墙，挂着不怎么好看的装饰，我提出一些问题，这些问题25年前我在雷娜面前还不知道该如何开口。

像雷娜一样，伊迪丝活泼开朗，思维敏捷。她很活跃，房间顿时充满生气。我们一起走进斯洛伐克，走进伊迪丝和其他女孩被关押时的营房和被遣送时的火车站。在纪念仪式上，我们见到了斯洛伐克总统和总理、以色列驻斯洛伐克大使以及其他幸存者的子女。这些与我同行的幸存者后代与来自斯洛伐克的幸存者后代建立了纽带，他们深情拥抱彼此，场面令人动容。在这周快要结束时，我的丈夫对我说："你不该只拍一部纪录片，你还得写本书。"

要写关于奥斯维辛的东西绝非易事，但有了伊迪丝的帮助，我愿意试试看。我也不想把这本书写成一份回忆录。书的内容是关于这群女孩中的所有人，或者说其中所有我能得知消息、能够放到这段复杂历史中的人。在加拿大，我联系上了另一位幸存者埃拉。于是，我飞去多伦多，让两位幸存者相聚。伊迪丝和埃拉还记得对方，但她们表现得很拘谨。在用斯洛伐克语交谈的时候，伊迪丝的眼神中流露出一丝苦恼。想象中的那根温暖的纽带并不存在，我意识到在奥斯维辛时，伊迪丝与埃拉可能互相不怎么待见。这次会面一直有些别扭，两人感觉很疏远，直到她们开始拿着放大镜察看左前臂上的编号。

"褪色严重，我几乎看不清自己的编号了。"伊迪丝说道。

记忆也在褪色。但真相还在那里，只要你知道去哪里寻找。从伊迪丝的老照片上，我看到了鲁泽娜的面孔。

"你认识鲁泽娜吗？"我问道。

"当然！"伊迪丝回答道，似乎这个问题再愚蠢不过了，"我和鲁泽娜一起上过课，是好朋友，战争结束后她结了婚，丈夫叫埃米尔·克尼亚。埃米尔跟我丈夫一样，也是作家，我们还去瑞士看望过他们。"

不少女孩在去奥斯维辛之前就已经互相认识了，要么是来自同一个城镇或者村庄，要么是在同一个学校上过学，或者去同一个犹太会堂。尽管如此，在南加州大学大屠杀基金会视觉历史档案馆的证词中，极少有人会提到某个女孩的婚前姓氏。有时，幸存者只会提到某个女孩的外号，或者只按某个朋友的外貌特征来称呼她，这样就很难确认她们讲的是否是第一批遣送者中的同一个人。而玛吉·贝克（1955号）的证词是例外，几乎通篇都提及与她和伊迪丝一起长大的那些女孩的全名。而且，由于还有班级合影，伊迪丝也能够认出大多数女孩。在发现她俩同框的一张照片之前，我从未想过去问伊迪丝是否认识鲁泽娜，因为遣送名单上显示鲁泽娜是来自其他城镇，我也不知道她小时候住在胡门内。要是当初在她们还都活着时我就开始这段旅程，该有多好！

当我正在完成这本书的最后校订时，我收到一封电子邮件：

第一批被遣送的人中有我的祖母。我还记得她给我们讲过的故事。她写了一本关于遣送经历的书，但后来扔掉了，还说没人相信她的话。她写的证词第一页还在，我还保留着。她的名字是科尔内利亚·（尼恰）·格尔博娃，来自斯洛伐克的胡门内镇。她出生于1918年。

几秒钟后，我打开一个 Excel 文档，里面记录着每个女孩的姓名、家乡和年龄。然后，我看见了科尔内利亚·格尔博娃的名字，在耶路撒冷的犹太大屠杀纪念馆保存的原始名单上，她的编号是232。更神奇的是，鲁泽娜在证词中也提过科尔内利亚的妹妹，她俩曾一起在拉文斯布吕克集中营待过。两个女孩的名字都在名单的同一页，正如这三个你即将会非常熟悉的女孩：伊迪丝、莱亚和她们的朋友阿德拉。并且，就在这一页，还有两个你们已经认识的女孩：雷娜和埃尔娜。

在写这本书时，我最担忧的事情之一就是准确客观。我总担心时间和年表是否对得上，是否能确保叙述被准确地记录下来。伊迪丝让我不要担心，她说："我不可能都记得那么清楚准确，也没有人能做到，回忆就是会有缺失。所以，就算某个日期错了，又能怎么样？事情已经发生了，这就够了。"

希望如此。

故事的讲述会有不同的形式，核心资料来源于我与目击者、幸存者及其家属的访谈，还有南加州大学大屠杀视觉历史档案馆的证词。回忆录、大屠杀文学和历史档案则用于进一步讲述那些个体故事、历史现场和政治环境。我就是尽可能完整地还原这些第一批被"正式"遣送至奥斯维辛的犹太女孩的遭遇。当你发现某些对话有引号，便可以确定，那些直接引用的话要么来自访谈中幸存者和目击者自己说的，要么来自他们听到的。另外，为了更真实地还原那段历史，我用破折号来表示基于历史资料所尽可能还原的对话——只有当一段证词中提到某些对话或者论述，但还不够详细时，我才这样做。

非常感谢伊迪丝、格罗斯、盖利森，还有布兰德尔的家人，他们接纳我进入他们的过去与现在，将我视为其中一员。在她94岁的生日派对上，伊迪丝对我说："你就像我们的家人。"此时，她已经儿孙满堂，有一个重孙即将出生。能够成为这些女性的历史的一部分，成为她们过往的捍卫者和记录者，是我莫大的荣幸。她们被送去奥斯维辛时还是青葱少年，最后只有少数人活了下来回到家中。她们的幸存，对于全世界的女性而言都是一份赠礼。这个故事属于她们。

第一批被遣送的主要人物

第一批被遣送的人中，叫伊迪丝、玛格达、弗里德曼和诺伊曼的太多了，我不得不用别的名字称呼她们，希望用一种独特的方式让大家区分这些年轻的女孩。这也往往意味着我要采用她们的别名。对于那些主要人物，我们以真名或在遣送名单上写的名字来称呼她们。（出于某种原因，女孩们经常使用外号，而不是真名。因此，我在提到她们时的第一选择是使用名单上的名字。）如果有重名，一般会使用名字的另一个别名（比如用佩吉来指玛格利特）。如果重名超过两个，则只使用姓氏或用其他方式进行区分。我碰到许多叫玛格达和伊迪丝的人名，令我非常纠结，只好这样处理。我希望大家能明白，这是为了叙述更加清晰。换个名字不是对她们的不敬，是为了让读者更准确地铭记她们每一个人，这是对她们的最大尊重。

来自斯洛伐克的首批被遣送者中的女性（按地名排列）和她们的集中营编号：

胡门内（Humenné）

伊迪丝·弗里德曼（Edith Friedman），1970 号

莱亚·弗里德曼（Lea Friedman），伊迪丝的姐姐，1969 号

海伦娜·西特伦（Helena Citron），1971 号

伊莲娜·费恩（Irena Fein），1564 号

玛吉（玛吉塔）·贝克（Margie [Margita] Becker），1955 号

雷娜·科恩赖希（Rena Kornreich，来自波兰泰里克兹），
1716 号

埃尔娜·德朗格（Erna Dranger，来自波兰泰里克兹），
1718 号

迪娜·德朗格（Dina Dranger，来自波兰泰里克兹），1528 号

萨拉·布莱希（Sara Bleich，来自波兰克里尼察），1966 号

里亚·汉斯（Ria Hans），1980 号

玛雅（玛格达）·汉斯（Maya [Magda] Hans），编号未知

阿德拉·格罗斯（Adela Gross），编号未知

泽娜·哈伯（Zena Haber），编号未知

黛博拉·格罗斯（Debora Gross），未遣送

苏珊娜·塞尔默（Zuzana Sermer），未遣送

鲁津卡·西特伦·格劳伯（Ruzinka Citron Grauber），编号
未知

米哈洛夫采（Michalovce）

雷吉娜·施瓦茨（Regina Schwartz）（与姐妹西莉亚 [Celia]、咪咪 [Mimi] 和海伦），1064 号

爱丽丝·伊科维奇（Alice Icovic），1221 号

波普拉德（Poprad）

玛莎·曼格尔（Martha Mangel），1741 号

埃塔·齐默斯皮茨（Eta Zimmerspitz），1756 号

范妮·齐默斯皮茨（Fanny Zimmerspitz），1755 号

皮里·兰德 - 斯洛诺维奇（Piri Rand-Slonovic），1342 号

罗丝（伊迪丝）·格劳伯（Rose [Edith] Grauber），1371 号

普雷绍夫（Prešov）

玛格达·阿姆斯特（Magda Amster），编号未知

马格杜斯卡（玛格达）·哈特曼（Magduska [Magda] Hartmann），编号未知

努西（奥尔加 / 奥林卡）·哈特曼（Nusi [Olga/Olinka] Hartmann），编号未知

伊达·艾格曼（Ida Eigerman，来自波兰新松奇），1930 号

伊迪（伊迪丝）·弗里德曼（Edie [Edith] Friedman），1949 号 *

埃拉·弗里德曼（Ella Friedman），1950 号 *

埃琳娜·扎克门（Elena Zuckermenn），1735 号

卡塔（卡塔琳娜）·丹辛格（Kato [Katarina] Danzinger，曾出现在赫茨卡信件中），1843 号

琳达（利布沙）·里奇（Linda [Libusha] Reich），1173 号

琼·罗斯纳（Joan Rosner），1188 号

玛蒂尔达·弗里德曼（Matilda Friedman），1890 号 *

玛尔塔·F. 弗里德曼（Marta F. Friedman），1796 号 *

斯特罗普科夫（Stropkov Region）

佩吉（玛格利特）·弗里德曼（Peggy [Margaret] Friedman），1019 号 *

贝尔莎·伯科维茨（Bertha Berkowitz），1048 号

鲁泽娜·格拉伯·克尼亚（Ruzena Gräber Knieža），1649 号

来自斯洛伐克的第二批被遣送的女性：

曼奇（曼卡）·施瓦尔博娃医生（Manci [Manca] Schwalbova），2675 号

马奇（马格达）·海林格（Madge [Magda] Hellinger），2318 号

丹卡·科恩赖希（Danka Kornreich），2775 号

---

* 她们和伊迪丝·弗里德曼或莱亚·弗里德曼无亲属关系

Milán Weinrüb
Prešov Slovensko
Levočska ul 31.

Liebe Lenke!

Da schon Alle Dir geschrieben haben,

versuche ich mein Glück! Wir sind ge-

sund, wenn nur unsere Tete bei

uns were. Immer denken und sprechen

wir von Dir und die Magdus. Käthe

hat mir gratuliert in Versehen. Ich

habe ihr Taschentücher geschickt. Wie

gerne mochten wir Dir etwas senden.

Schreibet mit Magdus küssen wir

Dich Alle.

Dein Milanko.

304865

这群孩子，从母亲的怀抱中走来，天真烂漫，对命运一无所知。

第一部分

999

The Extraordinary

Young Women of the First Official

Transport to Auschwitz

第一章

这真可悲，也许比他们给我们烙上的大卫之星还要可悲……

因为这次要殃及的是我们的后代。

——拉迪斯拉夫·格罗斯曼，《新娘》

1942 年 2 月 28 日

传言开始时只是固有的样子。只是一种预感，让人郁结于心。但传言还只是传言而已。他们还能对犹太人做什么？就连天气似乎都在与他们作对了。这是有记录以来最寒冷的冬天。积雪比人还高，如果政府还想干点实事的话，就该宣告矮个子不准出门，以免被积雪吞没。光是铲雪就让很多人摔了屁股。人行道成了孩子们的游乐场，他们没有雪橇，直接从雪堆上坐着滑下去。雪橇滑雪成了新的全民消遣——滑倒也是。

每场暴风雪过后，气温便降至零下，寒风从塔特拉山阵阵袭来，透过或厚或薄的外套，无情地钻入人体，无论贫富，一视同仁。哪怕衣服针脚再密实，它也能找到缝隙钻进去，残忍地刮削着人们的血肉之躯。人们的嘴唇和手都已皲裂，鼻腔里要抹上吃鹅剩下的鹅脂，防止被冻干出血。寒风刺透窗隙和门缝，疲惫的父母招呼着疲惫的邻居，一起坐在凳子上，围着炉火，忧心忡忡地谈论着传言。还有很多人在冰冷的壁炉前愁眉苦脸——木柴也是很难弄到的。许多犹太家庭几乎没有食物。情况对所有人都很糟糕，对有些人则更为艰难。

怀疑和忐忑的火苗被理智扑灭了。最理智的人说，如果传言不假，政府确实要带走这些女孩，那也不会带去太远的地方，即使带去远处，也只是暂时的。过了春天就回来了——如果春天还能来的话。这个"如果"，意味着传言是真的。

这个"如果"太严重了，谁也不敢说出来，生怕说出来的话会应验在自己身上。所以它必须只是传言。为什么会有人要带走女孩们呢？

大雪降临时，整个东欧地区的犹太妇女正在点起安息日的蜡烛。弗里德曼家中，伊曼纽尔·弗里德曼从前门进来，拍着手唱道："安息日平安！安息日平安！平安，平安，平安！"孩子们也拍着手唱起来，加入了父亲的吟唱。一家人随后围坐在桌前，看着母亲点燃蜡烛。她伸手在烛火上绕了三圈，将蜡烛捧于胸前——在犹太人家中，是女性为家庭带来光明——然后将手捧在面前，开始用希伯来语念祷词：

祝颂你，主我们的神，宇宙的君王，用祂的诫命使我们成圣，命令我们点燃圣安息日的蜡烛。

伊迪丝和姐姐莱亚虔诚而又恭敬地看着母亲默默祈祷、眨眼三次又睁开双眼。"安息日平安！"女儿们拥抱了母亲，母亲按年纪大小依次亲吻女儿们，但轮到两个十几岁的女儿莱亚和伊迪丝时，她亲吻的时间要久一些。她心里清楚，还有其他一些传言没有坐实，她将女儿们紧紧搂在胸前。当晚，她默默向上帝祈祷传言不会成真。

屋外惊雷滚滚，如同擂鼓一般响彻云霄，闪电划过天际，大雪如纸片般纷纷落下。没人记得多久之前有过这么大的暴风雪。

安息日清晨，积雪已有一英尺，到了中午，积雪已到大腿位置。像往常一样，有些勤快的人开始铲雪，心想先铲一半、多铲一回总好过待会一次铲双倍的雪。烟草商店不仅门口的雪已清扫干净，还开张营业了。天气再恶劣，也阻挡不了老烟枪。

镇上的公告员在周六跑出来发布通知，有点不同寻常，甚至比暴风雪里的雷声还少见。正常情况下，公告都是在周一和周五开市时宣布。但那天下午，整个斯洛伐克东部各城的市政厅前却响起了鼓声。尽管风雪肆虐，还是有少数外出的非犹太居民驻足细听。风力逐渐强劲，积雪不断加深，让召唤的鼓声也变得喑哑。城镇南端有条小河蜿蜒流过，犹太社区坐落在低矮的河岸两边，那里无人听到。恶劣的天气阻碍了声音的传播——尽管坏天气各地时不时都会有，但今天却格外严重。

一小群人聚集在城市公告员身边，21岁的拉迪斯拉夫·格罗斯曼也在其中，此时他为何会出现在广场而不是在会堂或者和家人待在一起，只有他自己知道。拉迪斯拉夫眼睛乌黑，面容舒展，似乎总要展颜欢笑，而非蹙眉垂泪。他打心底里是位诗人，也许是和家人聚餐后他自己出门散步，欣赏覆盖着广场的无痕雪毯，被迎面扑来的雪花刺痛得战栗，又或许他只是想找根烟抽。不管是什么原因，听到公告员的鼓声后，拉迪斯拉夫就和蹒跚涉雪而来的几个人一起，赶忙凑过去听最新消息。

以往，城市公告员会等人们聚起来再宣布消息。但今天却没这么做，而是立马就宣了，这样的鬼天气谁都不想在外面多待一秒，免得浸湿衣领，冻僵脖颈。落在非犹太人和犹太人头上的雪花又大又潮，显然预示着暴风雪快要结束了。

但对于有的人而言，暴风雪才刚刚开始。

顶着暴风雪的喧嚣，公告员喊道："所有16岁及以上的犹太女子，凡是未婚的，必须到指定办公室登记；体检的相关事宜和目的，随后会正式通知。"周围几乎无人听得见，毕竟暴风雪仍在肆虐，只有极少嗜烟如命的人在那里，不过听到的人转头就告诉了邻居："我早说过会这样。"

关于日期、时间和地点，公告员没有补充任何信息，他最后用他独特的辞令结束了公告，就像兔八哥动画片每集结束时那段话似的，还敲了最后一阵鼓："以上就是全部内容，公众务必要注意。公告到此结束，快回家去吧，跟家里人待着，这种鬼天气狗都不愿意出来……"

已经没有"如果""而且"和"但是"了——传言已成事实。第二天清晨，即使大雪堆积封住了家家户户的门，大家还是都知道了消息。最新的通知降临在犹太社区，给了犹太人沉重一击，仿佛被屋檐下坠落的冰凌砸中一般，只是远比这凶险。

说到对犹太人的严苛措施，斯洛伐克政府似乎比德国人有过之而无不及。年轻的暴徒加入斯洛伐克的法西斯组织——右翼的赫林卡卫队，殴打被强制戴上袖章的犹太男人和男孩，这时袖章上已经是黄色的六芒星。犹太人的墓碑被推倒或砸碎，商店被刷上了反犹口号。大一些的城市里充斥着令犹太人浑身冰凉的民族主义歌曲，不时夹杂一阵乱石飞掷的呼啸，又来一阵玻璃破碎的嘈杂。报亭里售卖的是《先锋报》，这份宣传性报纸充斥着愚昧无知的言论，兜售着种族主义的意识形态，刊载了许多诽谤漫画：描绘长着鹰钩鼻子的犹太人如何强奸斯洛伐克处女、割断儿童的喉咙、采集他们的血液用于烘烤逾越节的无酵饼，描绘他们如何骑跨在地球上，仿佛地球是一匹等待征服和驾驭的马，而德国士兵则在英勇地抗击着邪恶的人类公敌——犹太人。

集市上一名妇女甚至问起伊迪丝："你头上的角呢？"伊迪丝给她看，自己确实没长角，那名妇女一脸诧异。怎么会有人傻到相信犹太人头上长角，认为他们用孩童的血做无酵饼，甚至杀了上帝呢？看在上帝的分上——上帝还是犹太人发明的呢！

怎么会有人真的相信那份报纸的污蔑？

1941 年 9 月，斯洛伐克政府推出了一部《犹太人法案》，整个秋季各种法律法规的执行越来越密集，公告员几乎每天都在宣布针对斯洛伐克犹太人的法令。有一天，法令的内容如下：

兹公告：

犹太人必须在本公告发布起 24 小时内前往市长办公室，登记本人及家庭成员的信息，并提交所有房产清单。

次日又来了一份法令：

犹太人必须上报其在国内外银行的账户信息，且今后不得在任何主要街道居住，现居住者必须在 7 天内搬离其在主要街道的住所。

一周后，又有新法令：

犹太人必须在衣服上佩戴尺寸为 24 厘米 ×24 厘米的黄色六芒星徽章。

犹太人不得跨州旅行，州内旅行则必须向赫林卡卫队缴纳100 克朗，获得书面许可。赫林卡卫队只有认为请求合理有效时才予以批准。

但是什么样的犹太人才有 100 克朗呢？什么样的犹太人能认识赫林卡卫队成员的人，可以让他们的请求被批准呢？

犹太人必须在 24 小时内将所有珠宝存放于赫林卡卫队总部。

犹太人不得养宠物——连只猫都不行，不得使用收音机和相机，免得他们散布英国广播公司的谎言。

犹太人必须将皮草大衣存放至赫林卡卫队总部。

犹太人必须上交他们的摩托车、汽车和卡车。

犹太人不得进入医院，也不再有资格接受手术治疗。

犹太人不得再进入任何中学，也不得要求州政府各部门提供任何成绩单。

伊迪丝迄今仍对于阻止自己受教育的法律耿耿于怀，"我的姐姐妹妹们还在上学，上到五年级就不能升学了，法律却又要求读书读到 14 岁"。所以他们只好重复读了三次五年级！同时，伊迪丝和莱亚却陷入了窘境，因为她俩已经年满 14。尽管她们渴望上学，但犹太人没有资格读完中学了。

接着，另一道法令颁布了：

犹太人不得进入任何公园。

然后是另一道：

犹太人不得雇用任何雅利安人，也不准与之往来，不得进入任何剧院、影院或参与文化节庆，不得参加超过五人的集会。夜晚九点以后，犹太人不得出现在街头。

没人料到犹太人的产业会被要求"雅利安化"。"雅利安化"使得非犹太人可以合法接管犹太人的产业，采取"一切商业手续，确保上述犹太产业尽快转移至雅利安人手中"。犹太产业主未获得任何赔偿。

"唯一允许犹太人做的事，就是自杀。"伊万·劳赫韦格的母亲如是说。

现在他们又要带走犹太人的女儿？

简直蛮不讲理。什么人会招十几岁的女孩去工作？十几岁的孩子，又懒散又好斗嘴。十几岁的女孩呢？更是难伺候！上一秒还咯咯笑，下一秒就掉眼泪。她们每逢经期就脾气暴躁。

比起干好一天的活儿，她们更关心自己的头发和指甲。看看厨房的地板吧，本该是普利斯卡"打扫"过的；看看盘子吧，边上还沾着布丁呢，因为洗盘子的人一直望着窗外，盯着拉比的儿子雅各布，根本没有看盘子。若是母亲不教导她们如何打扫，如何以劳动为荣，多数女孩都是十指不沾阳春水！什么样的孩子会喜欢工作呢？

这就是为什么传言传遍了斯洛伐克城乡各处，却令人难以相信——哪怕最终成了法令。为何会有人想招十几岁的女孩去为政府工作？为何不招男孩？这不是什么好事，每个人都这么说。

第二章

有斯洛伐克人的地方，就有歌声。

——斯洛伐克传统名言

弗里德曼一家人在家时家里总是充满音乐，仿佛电影《音乐之声》改成了斯洛伐克版，冯·特拉普一家换成了犹太人。伊迪丝和莱亚清早做家务时总是唱着歌，这是一天美好的开始，无论天气如何。有她们这样美妙的声音，谁还听收音机呢？

汉娜·弗里德曼听着女儿的歌声，开始担心如果女儿被政府送走后，家里会有多孤寂。谁还能有伊迪丝云雀般嘹亮的音色和莱亚麻雀般沙哑的嗓子呢？两个女孩丝毫没察觉到母亲听歌时的伤感，唱着歌洗了碗，打扫了厨房地板，然后打开前门，把一阵清冷的空气放了进来。沿街雪地上传来了小孩子的笑闹声。弗里德曼夫人抖掉羽绒被上的脏东西，把被子叠在床脚处，让床垫透透气。

外面的世界已是银装素裹，屋檐下悬垂的冰凌折射出虹彩，在雪地上闪烁。黑色的树枝镀上了一层梦幻的白雪，苍白的太阳透过稀薄的云层，西北风吹过，在更加苍白的天空刮出缕缕云痕。

在平常的赶集日，伊迪丝和莱亚通常会一人一边抬着一只篮子去镇上，为祖母芭比买东西。她们会看到朋友和邻居，听到最新的传言，读到张贴在告示板上和广场周围的告示。在平常的赶集日……但今天却绝不平常。首先，来摆摊的人恐怕不会多，因为农民们还在雪地里跋涉。等他们到了，就会有一雪橇一雪橇的农产品，这些富余的拿出来卖的东西，一路上已经冻得梆硬。你以为冬天就是这样的。但这不足以说明这天为何不同平常。今天所有人都到集市上去了，想听听公告员怎么说，关于星期六的公告有没有后续安排。先前的公告几乎没什么人亲耳听到，现在却不得不相信。

女孩们还毫不知情。至少当时还没有。大雪已经下了一整夜，伊迪丝和莱亚想必急于见朋友。她们赶在母亲之前快步出了门，篮子在她们手中晃荡着。

她俩嘎吱嘎吱地踩着刚下的雪，朝镇上走去时，想必听到了沿街的门不断开关的声音，年轻男女急于出门，直接在满是积雪的人行道蹚开一条路。从旁人的窃窃私语中只能听出一星半点，要弄明白事情原委就必须得自己去了解情况。因此，莱亚的朋友安娜·赫什科维奇叫住了她们。她开朗健谈，有着一头金红的头发和棕色的眼睛，戴着针织帽，皮肤雪白，在诸多漂亮女孩之中也很抢眼。在这不同寻常的赶集日，她跑了过来，和姐妹俩一起前往集市。

在一切如常时，安娜和莱亚就经常一起去看电影，她俩是不折不扣的电影迷，经常存钱去看最新上映的影片，直到电影院也禁止犹太人入内，像许多其他场所一样。

拉伯雷茨河狭窄的堤岸，桦树的枝条被剪断了，挂上了五颜六色的玻璃瓶，用来收集随气温升高而增多的树浆。近期寒潮来袭，瓶底几乎没有任何透明的汁液。但天气会回暖的，瓶子在风中叮当作响，就像铃铛一样，等到春天就会有甜蜜的树浆从树上滴下。

暴风雪过后，铁轨两边筑起了打雪仗的堡垒，男孩们互相扔着雪球，这个小世界里的战争，与欧洲的战争遥相呼应，只是交战双方恐怕很快就会一起滑雪橇，庆祝"停战"。女孩们则戴着手套团好雪球，备好"弹药"，恐吓那些胆敢瞄准她们的坏小子。像伊迪丝和莱亚这样大一些的姑娘，则可以毫发无损地穿过小桥进入镇上。她们左转之后，迅速绕到斯特凡尼察大街，她们的朋友黛博拉和阿德拉住在那里。

斯特凡尼察大街被大家戏称为格罗斯大街，因为住在这条街上的格罗斯家族就有十一户，他们都是富有的木材商哈伊

阿德拉，约摄于 1940 年。照片由卢·格罗斯提供。

卢，约摄于 1941 年。照片由卢·格罗斯提供。

姆·格罗斯的子孙。甚至没有血缘关系的拉迪斯拉夫·格罗斯曼一家也住在格罗斯大街，他家的姓氏跟格罗斯很像。

姑娘们走过时，如果拉迪斯拉夫和他的兄弟马丁在打扫人行道的话，他们或许打了招呼，尽管拉迪斯拉夫很少关注十来岁瘦巴巴的伊迪丝。整个周末，格罗斯家族马不停蹄地忙着，筹备马丁和黛博拉的订婚事宜。

黛博拉、阿德拉两人遇到了弗里德曼姐妹以及安娜·赫什科维奇，黛博拉即将到来的婚礼成了她们最新的谈资。

已经一天不见了，这些19岁上下的女孩子应该是马上叽叽喳喳聊起来了吧？说到黛博拉的婚礼，我们能够想象到那些热烈的拥抱和祝贺。"黛博拉会从她祖父家和马丁家两头都得到豁免，"伊迪丝回忆道，"她有双重保障。"不会受公告的影响。何况政府只征召未婚女子。莱亚会不会也想赶紧找个人嫁了？还是会觉得这么做太荒唐了？庆祝好事之时却担心坏事要来，这种感觉想必很奇怪吧。

伊迪丝和阿德拉并不像莱亚和黛博拉那样亲密。伊迪丝17岁时就不和阿德拉同班了，两人年龄还差了一岁。阿德拉完美的鹅蛋脸和饱满的嘴唇从浓密的红色卷发中显露出来，相比之下，伊迪丝显得更加纤瘦。对于尚未成年的少女来说，结婚的事还很遥远。

伊莲娜在镇上一家刚被"雅利安化"的摄影工作室做助理。

她是一个喜欢沉思、充满书卷气的女孩，对摄影事业也很上心。她的摄影技术很大程度上是靠给朋友拍照练出来的。阿德拉似乎有着电影明星般的自信，她那红色的卷发和象牙般洁白的皮肤，使她成了伊莲娜绝佳的摄影模特。照片上的阿德拉笑容略带羞涩，正是伊莲娜用莱卡相机拍的吧？而一年后法令就禁止犹太人持有相机了。

在格罗斯家里，阿德拉三岁的表弟卢总是落单。他穿过雪地走向表姐们，央求她们和他一起玩，女孩们笑了起来，抱了抱他，但并不打算照看小孩。尽管这可能不是平常的赶集日，但毕竟还是要去赶集的。她们已经计划好了。

卢不想被丢下后一个人去骑木马，他迈着小短腿跟在众表姐身后，甜甜地叫着表姐们的名字——阿德琳卡！杜茨！然后夸张地噘着嘴，但再怎么噘嘴也没用。

——利亚科！他的奶妈喊着他在家时的爱称，把他拽回屋内给包得严严实实，仿佛一块鼓鼓的棉花糖，然后才放他去外面玩耍。

当天去往胡门内市中心赶集的女性，并不都是斯洛伐克人。1939年德军入侵波兰，许多波兰犹太人就将自己的女儿送往相对安全的斯洛伐克。在斯洛伐克，犹太人还有一些权利，犹太女孩不会面临被强奸的威胁。

第一批过来投亲的人中有迪娜和埃尔娜，她们来自波兰边界新松奇县一个叫泰利茨的宁静村庄，不过德军入侵后，该村立刻成了边境要地，挤满了德国兵。她们最好的朋友雷娜已经先逃到了斯洛伐克。德朗格一家紧随其后。雷娜和埃尔娜都有妹妹在斯洛伐克首都布拉迪斯拉发生活和工作。胡门内起码还有另一位来自波兰的难民——萨拉，她在克里尼察长大。这是一座温泉小镇，离泰利茨只有几公里，至今仍是水疗胜地，在那里还能看到许多不同类型的矿泉水自山泉眼里涌出。她和迪娜以及埃尔娜肯定互相认识。

可以想象，那天埃尔娜和迪娜手挽手走在去往集市的斯特凡尼察大街上，兴奋地谈论着好友黛博拉即将到来的婚礼。雷娜需要购置一件新婚之夜的睡袍，引得几个女孩脸红不已，笑个不停。几周后就是逾越节了，她们急于给一年多没见的父母寄去水果干和坚果。

这些来自波兰的女孩比弗里德曼姐妹年长几岁，本不会有什么交集。弗里德曼姐妹安逸地生活在胡门内犹太社区，出身于当地一个备受尊敬的家庭，而波兰来的难民只能给有钱人家当奶妈带孩子。然而，在格罗斯家门口，看见她们在外面时，这对波兰姐妹想必也招手打了招呼。阿德拉的满脸雀斑和波浪似的红色卷发，还有她的微笑，都引人注目。她们可能是在犹太教堂二楼认识的。格罗斯姐妹尽管家庭极其富裕，但并不因此就高傲自满。她们热衷于生活在一个平和有爱、扶贫济困的世界。

"胡门内"这个词来自斯洛伐克语"后院"。没有哪个城镇的命名能比这个更恰如其分。"我们是一个大家庭,"伊迪丝提到这座小镇时如是说,"大家彼此相熟,每个人都认识。"

胡门内曾经是波兰和匈牙利商贸路线上的重镇,也是文化艺术枢纽,以手工艺品和市集而闻名。大理石雕的狮子蜷着尾巴,盘踞在广场尽头市政厅的锻铁大门之上。而用"广场"一词来形容这个以长条形大道充当的城镇中心,似乎并不恰当。这条主干道的路面没有铺装,只是用马拉着原木和铁链做的滚木,将泥土和砾石压平。广场一边是树,一边是商铺,是犹太人和非犹太人共同的中心聚集地。镇上只有一辆汽车,也只有一位出租车司机。

沿着广场边缘,在高耸的雪堆前,几名健壮的小贩和农民已经摆好摊位,一名非犹太人屠夫正把最后几节香肠盘起来,他没戴手套,冷风噬咬着他的双手。一轮轮奶酪上都盖着布,用以防寒。现在还没有绿叶蔬菜,只有土豆、芜菁、甘蓝和一些萝卜。斯洛伐克的宪兵——赫林卡卫队踏步走过寒风扫过的山脊,仿佛巡视雪堆也是他们的职责。年轻的赫林卡卫队队员穿着靴子,系着皮带,扣好纽扣,来抵御从下塔特拉山(Low Tatras)和喀尔巴阡山(Carpathian Mountains)上刮来的寒风。他们穿着黑色的呢子大衣和马裤,想让别人望而生畏。他们胡子还没长齐，自然也就吓不到阿德拉和另外几个女孩。有什么好怕的？大家都是一起长大的。男孩总喜欢扮演士兵。令女孩们感到奇怪的是，当向他们打招呼的时候，这些昔日的好友居然对她们熟视无睹，或是怒目而视。

小镇只有这么大，彼此经常碰面，但在过去的一年里，见面后的寒暄变得生硬而拘谨。之后，"突然间所有的非犹太人就都不和我们说话了，"伊迪丝说，"甚至我妈妈和他们打招呼，他们都不理不睬！"邻居之间怎能如此疏远？每个人都变得小心谨慎。

在平常的赶集日，伊迪丝和莱亚走进市场时，耳边会响起店主们兜售商品的叫卖声，以及心无旁骛讨价还价的欢快旋律。

但这一天的赶集日完全不同寻常。弗里德曼姐妹和她的朋友或许还在户外开怀大笑，她们还没有察觉到不舍的目光和被冷风刺出的泪水，没有察觉到一位年长的警察温柔地注视了她们片刻，忧伤不已，百感交集。

一旦下午的市场对犹太人开放，伊迪丝的母亲就会和伊莲娜·费恩的母亲以及费恩太太的小姑子一起前往。费恩太太的小姑子是位助产士，伊迪丝和莱亚就是她接生的，或许还有格罗斯家的所有孩子。她们应该见到了贝克太太和她十来岁的女儿玛吉，玛吉十分机敏，曾和伊迪丝、莱亚一起为"雅各之家"[1]演过几场戏剧。玛吉家在弗里德曼家附近的街角开了一家商店。

弗里德曼夫妇尽管住在贝克家及其店铺附近，但和他们算不上有多亲密，因为伊曼纽尔·弗里德曼和卡尔曼·贝克年轻时竟爱上了同一个女人。"母亲不仅貌美，"伊迪丝说道，"而且才智超群。"后来，伊曼纽尔·弗里德曼赢得了佳人芳心，成功抱得美人归。此后，玛吉的父亲和伊迪丝的父亲甚至连话都不愿意多说一句。"除了赎罪日前夜去会堂时，会彼此祝愿来年一切顺遂，身体健康，开心快乐，财运亨通。"伊迪丝笑道。

这是一个真实存在的社区。人们会争吵，然后又和解，有的人恪守宗教条规，有的人则没那么自律。这些都不要紧。在集市上，所有人都彼此熟悉。弗里德曼太太和里夫卡·西特伦太太同时在挑选为数不多的快过季的土豆，两人想必是互相打了招呼。西特伦太太是位严谨而执着的锡安主义者。西特伦一家人口多，日子过得很拮据，大的有三十多了，小的才十几岁。他们家的儿子阿伦风度翩翩，女儿海伦娜美丽动人，堪比好莱坞影星，听到他们歌唱时更会有这种感觉。海伦娜的姐姐鲁津卡刚带着女儿阿维娃从巴勒斯坦回来。海伦娜这个4岁的小侄女整天蹦蹦跳跳地跟着她。无论是犹太人还是非犹太人，都被

---

1 "雅各之家"（Beth Jacob）是犹太青年运动中的女性组织，常以女子学堂的形式出现。——译者注（下文如无特别说明，均为译者注）

这个 4 岁小孩逗得笑逐颜开。阿维娃有着一头淡黄色的卷发，肤色比大多数雅利安人都要浅。

"希特勒也不知道拿这个可爱的孩子怎么办。"伊迪丝的母亲开玩笑道。

"柴火堆里一定有非犹太姑娘。"[2]另一则犹太笑话是这么说的。

弗里德曼夫人冲海伦娜笑了笑，海伦娜确实很有演戏天赋，在《犹太人法案》颁布之前，她经常和玛吉、伊迪丝、莱亚一起出演"雅各之家"女子学堂组织的年度戏剧作品，直到《犹太人法案》的到来，一切发生了改变。

女孩们穿过广场时，年轻的赫林卡卫队队员顾不上自己的身份，还是不由自主地盯着她们看。与小侄女相反，海伦娜有着乌黑浓密的秀发和饱满的脸颊，她只要往那一站，就能吸引男孩子的目光。样貌出众的阿德拉·格罗斯注意到某个男孩子时，则会羞怯一笑，然后挪开眼神盯着地面。

在卖面包的推车和肉摊之间，伊迪丝看见她的老同学泽娜·哈伯和玛吉一起。朋友相见固然高兴，但她们的对话很快被打断，她们注意到房子的墙上张贴了告示，市公告员正走向高台。公告员敲响的鼓声在空气中跳荡，平息了犹太市

---

2 或许是指"犹太人生不出这么好看的孩子"。

场的喧嚣。买卖双方停止了讨价还价。这是要进一步解释在暴风雪掩护下匆匆发布的消息吗？看到驻足等待的人已不少了，公告员就宣读了最新的通知，并将公告抹了一层胶水，贴在墙上，免得被风刮走。白纸黑字，明明白白，清清楚楚。当然，他也照顾到了不识字的人，大声地将公告读了出来，还读了两遍。

人们惊声尖叫，之前不愿相信这一消息的人立刻激动起来。公告员咏叹调般的声音穿透了人们的耳罩和帽子，再次肯定地宣布所有 16 岁至 36 岁的未婚女子都必须在 3 月 20 日到中学登记，进行体检，并履行为期 3 个月的政府工作服务。对了，每个女孩所带随身行李不得超过 40 公斤。

只剩不到两个星期了。

人群顿时炸开了锅，所有人——拉比、祭司、烟草商人、农民、顾客和未婚的女孩——立刻询问公告员，询问警察和守卫，也询问彼此。

——是什么样的工作？如果女孩再过两周就要结婚了怎么办？她们要去哪？要穿什么样的衣服？要带什么行李？

猜测中混杂着愤怒和忧虑，让现场变得嘈杂不堪。这条命令与宠物、珠宝或是购物都没有关系。简直毫无道理，为何政府要征召他们的女儿？莱亚抱住伊迪丝，玛吉看着泽娜·哈伯，耸了耸肩。她们还能怎么办呢？海伦娜停止和阿维娃打闹，朝

玛格达·阿姆斯特在普雷绍夫，约摄于1940年。
照片由本杰明·格林曼家族提供。

已婚的姐姐鲁津卡望去；阿德拉和黛博拉彼此紧握双手。

斯洛伐克东部地区最大、最富裕的城市是普雷绍夫，离弗里德曼家的女儿和她们的朋友所站的地方只有70公里。她们已经被这即将改变一生的公告惊得目瞪口呆。这片地区当数普雷绍夫的犹太人口最多，可以追溯到17世纪初。普雷绍夫还有犹太大教堂，在市中心附近。尽管犹太大教堂外表看上去过分简朴，但实际上规模却足以媲美这座城市里的哥特式教堂——天主教的圣尼古拉教堂。

圣尼古拉教堂掩映在银杉和欧洲黑松之间，尖顶直刺广场上方的天空。广场旁边有座喷泉，是为纪念犹太人获准入住城内而建造的，这已经是 100 多年前的事了。这座海神喷泉是由马库斯·霍伦德捐建的，他是首位获准居住在城里的犹太人。喷泉后来成了著名的地标，也成了年轻的犹太人和非犹太人相约会面时最常去的地点，但此时已不再对犹太人开放。过去，16 岁的玛格达·阿姆斯特喜欢坐在喷泉的水流边遐想，在那里和最好的朋友萨拉·施皮拉见面。现在，公园甚至市中心都禁止犹太人进入，玛格达最好的朋友也搬去了巴勒斯坦。

今天，赫拉文纳街仍然是通往城市广场的主干道，它的尽头有一处四车道的繁忙的交叉路口，还有复杂的交通信号灯。在 20 世纪 40 年代，这个角落曾是集市所在地，马儿拉着雪橇或是货车奔向摊位，从犹太人和非犹太人面前匆匆跑过。玛尔塔的女儿指着繁忙的道路，试图找回一些过去的遗迹。这里是一条人行横道，不再是过去她母亲一大家子人住的房子。在一张褪色的黑白照中，十三四岁的玛尔塔站在雪地里，望着一处窄巷。巷子与今天通往普雷绍夫犹太中心的圆形大街看起来惊人的相似。玛尔塔害羞地冲着镜头笑着，她穿着安息日的盛装，似乎要去教堂。

如今走在普雷绍夫的老犹太区，恍如隔世。一堵倾圮的墙上，尽是斯洛伐克涂鸦艺术家的大作，墙上有四行带刺的铁丝，绑在生锈的金属柱子上端。围墙里面有些房屋，窗户上的油漆剥落，用铁丝缠着，看上去大多已经荒废，难以想象这片建筑群曾经容纳了三座犹太教堂、一所学校、一片儿童游乐场、一间犹太肉铺和一家澡堂。玛尔塔和伊达在大院里漫步时，我们发现了犹太教堂看守人的住处，敲响了门，开门的是个身材结实、面容温和的男子，名叫彼得·胡迪。他眼窝深邃，略显忧郁，几乎不会英语。奥尔纳用最简单的斯洛伐克语解释说，她们的母亲来自普雷绍夫，在第一批被遣送奥斯维辛集中营的人当中。

"我母亲也是！"他立马回了句。很快我们就进了他家，看着照片里的克莱拉·卢斯巴德，她头发梳成辫子，穿着校服。这张照片取自一张班级合照，玛格达·阿姆斯特也在合照里面。

过了一会儿，胡迪允许我们进入犹太大教堂。这座教堂见证了一个生机勃勃的犹太社区，他们曾在普雷绍夫生活、做礼拜。这座两层建筑有两座塔楼，内部美得令人窒息。穹顶是灰蓝色的，边缘绘着繁复的几何花纹和摩尔式的抽象图案，下方悬着一架精美的铜烛台。华丽的光芒条纹和金色的六芒星俯瞰着楼上女性专区里祈祷的女子。一楼大厅里，男性在精致的双层式妥拉柜前祈祷。

这是斯洛伐克最古老的犹太博物馆，游客们参观大教堂时，会看到二楼女性区域的展柜里陈列的有波尔卡尼藏品，包括中世纪犹太人大流散时期的文物。

就是在这里，乔拉·施皮拉站在比麻（诵经圣台）前为自己的成年仪式诵读妥拉；在这里，奥尔纳·塔克曼的母亲玛尔塔曾经和许多即将从普雷绍夫被遣送的年轻女孩一起在二楼女性专区祈祷，这些女孩包括伊达、吉兹·格拉特斯坦、琼·罗斯纳和玛格达·阿姆斯特以及其他225人。

这里还有一本书，列出了未能在大屠杀中幸存的普雷绍夫犹太家庭。查看名单时，奥尔纳·塔克曼的脸倒映在六芒星下的玻璃柜上。"都是真的，"找到祖父母的名字后，她哽咽着说，"他们确实在这里生活过。"

玛格达·阿姆斯特出身上流家庭，不必亲自赶集采购食物。不过，市场日仍然是个重要的社交场合，何况暴风雪过后人人都有些激动，迫不及待地想出门。玛格达欢快可人，娇嫩的脸颊冻成了淡粉色，长长的脖子上缠着一条手工编织的围巾，她从家里冲下山去，要见克莱拉·卢斯巴德和其他几位在学校认识的朋友。

由于14岁以上的犹太人都不能上学了，市场日就是男孩和女孩难得的见面场合，因为没有太多成年人在旁边听他们说话。乔拉·施皮拉那年14岁，是玛格达的好友萨拉的弟弟，他很爱学习，喜欢跟着玛格达，因为玛格达待他如亲弟弟一般。乔拉的黑框眼镜下有一双明亮而智慧的眼睛，但是没了上学读书的机会，不得不和弟弟什缪尔一起，待在家里学习或者打打零工，躲开别人的戏弄。男孩清楚每个女孩有多聪明，知道她们擅长的科目，熟悉她们的家庭和兄弟姊妹，和她们一起玩捉迷藏长大，而现在，女孩们要匆匆忙忙地被迫学会独立。

在犹太大教堂外边的广场上，新派（或称改革派）、正统派还有哈西迪派（极端正统派）的犹太教徒本该缓步穿过结冰的鹅卵石路面，前去午祷，但现在却谈论着传言。普雷绍夫还没有正式进行宣告，只是还没有而已。消息传得虽快，但也没有快到在当天就能了解别的城市所发生的事。在东斯洛伐克，得知消息要靠城市公告员的通知。

普雷绍夫的犹太区离市中心不远，位于一个小山谷，不受山风的影响。犹太大教堂的几个年轻教徒已经朝市政厅走去，想看看是否有消息宣布。乔拉和什缪尔也这么想着，一路快步超过了那些匆匆走向广场的人。

很难相信，就在几个月前，乔拉在这座教堂里举行了成人礼，并在玛格达·阿姆斯特家和40多位好友一起庆祝自己成年。阿姆斯特家族十分慷慨，乔拉的父母和玛格达的父母之间的关系也因为女儿们的亲密友谊而更加密切。如今有传言称，这群差不多年纪的女孩有被政府征召的危险。乔拉带着弟弟经过吉兹·格拉特斯坦家的束身服饰店跑向赫拉文纳大街时，也警觉起来。正是在那家服饰店里，来自波兰的难民伊达找到了工作。

1940年逃离波兰后，伊达把家人留在了新松奇镇，当时那里有了"隔都"³，伊达起初躲到波兰边境的巴尔代约夫，和叔叔一起生活，还在他的犹太肉铺工作。在修道院街犹太肉铺的对面就是比库·乔里姆会堂。楼上的女性专区内，伊达可能坐得靠近雷娜，雷娜当时躲到街角她的叔叔家。这两位波兰姑娘在搬来胡门内之前就认识。伊达有着圆润的脸颊和柔顺的黑发，她将秀发全拢在脑后，每天的工作就是为普雷绍夫中产阶级或上层阶级的犹太女性量尺寸，以便缝制紧身褡或其他内衣。

　　玛格达·阿姆斯特经过束身服饰店，一路下山走向海神雕像所在的天主教堂，在城市广场的边缘（广场已经禁止犹太人入内）思考着人生。她想念上学的日子，想念养猫的日子，最重要的是，她想念乔拉·施皮拉的姐姐萨拉。萨拉要去巴勒斯坦了，她去意已决，父亲不让她走，她不惜绝食。玛格达没勇气绝食，也不敢对抗父亲的意愿，就被留下了，而她的姐姐和哥哥已经动身前往巴勒斯坦。玛格达理解父亲希望至少留一个女儿在家——作为家里最小的孩子，玛格达清楚自己有责任留下。尽管如此，她还是渴望有最好的朋友和哥哥姐姐的陪伴。

---

3 "隔都"(ghetto) 起源于 1516 年建立的威尼斯犹太人区。威尼斯当局强迫城里的犹太人在那里生活。在 16 世纪和 17 世纪，下至当地市政当局上至奥地利皇帝查理五世都曾下令在法兰克福、罗马、布拉格和其他城市为犹太人建立隔都。第二次世界大战期间，德国人将犹太人集中到某些城区并迫使他们在极端恶劣的条件下生存，这些城区便是隔都（通常是与外界隔绝）。隔都不仅把犹太人与其他人群隔离开来，也把犹太人社群彼此之间隔离开来。——编者注

父亲承诺说，过几年等她再大一些就可以去巴勒斯坦探亲。但对乳臭未干的孩子来说，几年过于漫长。风刮过她的脸颊，吹出了眼泪。她又微笑起来，只是因为看到朋友乔拉和什缪尔手里拿着信，跑着下山向她冲过来。他们把信递到她戴着手套的手里时，风似乎想要刮走这薄薄的纸张，但她紧紧捏住了这封萨拉最近寄回来的信：

活着简直太美好了，世界是如此完美，

沉浸在幸福之中，如此平静。

在幸福中世界如此欢畅，也变得更加丰富。

我从现在的工作中获得满足，四肢都充满了干劲。

下了几天雨后，天空重又开怀，碧蓝而深邃，

高悬在灰色的房屋上方。

突然之间，

蔬菜和五颜六色的鲜花就出现了。

人鱼秀发般的蕨类从石缝中长出。

一切都清清爽爽，怡然自足，如同春天。

我也很幸福，活着真好！

这一刻的遐想被普雷绍夫市公告员的鼓点打破了，跟着宣布了消息，与伊迪丝和她的朋友们在胡门内听到的一样。普雷

绍夫犹太社区的人赶紧跑回教堂，向长者报告，而少年则挤过人群，读着市政厅墙上用胶水粘贴的告示。在斯洛伐克各地，同样的通知正在张贴，同时由城市公告员敲响铜钟或敲鼓来宣读通知。各个社区收到的通知，唯一的不同就是女孩们要去的地方，有消防站，有学校，有市长办公室，有公交站，而消息的其余部分都是一样的：

所有16岁至36岁之间的未婚女性必须在3月20日登记进行体检，并履行为期3个月的政府服务。每个女孩在登记当天携带的物品不得超过40公斤。

"为什么要带走女孩？"乔拉·施皮拉问道。

这个问题，他余生都在追问。

第
三
章

波斯智者说，希罗多德对世界的精彩描述，始于几场环环相扣的年轻女子被绑架的小事，这是为何？

——雷沙德·卡普钦斯基

1942年3月13日　星期五

布拉迪斯拉发最精美的几座建筑对面的角落，坐落着一栋阴暗的灰色建筑，那里是财政部。这座新艺术派建筑建于1890年，由奥地利建筑师约瑟夫·里特纳设计，20世纪40年代约瑟夫·蒂索当总统的时候，内政部设在这里。这栋楼原本是为服务奥匈帝国军队而建，后来成为了斯洛伐克人民党政府的地盘。大楼俯瞰多瑙河两岸，里面有许多穹顶和拱廊，四个角都饰有古罗马头盔，致敬着帝国富足而辉煌的历史。财政部则挪到了一栋更加简约的建筑里，是20世纪20年代的装饰风格。在这两栋不太协调的建筑之间，夹着一座横跨多瑙河的大桥——

弗朗茨·约瑟夫桥（the Franz Joseph Bridge）。

如今，你还能看到渔民沿河岸而坐，在氤氲水汽中生起小火堆，有轨电车在河流上方的街道叮叮当当驶过。有些东西却已物是人非。财政部的楼如今已变成了内政部。这条街的尽头有一个购物中心，还有四车道的快速公路。不过还是同样的宽台阶通向那两扇木制大门，门上有巨人手掌大小的黄铜门钮。进去之后，大理石门厅的右手边是一台链斗式电梯。自20世纪40年代安装以来，它一直不紧不慢、兢兢业业地转动着它的传送链。这种电梯没有门，不停地滚动着它那一串小轿厢，运行起来也正像祈祷时手里的念珠一个个拨动那样。这倒不是说进电梯时祈祷会管用。这些轿厢跟文件柜似的，只不过装的是人，有人在里面送过命，有人失去过肢体，但那个年代上下楼用的就是这样的东西。像这样的电梯在欧洲已所剩无几了。

交通部兼犹太事务部部长盖扎·孔卡博士应该是掌握了技巧的，可以跨进这种正在上升的柜子，也习惯了木头嘎吱嘎吱地响，抗议着他的体重。这种柜子载着他上楼去见财政部部长，对方正在忙着计算重新安置犹太人的成本。

犹太事务部成立于1941年夏天，是由孔卡博士帮助法西斯政府内政部长亚历山大·马赫创建的。孔卡不仅负责制定遣送犹太女性的计划，还负责组织铁路运输。犹太事务部并不负责财政和效益，但也需考虑一些成本问题（如食宿、看守和燃料等），因此他需要与财政部保持密切联系。斯洛伐克政府给纳粹支付 500 帝国马克 / 人（约相当于现在的 200 美元），以便把国内犹太人"安置"到波兰。"安置"的说法出自万湖会议，是"清空"的委婉表达，事实上两者含义一致。实际上，在一份购买齐克隆 B（一种用于处死犹太人及其他"不想要的人"的毒气）订单中，曾将需要的 5 吨毒剂表述为"重新安置犹太人所用的材料"。

1941 年，斯洛伐克政府同意了德国要求派遣 2 万名斯洛伐克劳工的事情。蒂索总统及内政部部长马赫的办公厅主任伊齐多尔·科索曾建议德国不如接收犹太人来做劳工。这项计划是要征召 2 万名身体健壮、年龄在 18 岁到 32 岁之间的人，为 1941 年起要"永久安置"在波兰的犹太人建造住所。然而，在得知无法找到足够的劳动力提供给德国的时候，科索又将年龄下限降到 16 岁。第一批 5000 名身体健壮的工人都是年轻女性，这一点从没在任何文件中规定过。正是在 1942 年 1 月 20 日举行的万湖会议中，副总督、党卫队上将莱因哈德·海德里希和他当时的助手阿道夫·艾希曼明确规划了一项"有史以来无与伦比的有组织的任务"。万湖会议的部分记录，展现了这样的一幅场景：党卫队和政客围坐在一张大橡木桌子边，冷酷无情地商讨着摧毁欧洲犹太人的问题，敲定出所谓的"最终解决方案"。所用的委婉词汇中，提及了给犹太人机会，让他们"工作"——其实不过是"强制劳役",直到死亡。伊迪丝和她的朋友要登记应征的正是这样的"机会"。

遣送未婚犹太女孩这一重要决定,很可能是在一次没有速记员的闭门会议上促成的。谁提出了这个想法?是阿道夫·希特勒,赫尔曼·戈林,还是海因里希·希姆莱?我们能确定的是,当时可能在斯洛伐克策划实施该计划的人,应该包括党卫队上尉中队长迪特尔·威斯里舍尼、赫林卡卫队前队长兼时任内政部部长亚历山大·马赫、前总理沃伊捷赫·图卡等人。在这个地位显赫的法西斯团伙中,我们并没有发现盖扎·孔卡博士。孔卡是一个铁面秃头、眼神冷酷之人,但从未出现在这段时期的任何集体照中,对他的文字记载也不多。然而,他的名字却在历史中不断出现。提到他的档案材料如此之多,足以在他身上画一个大大的问号。

参加这些闭门会议的人都已经认识到,斯洛伐克的"雅利安化"刻不容缓。然而,还有一些阻碍摆在斯洛伐克人民党面前,一是法律,二是梵蒂冈。

首先,遣送犹太公民是非法的,毕竟他们仍然被视作公民。斯洛伐克议会需要通过立法使遣送合法化,但还有动议没被提出来讨论。公告里是让女孩们去登记服务。没有说要遣送她们,而是说要给她们"机会"为政府工作。当然,制定这个秘密计划的人才不会管合不合法。对于亚历山大·马赫而言,投票不过是走个过场。当这项法案最终通过时，早就有 5000 多名女孩和几千名年轻男子被送到奥斯维辛了。也是因为如此，斯洛伐克政府被称为德意志第三帝国的"傀儡"。

虽然修改法律算得上是麻烦，但梵蒂冈反对遣送犹太人才是更大的问题。1941 年 11 月，将犹太人送往劳动营的计划被泄露，这让斯洛伐克政府和德国政府大为惊慌。针对此事，教皇庇护十二世立即派特使路易吉·马格利昂会见斯洛伐克的部长们，并传达了圣座的意见：斯洛伐克的犹太公民不能被强制遣送劳动营，因为这是"有悖于基督教的行为"。

与教廷作对的后果很严重，许多部长都是虔诚的天主教徒。然而，梵蒂冈对《犹太人法案》的反对态度并不强硬，所以那些驱逐犹太人的主谋并不怎么担心。另外，斯洛伐克总统不仅是法西斯分子，还是一位神父。如果梵蒂冈没有公开谴责蒂索总统，后果能有多严重呢?

图卡总理保持着他一贯的痛苦表情，戴着一副圆框眼镜，这副眼镜让他看起来总是满脸惊讶，而英俊得邪性的亚历山大·马赫则是怒火中烧。梵蒂冈竟敢跟他们作对! 斯洛伐克人民党不关心基督教道德规范。基督教的神父调解的是人和上帝的关系，又不是犹太人和上帝的关系。这个国家的神父总统不喜欢犹太人。这些条条框框太碍事了。

梵蒂冈不同意，坚称对于皈依基督教并受洗的犹太人，必须要附加说明来免除政府征召。为斯洛伐克提供重要工作的人（如工厂老板、农民和机械师），也应该免于被"安置"。但这种所谓的基督教慈善并不包括贫穷的犹太人。

既然政府声称犹太人的贫穷已经让他们成为国家的负担（尽管他们又坚称犹太人通过剥削非犹太人而发财致富），那么，将犹太人送到劳动营可以为斯洛伐克政府省钱。这是一种自相矛盾的宣传，其中的悖论被无视了。而政府之外的经济学家原本反对这种节约成本的说法，也被压制了。亚历山大·马赫让自己的经济学家奥古斯丁·莫尔韦克（斯洛伐克中央经济办公室主任）利用职务之便，无视成本分析，窜改了数字。成本中原本包含把犹太人集中起来和运到劳动营的费用，还包括照料犹太劳工的成本。如果工人生病了怎么办？工人也需要吃饭，不是吗？哪怕女孩吃得并不多。

当然，经济问题上的最终背叛是在1941年6月，马赫和他的亲信去找帝国保安总局商讨接收斯洛伐克犹太人的事宜。1942年3月，图卡总理告知斯洛伐克议会，"德国政府代表已经表态，他们愿意接收所有的犹太人"。每个犹太人的安置费用为500帝国马克。德国人没有为犹太人奴隶般的劳动支付报酬，而是强迫斯洛伐克人向德国人支付接收犹太劳工的费用。这让人不禁追问，总预算中是不是包含了支出的这笔费用呢？

以孔卡博士为首的交通部，想必是不辞辛劳地落实每个细节，细到用哪种车厢来装载 1000 号"人"，能穿越山间急弯重重的复杂地形。用装牛的车厢是最划算的，德国人早已测算好了，运牛的车厢可以装两倍于牛马数量的人。要运走 1000 号人，至少需要 20 节车厢连在一起。这可不是人坐火车，只是用火车运货。

这项任务极其艰巨。负责铁路运输的部门不仅要征调运牛的车厢，还需要用公共汽车先将"人"从遥远的村庄送到一个足够大的收容站，把劳工们暂留在这里，等凑够了人数，再一并送到劳动营，这样才能降低运输成本。交通部也需要设一个火车站，用来停放 20 多节货运车厢。这个车站设在斯洛伐克东部地区一个叫波普拉德的小镇。在这里，从东南到东北的路线可以在不影响正常火车运行的情况下进行转换。孔卡博士还需要一个可以容纳被遣送者的地方。波普拉德小镇有一座两层的军营，四周用栅栏围得严严实实。这下问题都解决了。

如今，在波普拉德小镇，破旧的铁轨上长满了野草，从灌木丛中探出来，延伸到岔道尚在使用的一侧。在距离女孩们最初被关押的兵营不到半米的地方，有条没使用过的轨道通往停放区，生锈的车厢停在主轨道之外。远处，上塔特拉山脉高耸入云。

确保第一批被遣送的女孩来自农村地区，这可能是精心策划的结果。一方面，若出现问题，不会引起太多注意；另一方面，若发生抗议或骚乱，赫林卡卫队可以采取措施，也不至于引起过多关注。政府不想惊动任何人。斯洛伐克议会还尚未通过什么法律来将遣送犹太人合法化，因此，一切都要显得合情合理。当然，他们也没有正式遣送任何人，因为政府文件称这些女孩是"合同"劳工。

那么，年轻的未婚女性是何时沦为目标人群的？又是谁提出来的？他们为这次遣送捏造出的官方理由，竟然是提供劳动力来为更多犹太劳工修建住房，这难道不令人啼笑皆非吗？谁会带 999 名女孩到建筑工地工作呢？不知何时，又有消息称女孩工作的地点是"制鞋厂"。当时，斯洛伐克是世界上最大的鞋类制造国之一，T.&A. 巴塔制鞋公司是该国的主要雇主。其实后来还是有制鞋厂和奥斯维辛－比克瑙集中营有关系。虽然（我所了解的）这 999 名女孩没有一个在那儿工作，但显然这家工厂是扬·安东·巴塔的产业。女儿是去鞋厂工作的——这种想法安抚了忧心忡忡的民众。然而，这不过是政府耍的障眼法而已。

遣送之事已经板上钉钉，即将开始。德国人已经认识到，要运送成百上千的人，最佳方式就是用之前运送牲口的车厢。孔卡和他的同僚也表示同意。但他们是否想过，对于那些身着裙装的女孩来说，关在四面透风的运牛车厢里，在三月份穿行在塔特拉山和喀尔巴阡山，该有多么寒冷呢？在安息日让女孩们去登记，是谁出的主意？每节车厢扔两个桶，一个装饮用水，一个用来便溺，又是谁想出来的？这些人有考虑过有些女孩可能正处于经期的问题吗？当然没有！这原本是一次心理战，不久却演变成一场种族灭绝。运送工作确实庞杂，但他们在贯彻执行时，是否有换位思考？如果眼前的女孩是自己的女儿、姐妹或堂表姐妹，他们会做何感想？有谁停下来想过，她们还只是一群女孩啊。

内政部没有那种链斗式电梯，楼房太旧，装不了。盖扎·孔卡博士不得不爬楼梯去办公室。在这间铺了橡木地板的房间里，他会按铃叫秘书把要签字的文件拿进来。这些命令刚用如同洋葱皮一般薄的纸打印出来，夹着黑色复写纸，一式三份，送到了他的办公桌上，等待着最后的签批。

孔卡博士完全不管文件中那些要被遣送的"人"实际都是女性，而且是年轻的未婚女性。他只是检查了文件的打印错误：

布拉迪斯拉发－帕特龙卡：莱梅茨火车站，可容纳 1000 人

塞雷德：塞雷德的犹太人劳动营，瓦赫河边的塞雷德火车站，可容纳 3000 人

诺瓦基：犹太人营，诺瓦基火车站，可容纳 4000 人

波普拉德：波普拉德火车站，可容纳 1500 人

日利纳：日利纳火车站，可容纳 2500 人

起初，斯洛伐克当局计划在 5 天内遣送 5000 名犹太女孩。这是一项难以完成的艰巨任务，孔卡要签的这份文件则更大胆更疯狂，要遣送 1.2 万人。犹太人事务局只有两周时间来敲定最后的细节，然后就要开始这场有史以来规模最大的遣送行动了。

办公室窗外，雾气从冰封的多瑙河上升起。当拿起笔即将签署文件时，孔卡依然认为一切都是正常之举。他潦草地签上了"部长孔卡博士"，成百上千年轻女性的命运也就在此刻注定。

尽管光是这个签名就能让他留在耻辱册里，但数周后孔卡几乎从历史记录里消失了。他担任的犹太事务部长职位被他的副手顶替了，此人就是臭名昭著的安东·瓦谢克。他是一个自以为是、肥胖不堪、腐败透顶的官僚，被称作"犹太人的王"。他乐于接受贿赂，将豁免权卖给出价最高的人。对于掏不出足够多的钱给他的斯洛伐克犹太人，他会收回他们的豁免权。与此同时，就在史无前例的第一批遣送发生几周之后，除了签名，孔卡似乎人间蒸发，如同那几千名被送走的女孩一样。

第四章

他们要这些女孩做什么呢？

她们中的大多数，不过是孩子。

——拉迪斯拉夫·格罗斯曼，《新娘》

伊曼纽尔·弗里德曼为女儿的聪明才智感到骄傲，希望她们能成才。如果莱亚成为律师、伊迪丝成为医生，她们将生活无忧。经常与他一起做祷告的其他男子则死守古老的《塔木德》的训示，认为女人就应该待在家里相夫教子，还指责他不该让女儿接受教育。伊曼纽尔坚信上帝赋予了女性受教育的权利，立刻就换了教堂，找了一处更加开放的礼拜场所。直到《犹太人法案》限制犹太人接受教育，伊迪丝和莱亚才被迫放弃了自己的职业梦想。还有一位名叫曼奇·施瓦尔博娃的年轻女子，她为了成为一名医生刻苦学习多年，只差一场考试就能如愿。但法案出台，曼奇被禁止参加这场最后的考试。

伊曼纽尔和汉娜·弗里德曼担心他们的女儿连高中都上不完。如果拿不到高中文凭，她们怎么可能过得好？现在，她们反而要替剥夺了自己受教育权的政府干活吗？

唯一的好消息是，政府承诺，那些在经济上对于政府和战争非常重要的企业，企业主家庭可以豁免。弗里德曼家算是其中之一，此外还有其他几户幸运的家庭。哈伊姆·格罗斯的孙女阿德拉和黛博拉也应该获得豁免。格罗斯家决定，黛博拉已经到了年龄，要嫁给马丁·格罗斯曼，希望通过她的丈夫和祖父获得双重豁免。但18岁的阿德拉却没有这样的保障。

海伦娜尽管美丽动人，但还没结婚，家里也不富裕。西特伦家没有豁免权，除非海伦娜马上成家，否则她就必须去为政府干活。她的姐姐鲁津卡已经成家，并育有一个孩子，所以还算安全。

汉娜·弗里德曼攥着围裙，眉头紧皱。对于那些对政府而言很重要的家庭，这种豁免算得上是一种宽慰。但汉娜的邻居也有女儿，伊迪丝和莱亚的朋友又该怎么办？泽娜、玛吉·贝克和安娜·赫斯科维奇，她们可不适合在工厂或农场干活。还有那个乖乖的胖乎乎的孩子阿努·莫斯科维奇呢？在弗里德曼家做面包的日子，她总是找借口跑来蹭吃蹭喝。阿努喜欢吃弗里德曼夫人做的面包。伊莲娜在摄影器材店工作，用自己的额外收入补贴家用，她也会获得豁免吗？为什么大家就不能待在家里为政府干活呢？晚餐后，汉娜的女儿们正在收拾餐具，她却气恼不已。做面包的日子，她要准备比平常更多的面团，给阿努多做一块辫子面包。

伊曼纽尔坐在壁炉旁，看着妻子愁容满面。毫无疑问，他们的女儿已经"到了年龄"，要被征召去工作了。

"莱亚已经办好去匈牙利的手续，"汉娜提醒丈夫，"就让她们待在那里，至少消停点。莱亚一过去，伊迪丝就可以偷偷出境和她会合。让她们离开这里，总比去干活好。"

伊曼纽尔反对这种逃避政府强制规定的行为。他对妻子说道："这是法令。"

"这是条糟糕的法令。"

"但它依旧是法令。"犹太人犯了法可不像非犹太人。他担心后果不堪设想。

弗里德曼夫妇的争论也代表了斯洛伐克的犹太父母所面临的两难处境。雪，不再纯白无痕，变得灰暗肮脏。结满了冰的松树，被酷烈的寒风吹断。大雪漫天飞舞，响雷划过夜空。

那个星期，没有哪个犹太人睡得安稳。

普雷绍夫的阿道夫·阿姆斯特确信，他拥有重要的企业，他的小女儿玛格达也会没事。哈特曼家经营着一座奶牛场，也是关键产业，按理说也该得到豁免。按照有些人的说法，似乎每个人都有豁免的机会。不管是工厂主、手艺人还是农民——

任何家庭只要经济稳定，对斯洛伐克政府有重要价值，都可以把女儿留在家里。

批准豁免的文件不算少，在首都布拉迪斯拉发，部里的秘书辛苦打印出了一大堆。但是申请过程绝不简单，政府的效率本来就不高，现在变得更拖沓。当强制劳动的消息传到罗马时，梵蒂冈派了另一位代表去为犹太人说情。为了对抗来自梵蒂冈的压力，艾希曼派他的得力助手迪特尔·威斯里舍尼去了布拉迪斯拉发，确保第一批"正式"遣送犹太人的事顺利完成。威斯里舍尼是党卫队的人，体形较胖，是所谓的"犹太事务专家兼顾问"。在执行遣送第一批 1000 名女孩的事情上，他跟孔卡商量过其中的棘手问题，而孔卡却很有把握，认为 5 天内遣送 5000 名女孩这一"宏大"的计划必定可以实现。

犹太父母并没有意识到这些豁免引发的政治混乱，而是确信女儿们被迫注册去劳动之前，政府一定能够下发之前承诺的文件。汉娜·弗里德曼每天都在焦急等待着邮件。她会突然搂住女儿，抱紧她们，一边抚摸莱亚的头发，一边轻拍伊迪丝的脸颊，或者在她们做家务时和她们一起歌唱。哈伊姆·格罗斯让员工打电话去内政部。黛博拉将婚期提前了。她患有类风湿关节炎，完全可以豁免劳役。只是他另一个孙女阿德拉又该怎么办呢？

胡门内的市长让那些有豁免资格的犹太家庭放心。但如果

1 Bežné číslo	2 Meno Priezvisko	3 Deň, mesiac a rok narodenia	4 Bydlisko	5 Poznámka
1.	Deutschová Priška	1.10. 1918	Humenné, UL.HG 47 ✓	
2.	Davidovičová Margita	23.3. 1923	" Vyšný Majer	
3.	Ehrenbergová Hena	19.6. 1925	" Štefanikova 29	
4.	Ehrehbergová Helena	13.12. 1922	" Štefanikova 1	
5.	Eichlerová Edita	12.7. 1922	" UL.HG.46 ✓	
6.	Engelmanová Edita	21.10. 1918	" Hviezdoslavova 360	
7.	Engelmanova IRena	19.6. 1920	" "	
8.	Erlichová Dorota	4.7. 1921	" Ružová 380 ✓	
9.	Feinová Janka	23.6. 1907	" Hlinkova 77	
10.	Friedmanová Róza	27.10. 1925	" Hlinkova 134	
11.	Friedmanová Ružena	9.9. 1923	" Hlinkova 117	
12.	Friedmanová Sara	26.6. 1925	" Hlinkova 117	
13.	Findglingová Serena	20.5. 1922	" UL.HG.46 ✓	
14.	Friedmanová Margita	24.12. 1920	" Hlinkova 86	
15.	Friedmanová Lea	2.7. 1922	" Hlinkova 86	
16.	Friedmanová Edita	11.7. 1924	" Hlinkova 86 ✓	
17.	Friedrichová Anna	28.9. 1909	" Hlinkova 19	
18.	Friedrichová Ružena	21.8. 1911	" Hlinkova 19	
19.	Friedrichová Ida	7.10. 1914	" Hlinkova 19 ✓	
20.	Fuchsová Margita	6.6. 1908	" Hlinkova 69	

胡门内市的女孩名单（含出生日期和街道地址），名单中第 15 号和第 16 号分别为莱亚和伊迪丝，打钩代表已经登记，照片由朱拉杰・莱维茨基提供。

没有官方文件，他的口头承诺也毫无意义。伊曼纽尔·弗里德曼联系到一些在当地政府工作多年的人，但他们也同样搞不明白豁免程序。没人知道这些豁免通知什么时候会下来。唯一能确定的就是，市里到处都会响起厉声警告，一遍又一遍地重复：登记在册的女孩若不来应征，将一律逮捕。

真有这样一份名单？是的，真有。

德国吞并斯洛伐克之后，在各地成立了犹太委员会。委员会名义上是为犹太社区争取权利，但事实上没什么权力，也承担不了什么责任，只负责收集当地犹太人的信息。人口普查起初看似是不痛不痒的行政工作，但收集的数据后来却被用于可耻的目的——让赫林卡卫队用来对付斯洛伐克犹太人。这就像政府发动了一次 20 世纪 40 年代版本的黑客行动。各个地方都有人口清单，按字母顺序排列，包含出生日期和街道地址。警察只要按照名单上的住宅或者公寓住址，就可以逮捕没去应征的女孩——除非她们的名字正式从名单上划掉。

1942 年 3 月 20 日清晨，布罗迪·斯洛博德刚走出公寓，一位邻居也走了出来，他是非犹太裔的政府人员。

"对犹太人来说，今天真是糟糕的一天。"他对布罗迪说。

"为什么？"布罗迪问道。

"你不知道吗？"他拿出一张印有女孩姓名的名单给布罗迪看，"他们今天就要把这些犹太女孩送去劳动营了。"

名单上第一个就是布罗迪的表姐——朱迪塔·哈索娃。

"帮个忙，"布罗迪说，"能不能帮我把这个名字删掉？"

那人拿起铅笔，在她的名字上画了一条线。

75 年后，朱迪塔的儿子伊万·斯洛博达还在想，难道就是因为自己母亲的缘故，所以只有 999 名女孩？"或许，我的妈妈本应该是第 1000 号？"

然而，999 这个数字的背后，隐藏着更多黑暗。

第五章

父母没有错，他们也没料到这就是我的命运。

——罗丝，1371 号

　　每份遣送命令要突然下达，这样就没人有时间逃跑或躲藏，这正是犹太事务部主任盖扎·孔卡想出的主意。当然，第一批遣送的通知提前两周就发布了，孔卡想必是看到人数未达预期，就决定改变做法。在他的继任者任期内，遣送有时候在几小时内就执行。有些家庭生活在不到 20 人的小村庄里，对城里发生了什么一无所知。征召女孩去工作的命令还未传到最偏远的农村社区。这些小村庄甚至没有人知道有申请豁免这回事。当然，他们也没有钱去购买豁免权，也没有任何可以换来豁免权的社会地位。

　　尽管胡门内的市长曾信誓旦旦称，弗里德曼家的女孩还有本地其他名门望族的豁免很快就下来了，但文件一直没到。对于守法公民来说，违反法律是很难的，所以，在 3 月 20 日早上，大多数家庭按照命令把他们的女儿带到了登记处。弗里德曼姐妹也在众多遵守法令的人之中。本来还允许携带 40 公斤的行李，但"我们没有 40 公斤的东西要带"，伊迪丝说。她和姐姐叠好了她们最好的衣服——一件毛衣，一条裙子，一些贴身保暖的紧身裤——在她们看来，出远门要带自己最好的衣服。她们的母亲用布包了些自制面包给伊迪丝带着，又往莱亚小箱子里装了一条面包。两人振作了一下精神，告诉自己这是去为国家服役，莱亚率先亲了一下母亲，伊迪丝也亲了一下。先前离开家门，她们肯定过不了几小时就会回来的。

想到要离开父母和家人 3 个月之久，许多年轻女孩感到不舍和难过。乔拉·施皮拉记得他和玛格达的母亲会用雨水给女儿们洗头，这样她们的长发就会柔软而干净。这些女孩备受宠爱，也不会做什么坏事。父母会为她们安排好一切。

有些女孩以为自己是要踏上冒险之旅。玛吉坦言，决定离开家人"去鞋厂工作"是她第一次违背母亲的意愿。"母亲当时说，'你没必要去。'而我想和朋友一起去，在那个年纪，朋友是很重要的，所以我不想落单。"同样这么想的还有阿德拉和她的朋友吉兹，她们不怕工作辛苦，反而将之视作机会，以此证明斯洛伐克人和德国人对犹太人的看法有多离谱。她们要证明斯洛伐克犹太女孩有多坚强。

皮里、埃塔、雷娜、范妮、努西、玛尔塔、伊达以及其他数以百计的斯洛伐克年轻女孩，她们或站在镜子前，或站在反光的玻璃前，梳理着头发，给自己打气：没事的，过几个月就能回来了，到时就能结婚，或者完成高中学业，或者开始新的生活了……

都是这样告诉她们的，有什么可怀疑的呢？

"去登记"意味着正式报名服役，但不一定即刻开始工作，因此女孩们去登记时还想着能够回家过安息日。那正是孔卡精心设置的陷阱——"出乎意料"才能"收获满满"。

在人们的回忆中，各个社区登记的场景各不相同。唯一相同的是，去登记的地方气氛有些不同寻常。在胡门内，女孩们是去学校登记；在普雷绍夫，则是去消防站；在巴尔代约夫，则是去市政厅。尽管前途难料，但人们还是自认为在做正确的事，一些父母甚至都没有陪同女儿前往报到中心。去了的父母则被要求在屋外等待，淋着三月的细雨，这细雨正消融着二月风暴留下的残雪。

附近村庄的女孩，或坐着马车，或步行抵达，靴子上沾满积雪和泥巴。在父母或兄弟的陪同下，她们早早就出发了，以便能准时到达市中心。像城里的女孩一样，她们都穿上了安息日的盛装。这些来自偏远社区的女孩倒未必彼此陌生，许多人还是亲戚。不少农村家庭心甘情愿地将女儿送来，并且十分感激能有这样的机会，让女孩们能够帮扶本就贫困的家庭。

城里的女孩在家里磨磨蹭蹭了一番，现在也匆匆忙忙地赶到了集合地点。母亲们站在胡门内的街道上挥着手。女孩中有富裕的拉比家的女儿克莱·阿特莱斯，有身形纤瘦的泽娜，有美丽动人的海伦娜，有活泼的玛吉，有高挑端庄的里亚·汉斯和她的小妹妹，有满头卷发的玛雅，有莱亚的朋友安娜·赫什科维奇和阿努·莫斯科维奇，后者拿着弗里德曼夫人额外多做的一条面包。她们跟着伊迪丝和莱亚还有许多从小就认识的女孩一起，穿过铁轨，沿着街道走向学校的那栋旧楼。

一名当地的警察站在门口要求父母们在外等候。女孩们排成一列，走进学校。她们被禁止进入学校已有一年了。当所有的女孩还拽着母亲的裙子蹒跚学步的时候，警官就认识她们了。毕竟胡门内所有人都互相认识。他还知晓更多的内情吗？即便知道，他也什么都没说。所有的窗户都拉下了窗帘，里面发生着什么，不得而知。

可以想象她们乖乖走进学校的样子：有着金红色头发的安娜·赫什科维奇，接着是乌黑头发的海伦娜，然后是红发的阿德拉。她们的头发都精心梳理过，泛着光泽，卷发从冬帽下垂落。没有姐姐在身边，阿德拉怅然若失。伊迪丝警惕地观察周围，但仍然紧挨着姐姐。伊迪丝唯一一次离家还是去拜访在斯特罗普科夫的叔叔，一想到要离家数月，她十分惶恐。但至少她能和姐姐以及她们的好友在一起。

"我们还年轻，坚强点，没什么大不了的。"阿德拉的一位好友壮着胆说。她这句青春无畏的豪言壮语让大家精神抖擞，变得乐观起来。

女孩们在一起嘀嘀咕咕，跟着队伍逐渐往前挪，挪到两张长桌前，报上姓名，精心准备的借口也脱口而出。家境较好的女孩说话时一副很有把握的样子——她们已经获得保证，可以免除劳役。她们的父母随时都可能拿着免除强制劳役的文件，飞奔赶来。由于坚信自己会得到豁免，这些富家千金掩饰着担忧和疑虑，摆出一派镇定自如的模样。家境贫寒的女孩则只好向命运低头，或是递上一纸文书证明自己是家中的顶梁柱，以期能够得到豁免。但没有任何一个市政官员回应这些说辞，也没人理会那些富家女孩的父亲是谁。

要论有谁最有资本去说豁免的事，那只能是胡门内最富裕的犹太家庭的姑娘。阿德拉骄傲地俯视着这些唬人的男士，紧锁的双眉仿佛在无声质问，并且说她是著名木材大亨哈依姆·格罗斯的孙女，有蒂索总统钦许的豁免令。他们直接跳过了她，喊道：

"下一个！"

男人对女人不耐烦时总会摆出一副轻蔑的表情，她立刻就感觉被无视了。此刻，姑娘们看到的就是这种表情。对多数人而言，这是她们第一次遇到对她们爱答不理的情形。

伊迪丝注意到长桌边坐着许多赫林卡卫队的人，还有一个党卫队的人。这让她感到诧异，党卫队和她们要去替政府干活有什么关系？

倘若早知道答案，她们的父母、邻居和整个社区一定会奋起反抗。但是她们都不知道，即使伊迪丝这样的聪明女孩察觉到了某种异样，产生了疑问，却也明白最好别问。反正没人会解答。谁会搭理小姑娘的提问？

逐一核对完姓名后，开始询问职业：裁缝、帮工、女帽商、工厂工人等。仍然和父母住在一起的少女被划为"家佣"。毕竟"孩子"是不能算作职业的。

房子内现在有100余位姑娘。一听到要脱下衣服让医生体检，女孩们都呆住了。她们从未在男性面前脱过衣服。女孩们眼中开始充满惊恐，这似乎让官员们很得意。男人们大吼着让她们脱下衣服。伊迪丝和她的朋友不情不愿地开始慢慢解开外套纽扣，拉下裙装拉链。

为了保暖，玛吉穿了两件外套，一件较薄的灰色外套，另一件是她最好的米色外套，穿在里面。她看起来十分时髦，比起胡门内有钱人家的姑娘也不逊色。她小心翼翼地把美丽的蓝裙叠好，犹豫着是否该把裙子放在地上，毕竟地上满是外面带进来的泥水。其他女孩也犹豫着，想把自己的衣服挂到墙上的衣钩上。

"这是体检！衣服全脱干净！"一名官员吼道。

女孩们站在那里，身上仅剩内衣内裤，她们用纤瘦的双臂护住腰部和胸部，瑟瑟发抖。

"脱光衣服，站在一堆男人面前，羞耻感油然而生。"伊迪丝回忆道。一名非犹太医生边走边上下打量她们还在发育的身体，"嘴张开！"他吼道，"舌头伸出来！"又检查了她们的舌头。

伊迪丝回忆道："那根本不是体检。"

"这次征召根本就是给他们一个机会，借官方法令之名来'正大光明'地玩弄女孩。"拉迪斯拉夫·格罗斯曼几年后写道。

"他们要是想看女孩的胸部，就命令她脱下胸罩，"伊迪丝证实了拉迪斯拉夫的话，"他们对我的胸不感兴趣。"

医生后边跟着一名书记员，他前后翻着名册，从某一页上找出西特伦，另一页上找出格罗斯。就这样逐一核查。他本该写下体检数据，但"整个体检就是个谎言"。女孩们是否健康根本不重要。他们只需要表现出在意的样子即可，实际上他们并不在意。

"你感觉如何？"书记员问伊迪丝。

"我经常头晕。"

她觉得自己更像是被当成农场的牲口，而不是人。她们聚在一起，如同迷途羔羊，在男人的注视下瑟瑟发抖。为何学校没有女教员来保护她们，让她们免于被男人这般打量？为何没有父母在场？唯一的安慰就是安息日即将到来，再过几小时这一切就结束了，她们很快就能回到母亲的怀抱，回到烛光和祝福里。伊迪丝唯一想做的就是听父亲唱"安息日平安"，感受他温暖有力的拥抱。

屋外的人行道上，父母们不停跺着脚，以防脚趾冻僵。现在已经过去几个小时了，镇上所有的犹太人、一半的非犹太人都在学校周围来回踱步，带着各种疑惑和不安。先前的谣传变成了现实，但还有许多疑问等待解答。他们要对女孩做什么？怎么这么久？甚至都没歇一会吃午餐！

校舍外响起了不满的叫嚷：

"我们的女儿怎么了？"

"她们要去工作了。"

"什么样的工作？"

"我听说是制鞋厂。"

"那肯定不止一家。"

"去多久？"

"三个月。"

"工厂在哪？"

没人知晓答案。

屋内，弗里德曼家的女儿们与从小一起长大的女孩们紧挨着。其中有些是莱亚的朋友，有些是伊迪丝的朋友，彼此之间都认识，有的是在集市、教堂认识的，有的是在炎热夏天去河里戏水时认识的。

也有百来位来自其他地区的女孩是她们不太熟悉的。在男人猥琐的目光中，女孩们开始结成了新的隐秘的情感纽带。焦虑苍白的脸庞彼此映照着。阶层不再是隔阂，恐惧面前一律平等。

波兰来的难民雷娜将行李留在自己做保姆的雇主家。"会有人带你去取的。"警察告诉她。埃尔娜的表亲迪娜决定先藏起来，但下午她就被赫林卡卫队押着，跌跌撞撞地来到了学校。她狼狈不堪，面色通红，头发蓬乱。她被搜出来并且逮捕了。

时间缓慢流逝，女孩们逐渐失去耐心开始躁动不安起来。她们穿上衣服，继续挪动。政府的人——全是男性——在不停地吼叫：

"拿上东西！"

"排好队！"

"出去！"

让她们震惊的不只是这些指令，还有他们下令时的粗暴口吻。女孩们挤挤撞撞，再度穿好衣衫，直奔出口，在武装警卫的包围下，走进昏黄的暮色中。

学校前有人喊：女孩们出来了，从学校后门的紧急出口！

众人立刻沿街赶过去，有些父母直接跑回家给女儿做饭去了，想着她们肯定饿了，反正很快也就到家了。其他父母则追上那群女孩，喊着她们的名字。一连串的问号在冷漠的空气里跳荡：他们要把女孩带去哪儿？什么时候才能回来？

玛吉认识一个赫林卡卫队的队员，便问他能否回家和母亲告别。他放她溜出队伍，跟着她沿街走回去。玛吉的母亲站在邻居旁边，邻居也是他们家的亲戚。母亲紧紧攥着窗帘，不想当着赫林卡警卫的面落泪，即使这人是她看着长大的。为什么他和那些人要带走她的女儿？带走他们自己儿时的玩伴？和女儿悄声说话时，她泪如泉涌，"他想看我哭，我才不会让他得逞"，她悄悄给玛吉塞了一些安息日的食物，"是新鲜的白面包和一些汉堡"，然后吻别了玛吉。这是玛吉之后三年里吃到的最后一顿犹太洁食，也是她最后一次见到母亲。

回到队伍之中，玛吉和朋友们拉着行李，沿着主街道，走过了格罗斯大街，沉重的行李箱时不时撞到小腿，擦到脚踝，箱子的把手勒进了掌心。伊迪丝的行李和她自己差不多重，她的兄弟姐妹总拿她开玩笑，说刮阵大风就能把她吹走。她姐姐伸手拽着把手的一头，帮她减轻负担。泪水刺痛了伊迪丝的眼睛。事情不太对劲，这种感觉深入骨髓，可惜太迟了，她们已经无法逃跑，也无法躲藏。她想从人群中年纪稍大的人那里得到一点宽慰，听到的却是一片悲怆声。

女孩们被直接带去火车站的消息瞬间传遍了小镇，胡门内所有人都涌向舍甫琴科夫大街（Ševčenkova Street），赶往黄红相间的火车站，生怕为时太晚。

赫林卡卫队将这些女孩包围，他们身着黑色制服，端着枪，冷峻严肃。年纪最小的女孩吓得哭了起来。母亲们想要冲出人群拥抱女儿，警卫又把她们推了回去。伊迪丝疯狂地在人群中搜寻着父母的身影，一看到他们，哭得更激动了。急切的呼唤声不断传来。女孩们与亲人在呼唤彼此。喊声在寒冷的空气中飘荡着，混杂着祈祷声。到底有多少女孩？两百多人。流了多少眼泪？不计其数。

"不知道会发生什么，我们十分害怕，茫然失措，"伊迪丝回忆道，"周围所有的女孩都在哭泣。"

悲叹声一片。哭泣又挥别，挥别又哭泣。

一阵三月的大风从山上吹来，莱亚抓住伊迪丝的手，生怕她连同腐败的落叶和忧伤一起被风吹走。

车站里，一辆客运火车仍然空着。女孩们被迫走上站台，拖着行李登上了车厢的金属台阶，爬上了车，然后纷纷挤到车窗边，挥别父母与亲人。卢·格罗斯当时太小，现在已经记不起去火车站送别阿德拉时的场景，但他姐姐以及其他家族成员一直挥着手，跟在开动的火车后面送了很远很远。

"下次再见面时，我就已经嫁人了！"黛博拉喊道，"阿德拉！

莱亚！安娜！我会想你们的。"

透过火车打开的车窗，女孩们探出窗外大喊着——别担心！我很快就回来了！爱你们！

从诸多邻居亲朋的话语中，伊迪丝听到了母亲的声音："莱亚我倒是不担心，她很坚强，但是伊迪丝，她就是……什么都不会啊。"

火车开始鸣笛，车厢开始前行。胡门内逐渐消失在视野中，玛吉努力重振精神，其他女孩也是。克莱·阿特莱斯年纪稍长，开始鼓励大家；她嘱咐女孩们要互帮互助，因为现在她们离开了家人，无依无靠。接着吉兹·齐格勒揶揄起阿德拉，有人唱起了歌。会唱华丽女高音的海伦娜也加入进来。姑娘们要开始工作了，她们认为自己将步入社会成为大人。即使在安息日出行有违犹太教传统，但这似乎是在帮助她们长大。

秉着神圣的安息日精神，玛吉等人拿出妈妈准备的食物，和其他饿了一整天的伙伴们分享。

火车转过弯道时，瑞士阿尔卑斯山东侧的最高峰耸立在远处。巨大的白色峭壁在落日下熠熠生辉。女孩们探出窗外，喊着：快看，格拉霍夫斯克峰！

有的农家女孩以前甚至从未见过上塔特拉山。她们唱起了国歌。伊迪丝和莱亚的嗓音飘荡在火车的轰鸣之上。

塔特拉山上电光闪闪

雷声隆鸣

让我们抑止它吧！兄弟们

闪电惊雷终会停

斯洛伐克人会复兴

我们的斯洛伐克

它沉睡至今

但那闪电与雷声

将使这片土地苏醒

天快黑时，火车缓缓停靠在波普拉德火车站。女孩们拿着行李，强颜欢笑地下了车，挥舞着马鞭的赫林卡卫队队员出现在她们面前。这些人不是她们儿时就认识的那些男孩。他们面孔冷酷，行为粗暴，挥舞着鞭子驱赶她们，抽打她们的背和腿。之前让她们心间充满着爱国热忱、荡漾着歌声的塔特拉山，如今看起来冰冷而危险。本就离奇的一切变得更加扑朔迷离。一幢空置的二层军营出现在前方。绝望和疲惫之下，伊迪丝想，至少现在会有人来通知她们接下来的安排。但没见到接待人员，没有女舍监，也根本没有任何组织安排。女孩们漫无目地走进这栋庞大的建筑，疑惑着今晚该睡哪。没人告知她们，她们只好找到一些角落，胡乱挂好吊床，蜷缩着躺下。夜幕降临，空荡荡的建筑里回响着呜咽啜泣声，她们哭着哭着就睡着了。

第六章

女性给世界带来生命和光明。

——卡巴拉[4]

1942 年 3 月 21 日　星期六　安息日

还有什么日子像安息日那样，那些年轻未婚的、备受呵护的犹太女子都会在家呢？登记日设在安息日前一天，这样一来，对于那些躲藏起来逃避政府征召、不去工作的女孩，当局可以轻而易举从她们父母家中将她们逮个正着。

躲藏有风险，但也没有什么其他办法。由于尚未婚嫁，她们才被征召，为了免遭厄运，在初次通知下达后，部分家庭忙着在几周内把女儿嫁出去。还有一些则是将女儿送往邻国匈牙

---

4 卡巴拉，又称"希伯来神秘哲学"，是在犹太教内部发展起来的一整套神秘主义学说。此词本义是"接受到的"或"传统的"。原指相对于《圣经》而言的《旧约》其他两个组成部分《先知书》和《圣录》，其内容着重于精神和感觉。

利，交给亲戚照看。有了政府豁免令的家庭则认为，这些极端做法毫无必要。但豁免令又迟迟未到，他们就只有两个选择：要么遵守法令交出女儿，要么违背法令将女儿藏起来。

格罗斯家和弗里德曼家照做了，而阿姆斯特家却没有照办。

3月21日清晨，当地警察联合赫林卡卫兵出现在阿道夫·阿姆斯特家的别墅前。这么一大早来敲门，只能为了一件事。玛格达的母亲冲到女儿卧室，将女儿藏了起来。阿姆斯特先生睡眼惺忪地揉着眼睛，尽可能表现自然地开了门。接下来他的遭遇可并不愉快。

乔拉·施皮拉还记得，曾经的同学已经成了赫林卡卫兵，搜寻着他们的朋友——同学抓捕同学。因此，那天早上，阿道夫·阿姆斯特打开房门，看到的可能就是这些曾经满脸痘痘的男孩，他们认识自己的女儿，但此时却端着枪站在自己面前。他告诉他们，政府承诺会豁免阿姆斯特家，因此他们本不必前来。男孩们身上的黑色制服所赋予的权力让他们膨胀起来，他们把阿道夫揪出来拽到街上，举起警棍一顿毒打。

难道因为阿姆斯特是有钱的犹太人，他们才想殴打他、公然羞辱他？邻居们纷纷跑出来，惊恐地看着眼前这一幕。阿姆斯特被打得头破血流，全身满是淤青，连声求饶。他还没有有钱有势到不需要求饶的地步。

男孩们冲着阿姆斯特先生大喊，"什么样的女儿啊，忍心看父亲被打死？要是玛格达真关心她父亲，早该来救你了！养的什么女儿啊，让你受这么多罪？"

这个精心布置的陷阱，以爱为诱饵。玛格达无法忍受父亲遭此毒打。这个温柔纤弱的女孩冲了出来。父亲紧紧搂住她，乞求赫林卡卫队的人让她留下，他只有这么一个女儿，家里需要她。换他去为政府服役好不好？

卫兵们哄笑起来。他们带走了娇弱的玛格达，押着她走在满是积雪的街道上，加入了其他自以为能躲过这一劫的女孩队列。女孩总是藏不住的。

几公里开外，普雷绍夫郊外的一个社区里，赫林卡卫队来到罗斯纳家，给他们家女儿琼两小时，让她收拾行李。琼连同其他 23 位来自伊斯兰湖的姑娘一起，像沙丁鱼一般被塞进皮卡车。车开到城里，停在了消防局，名单核对正在进行。此时已是上午 10 点左右，200 多个女孩正在消防局接受检查。

尽管时间尚早，乔拉·施皮拉和他弟弟已经听说了阿姆斯特家门口发生的一切，他们在消防局门口等着，想看看接下来会发生什么事。

看到女孩们突然间排着队被押解出来，跟跟跄跄走上马路，他们赶紧跟上她们的队伍，在街道上跌跌撞撞地跑着，喊着玛格达和克莱拉的名字。由于是安息日的上午，犹太社区有

当时和现在的乔拉·施皮拉（阿米尔），照片由乔拉·阿米尔提供。

些人尚未意识到女孩们正被当成罪犯一般对待，她们甚至都没得到家人最后的亲吻和爱抚，就被押往火车站了。女孩们心急如焚、茫然无措的模样，至今仍萦绕在乔拉脑海里。"最悲惨的莫过于他们抓住了这些女孩，将她们集中到一起……这是后来所有罪恶的开始。"

看着女儿们登上了客运火车，人们又开始幻想：最新的公告不过就是政府让女儿们去服役。这样的场面多少也减轻了犹太父母因为女儿被带走的不安。晨光里，女孩们打开了车窗，探出窗外，与家人飞吻告别。人们开始祈祷，但祈祷也没怎么应验。

而伊达除了姨妈之外无人可以告别。她想知道父母在波兰过得如何，但如果知道的话，她早就逃离火车站了。事实上，几天后，在她的家乡新松奇县，年长的犹太人，连同犹太和非犹太的企业主都被带到犹太墓地遭枪杀。伊达的父母也极有可能已经遇难；雷娜的父母在泰里克兹，恐怕也已遭毒手。

奥尔纳·塔克曼的母亲玛尔塔当时也在这群女孩当中，全家都赶来送别。身旁与她同一车厢的有她的好友敏卡、玛吉塔和另一位也叫玛尔塔的女孩。她们二十出头，感觉自然和那些首次离开父母的小姑娘不同。她们多数已经工作并离开父母自己生活。离家三个月为政府服役会让她们的家庭更加艰难，因为她们是家里的劳动力，能带来维持生计所需的收入。女孩们的正常生活也被打乱了，她们开始担忧起未来。要离开家三个月去服劳役，该怎么谈婚论嫁呢？哪个小伙会等待一个长时间无法见面、无法互诉衷肠的姑娘？制鞋工厂里不错的犹太小伙子多不多呢？

第
七
章

性别歧视，和种族主义一样，都是对人性的剥夺。

——威尔玛·曼基勒，切罗基族酋长

波普拉德兵营。伊迪丝和莱亚醒来后，看到的是完全不同的世界。没有早餐，没有歌声，母亲也不在跟前。伊迪丝由于流泪不止和疲惫不堪，眼皮都睁不开了。更糟的是，她月经来了。她和莱亚在走廊上能听见女孩们的说话声从空旷的房间里传来，脚步声在空空荡荡的巨大营地里回荡。

因为受到惊吓，许多幸存者已经记不起太多在波普拉德兵营里的细节。玛吉还记得在厨房削过土豆，给一个朋友偷偷带过食物，但她"感到很抱歉，因为给她带的不是犹太洁食"。厨房里的女孩被命令去炖卷心菜，学着切面包，每块150克，不能多也不能少，有一个拳头大小，每一个女孩分一块。

其他女孩被命令去打扫营房。伊迪丝和莱亚忍住眼泪，跪着擦洗地板和墙面。

"没人告知我们要做什么，"伊迪丝说道，"他们给我们抹布和拖把，让我们打扫营房，于是我们就打扫了。我们好奇，这就是我们要干的活吗？我们就只用做这些？征召数百名女孩前来只为打扫营房，似乎有些奇怪。为何要这么多人？匪夷所思。"

接着从普雷绍夫来了 224 个女孩，74 个是十来岁的少女，其中就有玛格达·阿姆斯特。

"你知道的，"伊迪丝说道，"这种感觉难以言喻，因为一个 17 岁的女孩，正常来讲，对未来是充满无限憧憬的。即便内心有恐惧和不安，也依然会保持乐观。"她和其他女孩当时想着："也许就只是工作而已，也许是有其他什么安排。我们也不清楚，也不知道。那时，没人知道奥斯维辛集中营，因为还没建呢。"

普雷绍夫过来的人中混有两名中年女性，范妮·格罗斯曼和伊泰拉·威尔德费尔，都是 45 岁。尽管我们不太确定，但她们之所以过来，很有可能是为了各自的女儿：18 岁的鲁泽娜和 19 岁的玛尔塔·威尔德费尔。

政府已经明令要求只征召未婚的年轻女性服役。除了范妮和伊泰拉，这个周末第一批送来的人中还有 27 位中年女性，她们来做什么？她们来自不同社区，其中 7 人来自普雷绍夫，4 人是伊迪丝的同乡，来自胡门内，3 人来自莱沃恰，还有 1 人坐公共汽车从斯特罗普科夫来。

或许她们有的是计划好一起来的，至于是为了众志成城进行反抗，代替自己的女儿或侄女应征，还是要齐心协力团结一致，互帮互助，已无从知晓。又或许她们只是未婚女性，和那些年轻姑娘没有亲属关系。我们也毫不知情。事实就是，这些年长的女性也在其中，令人诧异。

她们也被登记在册，可能代表着某种抗争。而当她们带着行李出现在火车站和汽车站时，并未遭到拒绝。

问题在于，如果她们不在最初征召之列，是冒用的女儿或是家人的名字进行登记的吗？还是她们自愿代替年轻的女孩？无论如何，待到名单打印出来，人数确定，她们便被照单全收。

于是，她们在赫林卡卫队队员前报上姓名和年龄以供记录：埃塔·加拉丁，40岁；玛吉塔·格卢克，45岁；伦卡·诺依曼，42岁；还有范妮、保拉、伊洛娜、赖齐……58岁的伊泰拉·加格尔年纪最大，孤身一人——在第一批被遣送的人里，她是唯一沿用婚前姓氏的女性，她所在的村庄在地图上都无法标识。她怎么会来？可能是为了顶替自己的孙女。

她们是想违抗政府命令，还是要和女儿不离不弃，我们无从知晓。她们沉默的勇气道出了女性精神的真谛。这是一项从未得到认可的壮举。她们无人生还。

第一批遣送还引发了另一种反抗，关于它的记录更为详细。在边境城镇巴尔代约夫，有300名女孩本该于3月20日前来报到，当晚要住在镇上的犹太学校。然而，在 3 月 19 日，列维拉比想出了一个大胆的主意，去找了格罗斯沃斯医生和摩西·阿特拉斯医生。

他请两位医生给部分女孩注射双倍剂量的斑疹伤寒疫苗，这么一来她们早上就会发烧。医生们照做了，次日清晨她们就宣布爆发了斑疹伤寒疫情。当地政府对整个巴尔约代夫的犹太区实行了防疫隔离，住在小镇范围内的所有女孩立即被排除在外，不得去报到"工作"，甚至不许进学校。

星期六早上，来自周边地区的 200 位女孩在学校度过一晚后，就被开往波普拉德的火车给拉走了。但巴尔约代夫没有任何女孩被带走。

孔卡的目标是在一周内送走 5000 人，这也解释了为何城市公告员突然在更小的城镇发布公告。"公告员的通知不会总是那么及时，"伊迪丝说道，"他们敲着鼓挨个村庄通知，但村庄多且分散，所以消息通常要过几天才传过来。"不过，此时距离第一次发布通知已经过去了两周。由于巴尔约代夫人数短缺，孔卡和他的亲信只能在其他地区寻找可以遣送的年轻未婚女子。

1942 年 3 月 22 日　星期天

像胡门内和普雷绍夫这样的大城市，犹太家庭还有时间来准备，或者逃离，但小城镇上的姑娘因无法提前得知消息就没这么幸运了。事实证明，去小城镇搜寻可以遣送的女孩是个相当高效的方法。斯特罗普科夫镇上超过一半的人是犹太人。那里有座犹太会堂，还有座叶什瓦[5]，虽然农村社区普遍贫穷，但斯特罗普科夫的集市十分活跃，还有专管当地的拉比。周边的峡谷里，有些小村落只有一两户犹太人。

毫不夸张，佩吉认识科尔波维奇的所有人，毕竟她在这个村庄长大，和所有人都有亲戚关系。星期天下午，爱护她的哥哥们下班回来，情绪低落地告诉家里人，说公告员一直在敲鼓，按照通知，妹妹第二天就必须要去应征服役。哥哥们宽慰父母说，她去工作也能贴补家用，也算好事。如果家里能够因为她去干活而收到补贴，那是再好不过了。时世艰难，对犹太家庭而言更是如此，他们需要任何能够获得的帮助，哪怕一丁点也好。

她以前从未独自出过远门，但是想到要赚钱养家，就觉得自己已经长大成人，要有担当了。和大多数孩子一样，她一想到长大便有些激动，并且也渴望能快点长大。她满怀期待地长舒一口气，意识到自己将要独自踏上冒险之旅。她有些等不及了。

同一个星期天，在斯特罗普科夫郊外的另一处小村庄里，

---

5 叶什瓦，指的是正统派犹太教育机构。

伯科维茨姐妹在当地警察拿着名单找来之前就已经躲了起来。贝尔莎的母亲说女儿们去走亲戚了，但这样的借口警察已经听得够多了，他威胁道，如果两个女儿一个都不跟他走的话，他就要带走伯科维茨先生。

贝尔莎的父母问起女儿将去哪儿，做什么工作。哪个父母不想知道呢？

警察说是一家"制鞋厂"，他们觉得还算不错。

伯科维茨夫人把16岁的女儿贝尔莎从藏身处叫了回来，而小女儿范妮则继续躲藏。

"别担心，"母亲宽慰贝尔莎，"我陪你一起去登记。"

母女俩收拾了一些贝尔莎的东西，装进一个背包里，警察还等在外面。贝尔莎走到房子中间，父亲示意她在凳子上坐下。已经泪流满面的他，摸了摸女儿的头，祈祷："上帝会保佑你的，很快你就能回家了。"这是她第一次看见父亲哭泣，却也是父亲对她说的最后一句话。

她们出发时，贝尔莎的母亲还回头叮嘱儿子们："记得收衣服！"衬衣和袜子在晾衣绳上结了冰，风一吹猛地摇晃起来，像是在笨拙地挥手作别。

伯科维茨夫人和警察陪着贝尔莎和她的好友佩西·斯坦纳去往更大的城镇卡皮索瓦，因为通知说女孩们要在那过夜。次日一早会有一辆大客车来接。贝尔莎和佩西在朋友家过夜，还有其他来自周边村庄的女孩，她们或是和父亲，或是和母亲一起来的。孩子们睡在地上时，不时听到充满恐惧的声音在说话。"我睡得很不安稳，"贝尔莎说，"母亲根本就没睡，一夜之间仿佛苍老了十岁。"

星期一早上，一名警察出现在佩吉家里。母亲为她装了一些三明治和甜点，让她在去城里的路上吃，毕竟路上还要走两个小时。佩吉拥抱了哥哥和父母，同他们道别。她穿得很厚实，一条围巾围住肩颈，她挥了挥手，便踏上了冒险之旅。

出峡谷的唯一道路就是山间的一条土路。积雪覆盖在山上，地面冻得坚硬。黄澄澄的太阳爬上了山顶，清晨的阴影向林间退去。

到了下一个村庄布鲁斯妮卡，21岁的安娜·朱多娃和佩吉走到一起。她俩在斯洛伐克的农场长大，与非犹太人为邻，他们对外面的世界没有太多想法，也不太关心。

走在路上的时候，佩吉满脸期待，总是洋溢着笑容，她乌黑的秀发别在帽檐下，让耳朵免于受冻。一小时后，她们身边的警察又带上了鲁泽娜。背包在早晨轻快的空气中摇曳，她们愉快地聊着天。

佩吉、鲁泽娜和安娜到达车站时，那里已经有另外40个女孩等着了。周边都是年轻的声音，女孩们不断交谈着要去做的工作。像贝尔莎一样，部分人得到的通知是去制鞋厂，其他人得知的则是去农场。客车司机看着很和善，朝女孩儿们笑了笑，他只知道她们要去波普拉德。还有一周就是逾越节了，女孩们立刻就开始想是否会允许她们回家吃逾越节晚餐，毕竟波普拉德离这只有几小时的路程。

佩西·斯坦纳对伯尔科维茨太太而言就像亲女儿一样，其他人上车时，贝尔莎的母亲看着佩西美丽的脸庞，拉着她的手。一同前来的女孩站在她身旁。"答应我，你们要互相照应，"她叮嘱道，"记住，贝尔莎在你们之中年纪最小，就当是你们的小妹妹，照顾好她。"

片刻间，女孩们成了姐妹团。和母亲吻别时，贝尔莎感到内心深处发生了变化。她说，当时"我似乎长大了"。

汽车发动，引擎砰砰作响。生锈的排气管里喷出阵阵黑烟，汽油味十分刺鼻。车上的女孩们兴奋地聊着，大多数人都没觉得难过。"没人想到这是和父母见的最后一面。我们认为只是暂时离开，很快就会回来。"贝尔莎回忆道。

"大家又唱又笑，"佩吉回忆道，"这是一趟冒险之旅。客车司机非常和善，我们吃了母亲准备的三明治，感觉就像在野餐。"就连司机也和她们开起了玩笑。

旅程过了两个小时，车窗外的景致开始发生变化，上塔特拉山映入眼帘：覆盖着皑皑白雪的山峰，龙牙般直刺冰蓝的天空。正如之前那批胡门内女孩一般，看到塔特拉山，她们心中也不由得充满爱国的自豪感。汽车转了个弯，她们以为到了目的地，高兴地唱起了歌。

司机把车停在波普拉德兵营，打开了车门，女孩们兴高采烈，纷纷下了车。她们疑惑地打量着周围的建筑，看到身穿黑色制服的男人走过来，手里还拎着鞭子。女孩们冲着他们笑了笑。

"从我们下车的那一刻起，一切就变了，"佩吉回忆道，"警卫们冲我们大吼大叫，用鞭子抽我们。"他们粗鲁地推搡、驱赶着女孩，女孩们停了下来，眼巴巴地看着司机，向他求助。这是怎么回事儿？发生了什么？

司机同样也是一副惊讶不已的表情。

女孩们的疑惑中还混杂着现实与期待的落差。她们的满腔热情、急于服从安排的念头瞬间消散。

营房的窗户外，白天转入了黑夜。在车上吃的三明治早已消化完了。她们的母亲认为女儿反正到了地方就能吃晚饭，所以只准备了午餐。营房内并没有为新来的人准备晚餐。伊迪丝她们已经吃完了周一分配的食物——每人150克土豆。从斯特罗普科夫来的健壮的农村女孩见到了在这儿待了两天的其他女孩，她们双眼凹陷，面容因饥饿和震惊而扭曲。胡门内来的女孩星期五就到了，每天只给不足150克的小米粥、卷心菜、煮豆子或荞麦粥，配一片面包。很难相信，现在面如死灰的

年轻时的伊万·劳赫韦格，照片由伊万·贾尼
提供。

女孩与就在几天之前来波普拉德的路上唱着爱国歌曲的竟是
同一批女孩。现在已是一片死寂。

　　16岁的伊万·劳赫韦格和两位朋友在寻觅同乡的女孩，他
来自斯皮什新村，离波普拉德只有24公里。伊万在得知通知的
时候大吃一惊，他爱慕的女孩以及一起上过学的女孩们，都要
应征为政府服役。为什么不征召更适合干体力活的犹太男性？

　　和犹太社区里的其他人一样，伊万家对这种突如其来的政
府征召满心疑惑。"斯洛伐克还没麻木到对发生的一切视而不

见，"他回忆道，"许多非犹太人企业主联系了布拉迪斯拉发的主教们，请他们出面替自己的犹太朋友向蒂索总统求情，因为遣送年轻的单身女性完全不符合他们的基督教教义，尤其是违背了'爱你的邻居'这一条。"

那个星期一，伊万的母亲尤金妮坚持让伊万去看望那些被带走的女孩。伊万的一个朋友借了叔叔的车，和几个朋友一起开车前往波普拉德。距离铁轨还有一个街区时，从主干道上已经能看到那栋两层高的营房。尽管四周围着栅栏，门口有守卫，伊万和朋友们还是被允许进了营地。很快，他们就被惊慌失措的女孩们围住。"她们妆都哭花了，脸上留下黑印，并请求我们帮忙带些食物和药品。她们看上去焦躁不安，满是绝望和恐惧，简直触目惊心。"

"当时我们哭个不停，"伊迪丝回忆道，"会发生什么？我们在这里干什么？守卫什么都没告诉我们。"

第二天，越来越多的人过来探望他们的姐妹或表亲，守卫便不再让任何人入内。琼的哥哥多次想要见她，都没成功。埃米尔·克尼亚设法从一个非犹太朋友那儿借来了一套军装，这才得以见到他年轻的妻子鲁泽娜，她和伊迪丝是在学校认识的。鲁泽娜吵着要求放她出去，因为她是已婚的，应该获得赦免，但是守卫并不在乎这些细节。鲁泽娜和埃米尔隔着铁栅栏握住彼此的手，言语中透出绝望。

"他们要带你去波兰。"埃米尔提醒道。

但两人并不知道去波兰意味着什么。

营内的女孩躁动不安，压抑着怒火。在此期间，陆续有客车从其他各城镇开来。

哈特曼农场是由两位情同手足的堂兄弟经营。贝拉·哈特曼和杜拉·哈特曼从一位匈牙利贵族女子手中租下这片宽敞的农舍及其附带的土地。农舍两边是房间，两家都有独立的厨房和卧室，中间是共用的堂屋，孩子们晚上能聚在那里唱歌、玩游戏或是就着烛光静静地看书。没通电，也没有自来水，但这都不是问题。

6个孩子把哈特曼家填得满满的。贝拉的女儿马格杜斯卡一头黑发，面容略显忧郁。孩子们还小的时候，贝拉的妻子患了多发性硬化症。战前，在《犹太人法案》颁布之前，有非犹太的妇女在照顾她。后来非犹太人为犹太人工作变成了违法行为，就由马格杜斯卡照顾。照顾母亲很辛苦，要为她擦洗身体、喂饭，还要伺候她上厕所。这些事让马格杜斯卡比同龄人承担了更多责任，也解释了为何她总是眼神忧郁，一双锐利的棕色眼眸，好似要把人看穿。尤金是马格杜斯卡的弟弟，虽只有15岁，但也同样很有担当，经常和父亲在地里劳作。

他们的堂姐妹努西不需要承担如此繁重的家务，但是作为杜拉的长女，她要照顾好年幼的弟弟妹妹，包括比安卡、瓦莱丽和安德鲁（本迪）。安德鲁是家里最小的孩子，总爱跑去果园爬树摘樱桃。努西16岁，性格活泼开朗，她对堂姐马格杜斯卡甚是喜欢。努西脸颊圆润，总爱咧着嘴笑，而表姐则稍显阴郁低沉，仿佛总在沉思，两人形成鲜明对比。努西总是一副看上去乐呵呵的模样，而马格杜斯卡总是缄默不语，尽管二人性格迥异，但关系却很亲密。两人还穿着尿布时就在一起，等到能够捡鸡蛋的年龄，又一起在家里的农场帮忙。

罗什科维亚尼是一个农业社区，当地六百人中只有三户犹太人。大家并没有什么反犹情绪，农忙时互相帮忙，困难时互相依靠。尤金和安德鲁跟其他犹太人以及非犹太人都相处得不错，结交了不少朋友。

哈特曼兄弟的农场很出名，牧场和田地里都雇了许多当地人。他们种植小麦、玉米、燕麦和牧草，养着成群的绵羊下奶做奶酪，果园里还种着梨树、苹果树和樱桃树。

离农场最近的城镇是3公里开外的利帕尼，那儿有一座犹太会堂，哈特曼一家经常去那里做礼拜。乡下基本上听不到什么风声，哈特曼一家只听说了一点关于最新征召令的消息。努西的小妹比安卡快满十五岁了，杜拉把她送到非犹太朋友家过夜，以防万一。跟弗里德曼家一样，哈特曼一家也不愿违背法令。努西则在家等警察上门来征召。

安德鲁回想姐姐收拾东西的样子，说道："她仿佛是要去夏令营一样。"她将一大壶水和一个可伸缩的杯子收好放进口袋里，还带了牙刷和牙膏，以及用来写信回家的铅笔和纸，还收拾了方便工作的鞋、最好的外套、手套、围巾、帽子、睡衣和一套换洗衣物。

马格杜斯卡没有收拾任何东西。警察对她家的情况相当了解，也清楚她要看护妈妈，就说："我们只负责带她去下一个城市，我想他们肯定会放她回来。"贝拉要去解释一下家里的情况。

"那就这样办吧。"贝拉拿起了外套。马格杜斯卡亲吻了母亲，摸了摸弟弟的头发，然后说道："一会见。"

"当时并没有当回事，"尤金说，"她不过是进城一趟。"没有人担心，都觉得她不久就会回来。

贝拉跟着警察，陪同女儿和侄女去应征，发现还有另外17个女孩也被带来了。女孩们大都彼此认识，其中埃莉和科尔内利亚·曼德尔是好朋友。贝拉见努西还认得一些人，顿时颇感欣慰，尤其是想到马格杜斯卡不会跟她们一起走。努西和曼德尔姐妹交谈时，贝拉就拉着马格杜斯卡直接去找官员，要求划掉女儿的名字，并解释说女儿重任在肩，要照顾重病的母亲。

一个管文书的官员反驳道："我们又不会带走她母亲，我们只要女孩。"

"你们不能这么做，"贝拉解释说，"我们经营的农场很重要，生产的粮食是供军队用的，我儿子还要在地里干活，而她妈妈卧床不起，需要人照顾。"

"这个我们管不了。"

"拜托了，我们农场离不开马格杜斯卡。要是一边照料妻子，一边又操持农场，我实在办不到。又要挤牛羊奶，又要种小麦和燕麦，还要照顾生病的家人，怎么可能呢？所以我们很需要马格杜斯卡。"

"那你们得自己想办法。她必须要向政府报到，去服役三个月。"

马格杜斯卡表面的平静彻底破碎。她那深沉黝黑的眼睛蓄满泪水。她不在，家里人怎么办？她甚至都没来得及道别。

努西和曼德尔姐妹安慰着她，贝拉将自己唯一的女儿紧紧拥入怀中。他叮嘱女孩们，到了之后要及时写信报平安，还答应她们，只要知道了她们的住址，就给她们寄去衣服和钱，好让她们在工厂上班后能添置一些必需品。他也叮嘱埃莉和科尔内利亚要经常和家里联系。

他嘱咐大家要彼此照应。在他的宽慰和鼓励下，女孩们心情稍微平复了一些。他带着祝福亲吻女儿，心里在想：下次见面，女儿就该 17 岁了。

这次没有客车可坐了，这是征召的最后一批女孩，近 40 位年轻女性和她们的行李挤在一辆卡车车斗里。贝拉帮女儿和侄女把行李放好，然后将她俩扶上车斗。这里到波普拉德的距离是 100 公里多一点。女孩们蹲在车斗挡板下避风。

蜷缩在车斗里的人中有 18 岁的琳达，她说："我刚吃完晚饭，正和家人舒舒服服地坐在家里，赫林卡卫队的人就来砸门了。"

夜晚的宁静突然被打破，琳达一家人疑惑不解，不清楚这是怎么回事，"但是赫林卡卫队说，'我们要送你去德国工作，这样你就能补贴家用。'"

她那时还小，说道："好啊，家里确实很困难。"

里奇一家没有钱买食物，也没钱买燃料取暖。她的哥哥们在农场打工，但给犹太人的食物微乎其微，而这个冬天又很冷。和卡车上的大多数女孩一样，琳达想着自己至少能帮家里减轻负担。

"我们可以寄钱回家，帮助家里人。"她和其他人说着。

马格杜斯卡和努西沉默着——她们家倒不缺吃的，也不缺钱。黑暗中，车子沿着不平整的公路朝波普拉德驶去，轧到路面的坑洞时，女孩们被颠起来，撞到了彼此。抵达时已经是半夜了。

1942 年 3 月 24 日 星期二

我们拥有的唯一证据就是纸上的一份名单，1942 年 3 月 24

日被遣送的所有女孩都在其中。文件目前保存在耶路撒冷的犹太大屠杀纪念馆。年代久远，纸张已经泛黄，边角也皱巴巴的。这份文件十分脆弱，触碰时得戴上纯棉手套。上面有她们的名字，幸存者的儿女能找到母亲的姓名，遇难者的家人也能在上面找到逝去的姨姑、姐妹和表亲。

关于兵营和波普拉德"集中营"的回忆大多已经变得模糊。有些女孩甚至都不记得自己曾在那待过。被迫离开家，被迫睡地板或吊床，食不果腹，被军警监视，这些苦难与恐惧比起后来发生的事几乎微不足道。待在军营里的那段日子，似乎渐渐被遗忘，也是证词里提及最少的一部分。我访问的幸存者中几乎没人记得。

也许这份名单是在分发晚餐的豆子之前整理出来的，也许是白天女孩们被迫列队军训时整理的，也可能是根据普雷绍夫、巴尔代约夫和胡门内三地提供的打印材料以及斯特罗普科夫提供的手写材料编纂的。我们也不确定。但这份名单却是极其重要的物证，没了它，第一批被遣送女孩的姓名就无从得知，她们会因此永远消失在浩如烟海的历史中。从各地搜集整理的登记报名信息在 1942 年 3 月 24 日被打印成了一份 34 页的文件。这份文件一定是在最后一批女孩送到之后才整理的，最后这些人中有马格杜斯卡、努西和琳达。

想象一下，有一张桌子，上面摆着一台黑色的艾丽卡牌或是梅赛德斯牌打字机。打字员笔直而警觉地坐在那里，左手边是一叠白纸，右手边倒扣着已经打印好的纸张。键盘开始咔哒咔哒作响，打字员先打上了第一页的页码"1"，然后打出了"Soznam daru- júcich zmlúv"这行字。

"Soznam daru- júcich zmlúv"，翻译过来就是"捐赠清单"的意思。斯洛伐克政府不想让任何人觉得他们是在使用奴工，所以采用了这种官方说法，意指女孩们是合约志愿者，"捐赠"自己的时间来为政府效劳。如此一来，斯洛伐克政府得以避开遣送犹太人的非法性。

下一行打的是"Tábor Poprad"——波普拉德集中营。

打字员在机头上设置好了制表位，在页面顶部分出各栏：

"人数"。

"姓，名"。

"出生年份"。

"出生地"。

打字员准备就绪。

起初，名单似乎有规律可循。第一个女孩兹拉塔·考夫曼诺娃，来自马尔科夫，接下来是一对姐妹，来自几公里外的比洛维察。第一页上的女孩基本上都是来自附近二三十公里范围的小镇，相距都不太远，靠近波兰边界，主要是来自巴尔代约夫附近的城镇，而巴尔代约夫设计了个斑疹伤寒的骗局。接下来的几页就变得比较凌乱。有时朋友和表亲的名字紧挨着，有时却不是。有时候在一整页都是来自胡门内或者普雷绍夫的女孩名单中，会出现一个来自距离数小时车程之远的某个村庄的女孩名字。琳达刚来，编号是 582 号，在名单居中位置。由此得知，编号并未按照征召的时间顺序。也许有，但人们并没有严格遵守，这也说明了为何迪娜的名字并未挨着表亲埃尔娜，但阿德拉的名字却紧挨着伊迪丝和莱亚之后。

到第八页，打字员已经记录了 200 多个姓名。

第 211 号在页面上方，是莱亚的朋友安娜·赫什科维奇，那个有着金红色卷发和忧郁眼神的姑娘。在她之后就是两位来自波兰的难民，她们肯定经历了以下场景：

"姓什么？"

"德朗格。"

"名字？"

"伊泰拉。"

为什么埃尔娜会说自己叫伊泰拉？她的朋友们都叫她埃尔娜。也许她是有意用的假名。

"哪年出生的？"

"1920 年。"

"城市？"打字员敲着制表键。

"胡门内。"

"下一个！"

埃尔娜站到了一旁。

雷娜走上前，也学着最好的朋友报了自己的小名：

"里夫卡·科恩赖希。"

下一行。下一个序号。

纸张往上翻转着。

下一行。下一个序号。

莱亚走到桌前，她是236号，伊迪丝是237号，阿德拉是238号。

打字员把打好的那一页从打字机里抽出，整齐地放在两摞纸上面，一摞是原稿，另一摞是复写纸复写的。他又取了两张打印纸，将复写纸夹在中间，将纸张边缘贴在辊筒上，转动旋钮，让纸张笔直地卷进去，然后敲下页码：9。

如此来来回回，反反复复，要弄好几个小时。

每一页的内容几乎都一样，但标题"波普拉德集中营"有时居中，有时过于靠右，这可能是因为打字速度太快，纸上的墨迹并不匀称，有粗有细，有深有浅。有的页面缺少标题，有的页面上的字歪斜得更厉害。

随着名单不断变长，打字员愈发疲惫，出错也更加频繁。377号和595号莫名其妙没了。第16页上有用笔更正打印错误的痕迹，将"hp"改成了"ph"，有一个城镇名被擦掉了，代之以引号，表示"同上"。到了第 26 页，打字员可能已经两眼昏花，手指酸痛，整页的数字几乎都错了，从 754 直接跳到了765。他将纸抽出来后又在下一页上方打上 790。有人看出了错误，用黑笔划掉这些数字，然后改正：755、756、757，一直到底部。下一页上方的数字 9 之上又打上了一个数字 8。队伍又开始移动：780、781、782。到了第 30 页，哈特曼表姐妹，也就是马格杜斯卡和努西的名字挨在一起（努西上报的名字是奥尔加），她们也是罗什科维亚尼小村庄仅有的代表。几个名字过后，古特曼诺瓦姐妹的姓氏和比诺瓦姐妹的弄混了，打字员只得退回去，划掉后重新打上"比诺瓦"。

终于，最后一页纸卷入打字机，最后两位女孩登记了自己的信息：19 岁的赫米娜·诺伊沃斯和她 25 岁的姐姐吉萨，她们来自斯特罗普科夫。应该是到了下午晚些时候，最后一个编号才打在了纸上，而且是个错误的数字：999。

历史几乎辜负了每一个普通人。

——〔美〕李敏金

1942 年 3 月 25 日　星期三　波普拉德

从孔卡的办公室发出了一封电报，是关于在第 255 条修正案下初步解除一些犹太人工作任务的。电报发送给"伯拉第斯拉瓦和普雷绍夫所有的区长、主要的警长和主任"，并标为"机密且紧急"。修正案本来可以挽救一些女孩，包括伊迪丝、莱亚、阿德拉、马格达、马格杜斯卡和努西。

有些已经根据规定申请了豁免的犹太人已被允许参加工作，他们可能已被加到名单中。

对于这些情况，各地长官应已知晓，因为此类申请已经通过部办公室或总统办公室发出，以供审核。

我谨要求长官们（主席们）不要征召这些犹太人，并视其为误加入名单的人而删除。

向卫队致敬！[6]

谨代表部长：

孔卡博士

"被允许参加工作"这种轻描淡写的说法，令人错愕。另外，电报也表明，蒂索政府还未批准任何人豁免劳役。据第255号修正案的规定，各地区"重要劳工"的名单可能是由各地市长和区长列出的。名单应该送到了首都布拉迪斯拉发，但由于要蒂索总统来确定哪些人"被允许参加工作"，所以进展就放缓了。胡门内市长曾告诉弗里德曼先生，根据法律规定，他的女儿必须去应征。而现在，他又收到了相反的指示：弗里德曼的女儿们应该从名单上划掉。

但名单早已印发。这些女孩就要踏上遣送之路了。

最初，只有一个地方回复了孔卡的电报。莱沃恰市的犹太中心地区分部发回电报，要求释放该地的三位女性居民。她们都是伊万·劳赫韦格认识的女孩。

75年过去了，电报上的日期模糊不清，几乎难以辨认。一条条满是褶皱的纸带贴在一张长方形纸上，由于年代久远，纸

---

6 Na straz！(On Guard！) 这句话是蒂索政府时期斯洛伐克的问候语，特别是用于赫林卡卫队，类似于纳粹德国的"希特勒万岁"，也可以译为"向卫队致敬！"。

张破损严重，邮票也被撕破了。

第 14 部 [原文如此]

莱沃恰

马格达莱娜·布劳诺娃，1926 年 3 月 28 日出生，未满 16 岁，被送往波普拉德承担劳役。

赫米娜·雅库博维奇沃娃，1921 年 8 月 14 日出生，于 1942 年 2 月 26 日的女性体检中被认定为无法工作；尽管如此，她仍于 1942 年 3 月 23 日被送往波普拉德劳动营。

伦卡·塞内索娃，出生于辛格罗娃，已婚，被送往波普拉德。

以上三人均系误送。鉴于此，本机构请求贵部门重新修订名单，并将她们送回家。

犹太中心莱沃恰地区分部

此后，孤注一掷的犹太人发出的电报纷纷涌向犹太事务部。

而波普拉德正在进行一些很不一样的准备工作。星期二晚上，从莱沃恰来的女孩们（包括 15 岁的马格达莱娜、有残疾的赫米娜和已婚的伦卡）正排队领一种叫"古拉什"[7] 的东西作为晚餐，虽然看起来不怎么样，但至少能吃。根据规定，她们每

---

7 一种牛肉和蔬菜做的炖菜。

周只能分到 100 克肉类，比一罐猫食还少。这将是她们接下来的 3 年中最后一顿像样的饭——如果她们还能活 3 年的话。

下午，警卫大喊着叫所有人收拾好行李，去外面排队。对女孩来说，这算得上是一种解脱。她们长时间承受着未知的压力，感受到迫在眉睫的厄运，在营房里熬了这么多天，终于能去别的地方了。她们迫不及待地想要离开，想要做些不一样的事。她们收拾起仅有的几件行李，你一言我一语聊了起来。她们猜想：是要去工厂了吗？马上就要开始工作了吗？在工厂能吃得更饱吗？

要组织遣送 1000 个人绝非易事。女孩们的叫喊声与催促声交织，一片混乱。

大家没带多少行李。大多数年轻女孩仍穿着她们离家那天穿的衣服——羊毛套装、柔软的便鞋、羊毛打底裤，镇上女孩也许穿的是长袜。乡村来的女孩穿着长裙和手工织的毛衣。从时髦的帽子到老太太式的长头巾，各式各样，应有尽有。

当天早些时候，至少有两名犹太医生前来波普拉德报到，之前他们收到命令，跟随这一火车的女孩一同前往。这一批被遣送的女孩本该配有 7 名犹太医生。魏斯洛维茨医生来了，却被告知这里不再需要他，他可以离开。当局给的理由是这一趟所配的医生已经够了，但实际上只有一位，就是伊扎克·考夫曼医生。很显然，他们认为一位医生就能管好 999 个女孩。

考夫曼医生也在这趟被遣送的人员之列。人们对此有些疑惑。有些人认为考夫曼医生替代了名单上的最后一位女孩——25岁的吉扎·诺伊维尔特，但这与以色列大屠杀纪念馆的记录不符。他想要混在军营内而不被人注意是不太可能的，要是一群女孩中还有一个男性，不可能不引起注意，更别说是一名医生了。然而，没有一个幸存者提到过兵营里有一名医生。当然，伊迪丝也从未见过他。此外，当时年轻的见证者伊万·劳赫韦格开车前往波普拉德看望他的女朋友时，有些女孩让他回头带一些药品过来。如果营地里真有一名医生，为什么还要让他带药呢？

考夫曼医生被编入队伍，完全是当局诡计的一部分。他和魏斯洛维茨医生一样，出发当天才到达营区。在那份1942年3月24日打印出来的999位女孩名单中，根本没有他的名字。在另一张有99位女孩名字的单子上，他的名字出现在下方，并且还有标注，表明他是照管1000个"人"的唯一一名医生。

将近千名女性塞进一趟运牲口的车厢里要花多长时间？女孩们终于走出了营地，可以呼吸一下清新的空气，离开这个可怕的地方，这会是新生活的开始吗？

很快，喘息之机转瞬即逝，卫兵们大喊着让这群女孩走向营区外的铁轨边。

这是伊迪丝见过的最长的一列火车。运送牲畜的火车也没这么长，长到令女孩们感到惶恐。琳达说："谁能想到那是为我们准备的。"接着，赫林卡卫队打开门，命令女孩们钻进那些运牲口的车厢。

正常情况下，哪会有人愿意钻进货运车厢呢？列车没有设置坡道（坡道是为赶牲口上车准备的，不是为人准备的）。那她们怎么上去呢？车厢离地太高，穿着裙子、拖着行李的女孩上不去。没有一个女孩爬得上去，她们也不想爬着上去。她们犹豫着。

卫兵们开始咒骂呵斥她们："你们这些犹太婊子，说的就是你们！"

施瓦茨三姐妹中最小的雷吉娜天真地问："你要带我们去哪里？"

"到前线去，你会和那些德国兵玩得很开心的！"赫林卡卫兵咧着嘴说。

女孩们开始哭泣，这些冷漠的人也无动于衷。他们亮出手中的鞭子，女孩们顿时泪眼婆娑。

"他就像一头野兽，"玛吉说，一个党卫队的人盯着她，"我还记得他恶狠狠的眼神。"没过多久，她们就会饥渴交加。"真的非常可怕"。

第一批运送的人在夜里被秘密运走了。一周之后，当第三批运送的列车离开波普拉德时，不少父母都开着租来的车跟着，

"想和女儿待在一起，不忍分别。女孩们被塞上了运牛的车厢，每节车厢都写着'限载 8 匹马'或'限载 40 人'，这是绝望的父母最后一次见到她们。"伊万·劳赫韦格回忆道，"女孩们困惑不已，心烦意乱，哭成一片。"第三批被遣送的女孩没有遭受先前第一批女孩先被殴打再被强行塞进车厢的待遇，这是因为有很多人（包括非犹太人和犹太人）都跑来波普拉德，目睹了女孩们被带走的场面。

"我们想要优雅一点，但穿着裙子就是没办法上车。"伊迪丝说。为了不挨卫兵手中棍子的毒打，她们只能互相搀扶着进入车厢，在没有男人搭把手的情况下托起行李。稍微大一点的女孩尽力保持着镇静和体面，年纪较小的女孩则歇斯底里地大哭起来。她们都是多么好的女孩啊。她们的父亲按时交税，遵守法律。就是因为政府命令，这些女孩才乖乖应征，尽管许多人年纪尚小，从未离过家，哪怕是一天。这些好女孩为什么要坐在那些拉着牲口去屠宰场、充斥着粪便味道、被恐惧笼罩的车厢里呢？

伊迪丝和姐姐紧紧抱在一起，但她对这趟旅程几乎毫无记忆。经历的骇人听闻的事太多，大脑已经完全装不下了。现实已变成她无法醒来的梦魇。

魏斯洛维茨医生尽管被打发走了，但并没有马上离开波普拉德车站，他也惊恐地目睹了一队队拖着行李的年轻女孩被推上运牛车的情景。之后，他跑回家告诉妻子，斯洛伐克"不是孩子待的地方"。他们必须趁早把 12 岁的儿子耶胡达救出去。耶胡达被悄悄送到了匈牙利，一直躲到了战争结束。他有幸躲过了大屠杀，但父母却没能幸免于难。

夜幕降临，最后一名女孩上了车。卫兵沿着铁轨行进，检查门上的金属闩是否插好。尖锐的哭泣声和恳求声从车厢里传出来。卫兵重重地关上门，一路往前走，检查完每节车厢就挥手示意。长长的汽笛声响起。信号灯由红变绿。引擎转动。站长搬开道岔，火车轰轰隆隆驶上主轨道。车厢左摇一下，右晃一下，车上载重不够，压不住车，不足以让它保持平衡稳固。站长在车站登记簿上写下：发车时间，20：20。

第
九
章

这群孩子，从母亲的怀抱中走来，天真烂漫，对命运一无所知。

——曼奇·施瓦尔博娃医生

1942年3月25日下午，随着孔卡发出那封电报，普雷绍夫收到了通知，有几人例外，已经被允诺可以豁免。阿道夫·阿姆斯特一听到这个消息，马上让司机把车开到家门口，然后冲到区长办公室，领走那份可以解救自己心爱女儿的文件。他们立马动身前往波普拉德。如果一切按计划进行，要不了几小时，玛格达就可以安全回家了。

如今，沿着那条平坦的四车道收费公路行驶，普雷绍夫和波普拉德之间仅有一小时车程。那条老旧狭窄的两车道公路也已重新铺建，尽管还能看见驴或人拉着车走在马路中间。1942年，这条路只有一个车道，部分路面铺着石子或者柏油碎石。

阿道夫·阿姆斯特并不是唯一一个与命运赛跑的父亲。哈特曼家的堂亲们也收到了自己家的豁免信。他们找朋友借了辆卡车，前往波普拉德营救马格杜斯卡和努西。还有一些父亲可能从事工商业，是木材厂、银行、农场等企业的负责人，但凡收到了豁免信，都设法去救他们的女儿。

还有一些家庭过了几周还没有拿到必需的文件。弗里德曼和格罗斯两家就是如此。胡门内的市长曾亲自向伊迪丝的父亲保证，他们家的豁免信已经在路上，但还是没有及时到达。这时的政府，效率最低。

太阳高悬在上塔特拉山之上，阿姆斯特的汽车向波普拉德疾驰而去。他心急如焚，攥在他手中的那份盖有政府印章的豁免公文变得皱皱巴巴的。好几天了，他都没有在早餐时看见女儿可爱的脸，也没听见她与母亲交谈时的俏皮话。这一切都让他心乱如麻。马格达的母亲在屋里来回踱步，焦躁不安，凝视着外面那个疯狂的世界。每当下雨时，她的眼泪便夺眶而出。她想做的不过是在火炉前为女儿梳洗秀发，一遍遍捋至顺滑。

阿道夫·阿姆斯特是一位自信且成功的商人，他毫不怀疑自己可以让玛格达得到豁免。他想，等女儿回来后，作为弥补，他会允许玛格达去巴勒斯坦，和哥哥姐姐以及最好的朋友萨拉·施皮拉团聚。

阿姆斯特催促司机把油门踩到底。这时，斯洛伐克北部边界的雪山顶上，天空映出一片金红。几分钟后，所有的景象坠入了苍茫的暮色。公路两边长满了青草，汽车颠簸着向前飞驰。一只狐狸正在休耕地里追踪一只野兔。

在臭烘烘的运牛车厢里，女孩们在黑暗中摸索试探。透过木板，她们看见光线从浅黄变成柔粉，再从淡紫变为暗灰，最后被吞噬在黑色之中。火车颠簸着前行。车上的女孩比往常运往屠宰场的牲口要轻得多，车厢开始左右摇晃。晕车的女孩们干呕着，吐到只剩胆汁。她们忍饥挨饿已经足足 5 天，本来就没剩什么可吐的了。列车一加速，寒夜里的冷空气就从车厢裂缝中呼啸而入。她们在黑暗中瑟瑟发抖，牙齿直打战。人群中一片啜泣，一片恐惧。

"我还是不知道要去哪里。"75 年过去了，伊迪丝回忆起当时的情景时仍愤懑不已。

阿道夫·阿姆斯特到达波普拉德兵营时，天已经黑了，他发现里面空无一人。但留下来的卫兵（可能就是当地的男孩）目睹了女孩们离开时的混乱场景。他告诉阿道夫，她们已经被送往日利纳。阿姆斯特急忙回到车上，一路疾驰赶往斯洛伐克、捷克和波兰边境之间的这个主要中转站。

铁路绕过一片广阔高原，向四方延伸。高原上没有设铁路道口标识，这条铁路与公路的交叉口甚至都没有设置警示标识。发出幽绿光芒的眼睛在黑夜中浮动，那是小鹿吃草时抬起了头。

车灯将漫无边际的黑暗劈开，汽车甩开了田野，开始一段漫长的上坡路，缓缓穿过松林、雪脊和冰层。通往日利纳的高速公路与铁路纵横交错。在这混沌的黑夜里，如果阿道夫·阿姆斯特离得够近，兴许还能看到火车末节车厢的灯照着满是岩石的瓦赫河岸。

雾从峡谷中涌起。火车穿过山麓小丘，驶过原始森林，沿着蜿蜒的山路时上时下。穿过弗鲁特基市的时候，铁道和公路并排往上延伸，爬上小法特拉山脉险峻的山口。接着，列车一头钻进山里，整个被隧道吞没。当汽车急转弯时，时间已经很紧迫了。火车从隧道走，比汽车起码要快半小时。这样一来，再过 20 分钟，那趟列车就会先到达日利纳主要的铁路枢纽，比那些心急如焚的父亲更快到达。

客运火车会比汽车更快，但运牛的火车却要慢得多。这给了父亲们一个奋力挽救的机会。然而，这列火车中途不用停下来载客，说它慢，是因为到达日利纳前，需要先到利普托夫斯基－米库拉什的什特尔巴村的车站，再到弗鲁特基，然后缓缓驶过几条铁路交叉口，最后才会停下。

位于日利纳的大型枢纽站当时是（现在也是）铁路交会点，东至波普拉德及更远的地方，西至捷克和德国，南至布拉迪斯拉发和布达佩斯，北至波兰。在这里，货运和客运列车可以挂接或分离车厢，还可以切换路线。

随着"最终解决方案"的推进，日利纳变得繁忙起来。日利纳是斯洛伐克（以及后来的匈牙利）所有遣送行动的中心枢纽。满载着被遣送者的一列列火车会先抵达这里，然后在切换轨道后往北开去。

切换轨道可不是一时半会就能搞定，对于又长又笨重的货运列车尤为如此。列车要在轨道交会处时通过"道岔"切换到另一条轨道上，以开往下一个目的地。列车在驶上目标轨道之前，根据要跨转轨道的数量，需重复数次"之"字形舞步。

女孩们从车厢里透过木板缝隙往外看，却不知道要去的是哪里。

如果没有德国和波兰的铁路线，大屠杀绝不至于如此具有毁灭性。要清除三分之二的欧洲犹太人，只需2000趟列车就足够。到1944年，仅用147趟列车就运送了45万名匈牙利犹太人。奥斯维辛镇和奥斯维辛集中营的火车站将会变成最繁忙的枢纽，有619趟列车沿着遣送路线穿越欧洲。党卫队会为每一个被遣送的犹太人向德国国营铁路支付费用，还要额外支付犹太人下车后清理车厢的费用。成人和10岁以上儿童的费用是每公里4芬尼，4岁以下儿童不用支付。从斯洛伐克边境的恰德察到波兰的奥斯维辛大约106公里，过境之后的运费约每人4.24美元。

几周后，从斯洛伐克和法国来的火车开始大量占用铁路。

运送犹太人的列车在铁路上被视为优先级最低的，要等军列、补给列车、医疗列车以及付费客运列车过了之后才能发车，就算是空车都比运送犹太人的"货运车"更优先。这很可能就是遣送她们的火车直到20：20才离开波普拉德的原因。运送"货物"的最佳时机就是晚上，因为黑暗能隐藏秘密。

这些女孩背井离乡，忍饥挨饿，遭受虐待。待在波普拉德的营区，就是她们经历"文化剥夺"（deculturation）这个心理过程的第一步。她们所遭受的这一系列创伤，不仅事关文化身份，还关乎她们在历史长河中的地位。没有人知道还应该相信什么。所有的希望都被列车的车轮碾碎。

汽车沿着日利纳站台狂飙，阿道夫·阿姆斯特向上帝呼告。但是列车早已驶出车站。站台上空空荡荡，他懊恼不已，却毫无办法，他失去了最后一次救出并保护女儿的机会。没有了小玛格达，他该怎么办？

列车驶离日利纳40分钟后，缓缓停下。车外传来刺耳的喧哗声，琳达被惊醒了，她从车厢缝隙往外看，看到了边境的灯光。她的体重只有一百来磅，个子高的女孩将她托举至通风口，她看到赫林卡卫队向党卫队递着文件。琳达给下面的女孩们念着波兰语写的站牌，因为每个人都想弄清火车行驶的方向。雷娜也在自己的车厢里为女孩们做着同样的事情。

"或许，我们是从波兰去德国干活？"琳达想。

她不知道的是，斯洛伐克士兵刚刚把整车人都交给了德国人。边境的门闸升了起来，火车向前驶去。随着闸杆在身后缓缓落下，女孩们的命运也就此注定。

列车颠簸着穿过无尽黑夜，碾磨着她们残存的精神。她们要去的地方没有直达路线。就算在今天，一辆普通客运列车也要花6个多小时才能从波普拉德到达奥斯维辛。女孩们断断续续地睡了一会，列车跌跌撞撞地驶过一处地方，景致逐渐不同起来。山峦退去，草原倒伏在风中，被战争和贫穷磨平。一阵异国的寒风袭来，冻僵了姑娘们本已颤抖的身躯。为了获得温暖和安慰，她们依偎在朋友、姐妹和堂表姐妹的身旁，紧紧盯着黑漆漆的车厢。列车放慢了速度，经过了几个她们从未听过的小镇：兹瓦尔东、日维茨、别尔斯克－比亚瓦和切霍维采－杰济采。列车开得更慢了一些，穿过满是白桦、云杉和厚雪的森林。黎明来临，淡淡的阳光却照不到女孩们苍白的脸。

正如被塞进奴隶船底舱、运往美洲的非洲黑人一样，女孩们也被卷入一场新的、急速增长的"奴隶贸易"当中。19世纪初，欧洲大陆所有的主要国家和英国都宣布将"人"当作财产而拥有是非法的，并废除了跨大西洋的奴隶贸易。100多年后的此时，德国却将反奴隶法视若无物，侵犯这些女孩的人权。犹太人被视为低人一等，对于他们不用讲什么人道主义。直到战争结束，在这种罪恶的奴隶贸易之下，光是奥斯维辛就为德国经济带来了约 6000 万帝国马克（相当于今天的 1.25 亿美元）的收入。

上午 11 时，列车停靠在另一座城镇——波兰的奥斯维辛，只有少数女孩听说过这个地方。它位于蜿蜒曲折的索拉河边，坐落在一座美丽的中世纪城堡脚下，是一个漂亮的小镇。这座小镇容纳了大犹太会堂和圣母玛利亚大教堂，它们俯瞰着索拉河两岸。广场四周是白色建筑，中心没有什么标志性建筑，也没有喷泉，但另有一座教堂，还有至少一座犹太会堂，做礼拜的人并不少。镇上的犹太人和非犹太人一起在这里干活，反抗行动也时有发生。当地居民已被关进囚犯营，而剩下的人则被入侵的德国法西斯强迫着做苦力。

离小镇不远处，有几公顷平地用来种庄稼和放牧。这个地方并不贫穷，有工厂和营房供应波兰军队所需。德国入侵后，由于要关押政治犯和战俘，小镇几英里外的奥斯维辛旧军营被认为最适合改做囚犯营。1942 年，为了给集中营扩建腾出空间，邻近村庄的居民被迫迁走。他们的家园被摧毁殆尽。

列车似乎停在了一片荒地中央。当时，臭名昭著的奥斯维辛"死亡之门"还未修建起来，连设计图都还没有。比克瑙还只不过是马厩和沼泽。

运牛车厢的门一打开，映入眼帘的是一片灰蒙蒙的天空和米黄色的平地。一条雪带横亘地平线。深浅不一的灰连成一片。

伊迪丝和女孩们向外望去，眼前的景色如同马克·罗斯科的画作生生挪到了现实之中，画面单调，色彩重叠，边缘模糊，将她们吞没。那是一种无法想象的虚无。

女孩们瞳孔紧缩，光影交错，痛苦将她们吞噬。

"那里什么都没有，"伊迪丝回忆道，"什么都没有！"

有种类似宝石的波兰燧石，是在超强压力下形成的，这种压力会使石灰石晶体变硬，直到肉眼不可见。在强力挤压下，这些石头形成了灰色和灰白色相间的抽象微缩景观。据说，这些石头可以治愈被过往所困扰的人。但在此之前，伊迪丝她们必须先活下来。强制劳动就是把女孩们磨成石头的工具，她们就要被"挤压"、被"硬化"了。

党卫队命令男囚犯把女孩从车厢里弄出来。他们大吼着，狗狂吠着，鞭子噼里啪啦地响着。

"出来！出来！"

身着条纹囚衣、眼窝深陷的男囚们盯着车厢。他们是来自波兰的囚犯，被抓或是因为派发反纳粹传单，或是因为蓄谋破坏纳粹行动。自从他们被监禁以来，就再也没见过异性。如今，成百上千名女孩出现在眼前，头发有些凌乱，但还算像样。她们胡乱抓起行李，不知该怎么办，站在车门口，一动不动。

男囚犯们本想伸出手帮女孩们一把，但一想到这样的和善举动免不了会挨一顿打，便打消了这个念头。列车车厢离地很高，铁轨下面还有条沟，女孩们穿着紧身的半身裙或连衣裙，不知道该爬下去还是跳下去，犹疑不决。党卫队吼得更凶了。终于，有个女孩扔下了手提箱，勉强从离地一米高的车厢上跳了下来，其他女孩也便一个接一个跟着跳下车厢。她们颤颤巍巍站在那儿，拉扯着裙子的褶皱。大一点的女孩还看了一眼长袜有没有被梯子勾住。很快，女孩们就将这片空地塞满，她们用斯洛伐克语与男人们交谈，后者则用波兰语向女孩们低声发出警告，她们中有几个波兰女孩。

紧接着，一声声命令落在她们头上。

一片混乱中，伊扎克·考夫曼医生跳下火车，向负责此事的党卫队讨个说法。现在是在哪儿？为什么火车上没有供女孩们使用的毛毯、食物和水？

党卫队的人冷笑着。这让他愈发生气。

琳达看着这位情绪爆发的医生竭力阻止党卫队殴打女孩们，声嘶力竭地朝他们控诉这可怕的状况。他想知道，现在到底是谁负责？为什么蒂索政府会同意这种荒唐的事发生？

党卫队的人继续嘲笑他，拿起鞭子抽向他的背部、双腿和脸。他试图保护自己，但很快挨了重重一击，腿被打瘸，倒在地上。丧心病狂的党卫队当场将他踢死了。集中营从未登记过考夫曼医生的名字。他的名字也没有出现在关于奥斯维辛集中营的任何历史记录中，尽管他也许算是第一批犹太遣送队伍中的第一位遇难者。

据研究第一批遣送的历史学家帕沃尔·梅安所说："我们得知，女孩中曾有一人死于遣送途中。"周末我们刚参加完第一批遣送者的周年纪念活动，缅怀那些年轻的女孩，说话时在他位于布拉迪斯拉发犹太文化博物馆的办公室里。自2001年以来，梅安博士致力于保存这段历史。在他的努力下，斯洛伐克政府已在波普拉德火车站挂上铭牌，以纪念第一批被遣送并且被关在旧兵营（现在已是学校）的女孩。面前的桌子上放着他多年来搜寻到的珍贵资料：关于食物的协议、斯洛伐克政府曾支付遣送费用的凭证……这些都是他在斯洛伐克国家档案馆从陈旧的档案盒里翻到的。我向他的助手（也是我的翻译）斯坦尼斯拉娃·西库洛娃博士询问那位遇难女孩的姓名。

他摇了摇头。

有传言称，在途经当时的匈牙利时，有个女孩曾从火车上跳了下来。但这件事不可能是在火车从波普拉德开到奥斯维辛的途中发生的，伊迪丝和我都确信这一点。3月25日离开波普拉德的女孩和3月26日到达奥斯维辛的一致，这是经过斯洛伐克和德国两份名单比对确认过的。

在以色列犹太大屠杀纪念馆档案里，存放着一份斯洛伐克文件，其中提到有一人死于遣送途中，但姓名未知。在一份仅有99名来自多个城镇的女孩名单上，最下方有这样一句话：3

名女孩来自波兰（其中 1 名来自克拉科夫），2 名来自匈牙利的布达佩斯，但原名单中这 5 人登记的是斯洛伐克。这份不起眼的文件提到的所有女孩都在第一批遣送队伍里，她们的名字也在那份 1942 年 3 月 24 日的原始名单上。这份较短的名单后来发现是一位历史爱好者整理的，他于 2003 年"曾协助组织过波普拉德的首次纪念活动"。西库洛娃博士和梅安博士解释道："这位约泽夫·埃贝塔曾在斯洛伐克为'捷克人协会'工作，为了搜集有关遣送队的信息，花了大量时间在档案馆找资料，还访谈过幸存者。"所以这可能是埃贝塔在战后才找到的幸存者名单，他们想要我确信的一点是，"的确有女孩曾死于遣送途中，这一点不容怀疑，因为确实有幸存者多次提到过。埃贝塔应该也是听其他人说的"。

好些女孩的死亡记录似乎凭空消失了，但在奥斯维辛集中营"死亡之书"（Sterbebücher）中却有一个名字引人注目。乔拉娜·萨拉·格朗瓦尔德出生于 1917 年 6 月 14 日，其死亡证明是 1942 年 3 月 27 日开的，也就是女孩们到达营区的第二天。当时她只有 25 岁。

在约泽夫·埃贝塔整理的 6 页名单的最后，他写道：

1000 名女孩从波普拉德被送走，但只有 999 名到达奥斯维辛集中营。在那里，女孩们被编为 1000 到 1998 号。第 1000 号是一位被遣送的医生，名叫伊扎克·考夫曼，他1892年2月4日出生于贝洛维萨……

签名：约泽夫·埃贝塔

还有一处不太一致的地方：离开波普拉德火车站的有997名女孩。1942年3月28日，德国人又打印了一份名单，是按照女孩姓名的字母排序的。这份名单也有那997名女孩的名字。如果真有人死去，德国人还会把她的名字打印在奥斯维辛集中营的接收名单上吗？

第十章

危险最大的时候，上帝离得最近。

——埃塔·齐默斯皮茨（1756号）的父亲

在波兰这片空旷的草地上，大雾弥漫，天气恶劣，女孩们被押解着走向琳达所描述的"摇曳的灯光和小房子"。她们走近后，看到一座座被铁丝网包围的双层砖瓦营房。天气寒冷，狂风像鞭子一样抽打着平原，吹出尖锐的雪堆。气温接近零摄氏度。伊迪丝紧挨着姐姐，冷得直打战。如果她们的父母知道……如果她们的父母还能知道……

沿着一条土路，女孩们惴惴不安地走向这场浩劫。她们在异国的冰天雪地里艰难跋涉，早已身心俱疲。她们步履蹒跚地走到那条生铁铸就的谎言下面，它横跨在每个进入奥斯维辛集中营的囚犯头上——"Arbeit Macht Frei"，即"劳动使人自由"。那时，没有一个女孩注意到里面那个字母"b"是颠倒的。这是

1940 年波兰囚犯焊上去的。他们发起了最早的反抗行动，但失去了生命。

看到一座有着大烟囱的大型砖房，琳达低声对一个朋友说："那一定就是我们要去工作的工厂了。"其实，那是一座还没投入使用的毒气室。

齐默斯皮茨家的四姐妹和三个堂姐妹充满疑惑地走进这片大院。弗里达年纪最大，她对其他几个姐妹嘟哝："我们不会一直待在这儿的。"

女孩们沿着营内大道（一排排双层砖砌营房之间的路）往前走，走到另一座大门口，这扇门建在砖墙上，墙头装着带刺的铁丝网。门打开了，女孩们走过哨岗，发现了其他女性。雷吉娜·施瓦茨和她的姐妹之前听别人说，她们是要被送去前线遭受德军侮辱的。这些女性的出现对她们无疑是某种宽慰，至少她们没被送去前线充当性奴。

不过，这些女性也才比这批被遣送至此的犹太女孩早到几个小时。她们是希姆莱的第一个"999"，是从德国臭名昭著的拉文斯布吕克妇女集中营调集过来的，有杀人犯，有诈骗犯，有政治犯（共产主义者或反纳粹分子）、"圣经狂热分子"（其中不少是耶和华见证人）、妓女和其他"反动分子"（女同性恋者，被囚犯们称为"假娘们"）。有些罪名在如今听起来很荒唐，但根据德国的法律，这些"不端行为"都会受到严厉起诉，有这些行为的人会被判有罪。而犹太女孩被判有罪,只因生为犹太人。

有一名从拉文斯布吕克转到奥斯维辛的政治犯伯特尔·蒂奇,她曾以为转到奥斯维辛服刑会更轻松,条件也会更好。谁知现实令人失望。她双眼歪斜,面孔扭曲,神色惨淡。

她最亲密的知己是共产党员路易斯·毛尔。36岁的毛尔总是面带微笑,怀有一颗追求真理的心。即使身在拉文斯布吕克5年之久,也从没被吓倒过。

刚到奥斯维辛时,蒂奇满怀希望地发现,"有6座砖瓦房,每座能容纳1000人",有这么大的空间,住得一定很宽敞。然而,几小时后,她惊讶地发现来了好几百个年轻的犹太女孩,"她们全都衣着得体,提着装满贵重衣服、现金、珠宝和食物的手提箱。有人告诉她们要在这里待上三个月,必须随身携带生活所需的一切物品。她们之所以带这么多东西,就是因为相信了纳粹编织的谎言"。

这些年轻女孩受过良好的教育,衣食无忧,尽管有泪痕,但气色还算不错。那些从拉文斯布吕克调来的女囚看着她们,有的充满怜悯,有的则产生了妒忌施虐之心。她们盯着女孩,目露凶光,就像狐狸盯着羔羊一样。女孩们对自己身处的绝境还一无所知,而来自拉文斯布吕克的这些女囚却想着,只有现在,她们才能将残忍施加给他人,而不是被人施加残忍。对于心理扭曲的人(虽然拉文斯布吕克营里没多少人如此)而言,凌辱无辜者会带来某种快感，她们将得到"授权"去惩罚、使唤、殴打甚至杀害这些年轻的犹太女孩和妇女。她们被带到奥斯维辛，可不是来坐办公室的。

关于这些新调来的人手，集中营指挥官鲁道夫·霍斯写道："我相信拉文斯布吕克已经为奥斯维辛搜罗出了'最好'的人选。论粗暴、邋遢、报复心和堕落，挑选调派过来的女囚都远超男囚。大多数人有数条罪状，还有一些着实令人厌恶，她们有着向看管的囚犯发泄邪恶的强烈欲望……她们没有灵魂，没有任何感情。"当然，霍斯可从没说过自己和党卫队没有灵魂。

20 世纪 90 年代之前，这批 999 名犹太女孩被集中营囚犯和斯洛伐克人称为赴奥斯维辛的"第一批遣送者"。但历史学家对此并不认可，反而认为第一批遣送奥斯维辛的是 40 名犹太男性，他们因小罪被盖世太保逮捕，于 1942 年 2 月 15 日被试验性地"用齐克隆 B 处死"。否认这些女孩是第一批遣送者，还因为那趟运有 999 名从拉文斯布吕克来的德国女囚。那些杀害女孩的德国女看守，却获称"第一批遣送奥斯维辛的女性"，这又是为什么？

虽然"运送"（transport）[8] 的标准定义是"通过运输系统使

8 英文的"transport"（名词，表示"运输、运送"）在本书中多处出现，是全书的一个关键词。但囿于中英文词义差别，只能根据上下文之意进行转化处理，多数地方译为"遣送"，此处译为"运送"。

货物或人发生移动",但在纳粹德国,其含义显然要更丰富,它意味着"最终解决方案"。正是在1942年3月26日这天,"transport"应该被赋予新的含义。"货物"即"犹太人","运送"意味着"死亡"。然而,鲜有关于大屠杀的历史书把"the first transport(第一批遣送)"作为词条纳入大屠杀的时间线,哪怕是为这999名女孩添加一个脚注也好。

不过,在斯洛伐克,她们获得了应有的历史地位,被认为是"第一批遣送奥斯维辛"的女孩,得到了承认和尊重。研究奥斯维辛的历史学家称这些女孩的到来是"第一批大规模遣送且登记在册的犹太人"。1942年,犹太人撤离事务部确认这些女孩是艾希曼的"最终解决方案"中第一批"正式"被遣送的犹太人。毫无疑问,女孩们值得以这种身份被铭记。

年轻的女孩们沿着营内通道前行,走进一个与男囚隔开的大院。大院大门紧锁,周围是高高的砖墙和带刺的铁丝网,她们还在纳闷,为什么会有如此多的安全防范措施?难道铁丝网是用来保护她们不受外人骚扰的吗?她们从没想过,所有的一切都是为了防止她们逃走。毕竟,她们自认为只是来这儿干几个月的活而已。

进入大门,女孩们被告知要将行李堆在一边。在拉文斯布吕克,一般是先将囚犯的财产没收,经过搜查再归还。所以,就连从拉文斯布吕克来的新看守也心生疑惑:这么一来,犹太女孩们如何从一大堆行李中找到自己的呢？有些犹太女孩也问了同样的问题，结果遭到了生命威胁。那些还有点食物的女孩，也被迫要把食物放到一边。这一点尤其残忍，因为她们从前一天起就没有吃过东西，而且现在也没有人管她们吃饭的事情。

一般而言，当你坐了很长时间的火车，身上脏兮兮的，最大的愿望是能洗个热水澡，换一套干净的衣服，喝一碗热汤，吃一顿饱饭。恰恰相反，女孩们却被迫在寒冷的雪地里挨冻几个小时。妇女营的新任长官、党卫队的约翰娜·朗格菲尔德和她的女下属一直试图弄清情况。从波普拉德过来的女孩名单数字有问题，她们被清点了一遍又一遍，结果总是一样：997，不是999。她们搞不清楚为什么少了两个。难道有人逃走了？有人发现了名单里的编号有误，于是用红笔在这份波普拉德来的名单上草草写上："按字母顺序编号、分配。"这份名单是3月28日打印出来的，证实了从波普拉德登上火车、第二天到达奥斯维辛的女孩的确切人数，的确是997，而非999。

女孩们终于被放行了，囚监[9]打开5号营区的门，党卫队的人命令她们进去。女孩们又冷又怕，不顾一切往里冲，挤成一团，卡在门框之间。这时囚监开始殴打她们，把她们往回赶。

---

9 集中营里面担任队长或监工的囚犯。

"人挤人，大家都在尖叫。当时很冷。"琳达回忆说。她们相互推搡着，时不时会踩到彼此，拥挤着进入大楼，"大家都口渴得不行，而且得上厕所。"每个人都想进去待在暖和的地方，但是里面没有灯，没有床，也没有暖气。地上只有脏乱不堪的稻草。900多名女孩，却只有10个厕所。唯一的水源是从地下室的水管里滴出来的脏水，但女孩们也不得不喝。她们饱受脱水和疲劳之苦，别无选择。

伊莲娜和朋友坐在一张长凳上，长凳仅有几条，其他的女孩坐在桌子上。她们都极度疲倦，想要休息一会儿，但"党卫队命令我们躺在铺着脏稻草的地上"。女孩们只好躺在血迹斑斑的稻草上，"紧接着就有无数只跳蚤爬出来，包围了我们，令人抓狂。我们累了，就是想休息一下而已"。

臭虫爬上她们的腿。倒在地板上的女孩们又尖叫着跳了起来，抽打着自己被臭虫爬满的腿和脸。一个女孩忽然歇斯底里地跑向党卫队守卫，但对方对眼前发生的一切漠不关心。"我一分钟都不想活了，"她冲着党卫队队员吼道，"可以想象接下来还得遭多大罪！"党卫队的人直瞪着她，其他人惊恐的喊叫声平息了下来。他指了指打开的门，示意这个女孩跟他出来，她退缩了，但还是被带走。

海伦娜说："她是第一个被带走的。"她可能叫乔拉娜·格朗瓦尔德或玛尔塔·科恩，是1942年3月"死亡之书"记录的唯一一名女囚。其他女孩再也没有见过她。

女孩们吓得无法入睡。"我们担心囚监和那些人会把我们杀掉，"伊迪丝说，"没人知道接下来还会发生什么。"这种未知将让每个人几乎丧失理智。

伊迪丝唯一清楚记得的是，她把卫生巾藏到了炉子上方的一块砖上，想回头再拿。除此之外，她对于那天晚上的记忆被彻底清理干净，就像一个人遇到泥坑，总要跳过去，以免弄脏衣服。她们终于睡着了，尽管仍在哭泣。

第十一章

我们不应说每个人都相同。不，我认为总有例外。每一桩苦难中总会有点善意。一定会有。也总会有人能从地狱回到人间。

——玛莎·曼格尔（1741 号）

凌晨 4 点，一阵空洞的敲击声敲碎所有的梦。囚监们冲进营房，开始痛打那些还在地上睡觉的人。"集合！集合！出来！出来！"这是一场混乱无序的赛跑，要跑到营内大道上。她们被命令站成五排，开始清点人数，这是确认她们是否还活着的主要方式，通常要花上好几个小时。伊迪丝站在黎明前的薄雾中，牙齿因恐惧而打战，身体因疲惫而发抖。终于，在破晓时分，站在前排的 50 个女孩被命令排队走进一栋房子。其余的女孩排队在外面等。

进到房间，处置她们的流程就开始了。首先，有人命令她们脱光衣服堆到一起，然后又让她们把所有的首饰放在一张桌子上。

一名看守走过来说："把你们的手表、耳环、项链和戒指都摘下来！这些东西你们用不上了。"

女孩们将取下的物品放在了桌上。"当时我们并未觉得这有什么。"劳拉·里特罗娃回忆道，"那又怎样？我们可以赚钱买新的首饰。这个世界属于我们。我们互相鼓励着，'那又怎样？我可以工作赚钱再买新的。'"

很快，当几个耳洞打得早的女孩取不下耳环时，这种不以为意的感觉就消失了。伊迪丝就是其中之一。这时，一名队长走过来，一把揪住伊迪丝的耳垂，用力把耳环扯了下来，鲜血瞬间顺着伊迪丝的脖子淌下来。莱亚扑过去，想保护妹妹。但一个赤裸的少女又怎能对抗一个拎着武器的成年男性呢？莱亚还能没来得及安慰妹妹，大家就听见一个女孩的尖叫声。

"噩梦开始了。"伊迪丝说。

这些年轻的女孩大多出身保守派或正统派犹太家庭，即使在其他女性面前赤身裸体也是令她们震惊的事。在男性面前脱光衣服，很多人一周内已经是第二次了吧？简直闻所未闻。而情况还会变得更糟。在拉文斯布吕克，对待囚犯的方式可不只包括脱光衣服进行检查。现在，前200位女孩还要被迫接受粗暴的妇科检查，检查的人好似给鸡开膛破肚似的。16岁的贝尔莎·伯科维茨当时排在第 48 个。谈及那一刻时，她低头不语，陷入悲伤之中。其他幸存者对此也避而不谈。

"我从未提起这件事，也没告诉过任何人，因为这简直是一种羞辱。"50 年后，琼·罗斯纳（1188 号）透露道。"当我们接受检查时，党卫队的人将手伸进我们的私处，这与强奸没什么区别。"她停顿了一下。"我们在流血，那天早上，前面 100 位女孩都遭到了这样的侵犯。之后他们停了下来。他们的目的是搜刮珠宝，但什么都没找到，就收手了。"她们中的大多数对此都缄默不语，琼也一样。"之前我真的觉得难以启齿，现在我年纪大了，才意识到该感到愧疚难当的是他们，我们被他们手上戴的戒指刮伤流血了。"

拉文斯布吕克来的女看守爆发出刺耳的笑声。脱光了衣服的女孩们一瘸一拐地向前走，进入下一道程序。

她们全都哭了。

遭受完女看守的粗暴对待，她们现在又被迫赤身裸体站在被派来理发的男囚面前。这些波兰男囚也被吓得不轻，但因不想再遭受毒打，只得照做：先剪头发，再剃掉腋毛、阴毛和腿毛。为了便于男囚剃掉毛发，女孩们被迫站在凳子上。

党卫队的人命令阿德拉站到凳子上，她的头发被剃光，看起来跟周围其他少女没什么两样。她独有的红头发一根也没被留下。剩下的只有雀斑。

女孩们又被推到楼外，赤身裸体地站在齐膝深的雪地中，等待消毒。她们在三月的寒风中瑟瑟发抖，双臂环抱着胸口，满身都是鸡皮疙瘩。她们没穿内裤，也没有卫生巾用，经期的血无处可藏。伊迪丝说："不少女孩似乎都来了月经。血流到我们脚下的雪地。"队伍慢慢向前移动，前面的人光着脚踩着染红的雪，走向一个巨大的消毒池。

"为什么要消毒？"女孩们咕哝道。

"你们犹太人把虱子带进来了。"一个党卫队士兵称。

"我们可没虱子！"伊莲娜驳斥道，试图为这种事争辩无济于事，党卫队认定犹太人都是"肮脏的"。

她们在雪地里站了多久？太久太久。她们所站的地方，雪融化成了雪泥，再冻成冰。她们被命令爬进冰冷的大缸里消毒，一次进去 50 个人，不管流没流血。消毒剂灼伤了她们的身体。等到头 100 名女孩被泼完了药水除虱，水已经变得浑浊不堪，但之后也没换过。

女孩们从大缸里爬出来，跑过雪地，来到最后一栋楼。那里放了一堆苏联军装给她们穿，毛料的衣服上沾着血渍和粪便，硬邦邦的，还满是弹孔。也没有内衣可以保护女孩娇嫩的皮肤。一些军服上还有战死的苏联士兵的徽章。琳达分到了一件男士衬衣，衣服"太大，拖到了地上"，还有一条马裤，长到可以盖过她的头。"也没什么东西用来绑紧一点。"只有最后 30 个女孩

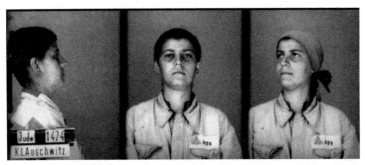

第 1474 号，姓名未知。第一批遣送中的一个女孩，拍摄于入营的一系列流程之后，时间约是 1942 年 3 月 28 日。照片来自奥斯维辛博物馆档案部。

分到了不同的营内制服。伊迪丝、莱亚、海伦娜和阿德拉穿的是条纹长裙，不够暖和，没有裤袜或者羊毛袜遮腿，也没有内衣。

还有一堆鞋子。有些囚犯把这种鞋称作木屐，不过是"梆子"的委婉说法。梆子用木板制成，几道皮条钉在两侧，就像去掉了足弓支撑也没有扣环来调节松紧的"爽健"牌[10]拖鞋，连一双成对的都找不到。这些鞋原本是男囚手工做的，他们很可能并不知道会给年轻女孩穿，所以压根没有考虑过鞋的尺码。结果，只有排在队伍前面的女孩还算幸运，可以在鞋堆里面翻找合脚的。后面的女孩就没什么选择的余地了，只能穿上再说。

最后，每个女孩都拿到了印有编号和六芒星的白色布条，用来缝到她们的制服上。弗里达姐妹和从离胡门内不远的莫德拉来的海伦娜·贝诺维科娃就在最开始的几个女孩当中。佩吉，

---

10 Dr. Scholl，英国品牌。

就是当时步行两小时才到斯特罗普科夫汽车站的女孩，分到的编号是 1019，而 16 岁的贝尔莎·伯科维茨的编号是 1048。她们的第一项工作是把编号缝在衣服前面，以便拍照。

女孩们登记结束，穿好衣服准备去"工作"，每个人发了一个红色的碗和一把汤匙，又被命令站在外面的雪地里，排队等待。五个一排，五排一组。女孩们远离了过去悠闲的日常生活，成为受人摆布的奴工。

排在队伍前面的女孩离开最后一栋楼时，看见她们的朋友还排在等待体检的楼外，仍身着最好的衣服，穿着舒适的靴子，裹着外套，戴着手套和帽子。她们大声警告说：

"扔掉首饰！"

那些还没被剪掉头发的女孩们根本认不出这群穿着死人军装和露趾拖鞋、冲着她们大喊的人是谁。谁也认不出谁了。她们仍等在楼外，听到有人大喊自己的名字，才意识到自己很快也会变成秃头的可怜虫。

雷娜扯下手表，踩进泥里，发誓不让纳粹拿到自己的任何东西。

大多数排在队尾的女孩来自胡门内：萨拉（1966 号），还有与她相隔三个女孩的莱亚（1969 号）和伊迪丝（1970号）。海伦娜的编号是 1971。当最后 30 个女孩走上营内大道时，天已黄昏，而她们还在等待点名。这是她们唯一一次按照编号顺序列队，也是最后一次所有人都还活着的时候。

夜幕降临，她们被派往位于妇女营另一端的第 10 号营房。女孩们跟跟跄跄走进还算有点暖和的营房，不想再挨冻了。

在营房里，没有了看守和狗，女孩们开始互相寻找熟悉的人，喊着她们的名字：

——阿德拉！玛格达！莱亚！伊迪丝！吉兹！

秃头。男装。没有谁看起来还像人样。"我们都认不出对方了。"海伦娜说，"我们看着对方的样子，欲哭无泪。"

几小时后，接受完所有处置，伊迪丝偷偷溜回 5 号营房，想要拿回藏在炉子旁边砖头上的卫生巾，却发现已被人拿走了。"其实我也用不上了。战争结束后我才来月经。"

在这里，女孩们不来月经是普遍现象，她们每天的营养摄入严重不足，而且每天早上会喝一杯含有镇静剂的茶。"你会觉得自己呆若木鸡，服用的溴化物让我们的大脑没办法工作。我们不需要思考。"伊迪（1949 号）说。溴化物镇静剂也能抑制性欲和月经。

少数二十出头的女孩会连来几个月的月经，但拿到卫生巾的唯一办法，就是去医院给医生看自己在流血。雷娜无法忍受，便用了些在营房里找到的报纸碎片。虽然不卫生，但可以保护隐私。"不来月经是好事。奥斯维辛没有卫生可讲，也无法及时清洗，你不会想来月经的。但不来月经，感觉自己不像女人。"

当然，党卫队也不希望让她们觉得自己像个女人，这可能是让她们穿上死去的苏联战俘制服的原因。

10号营房是栋两层砖房，紧靠着一个院子，院子尽头有一堵砖墙。对面是11号营房，男囚们称之为"死亡营房"（the Block of Death）。政治犯、战俘、抵抗军战士和间谍在这里被单独监禁、拷打，还会被带到院子里枪毙。雷娜就睡在11号营房用木板封起来的窗户旁边。夜晚，透过木板缝隙，她目睹了苏联战俘被处决的场景。后来，一名男囚才告诉她，女孩们穿的军装就是被杀害的苏联战俘的。

10号营房二楼有窗户，女孩们可以透过窗户与墙另一边的波兰男囚交谈。这些来自波兰的非犹太人渴望听到外面世界的消息，渴望听到女孩们温柔的声音。波兰人会热情地帮助同胞。他们中的一些人从1940年就住在这里，渴望听到乡音，渴望与人沟通。他们会把自己省下的面包、绑裤子用的绳子和情书扔给波兰女孩。斯洛伐克女孩就没这么受到眷顾。

第二天凌晨4点，女孩们喝完了茶。这种茶也被一些幸存者称作"咖啡"，味道实在太糟糕，没人尝得出来。这种液体"早餐"是女孩们早上分到的仅有食物。来这没多久，伊迪丝和莱亚就发现可以用它来刷牙。尽管味道很糟糕，女孩们也不会把这种"极为珍贵"的茶吐掉。"饥饿已经让人很难受，但缺水会让人更难受。"伊迪丝说。尽管如此，她和莱亚还是会"用一点点茶来洗手洗脸"。喝完茶，上完厕所，几分钟后女孩们五个一排站好，一动不动。这样的场景已经重复多次。

晨光划过屋顶、铁丝网和周围的瞭望塔。党卫队开始点名。点完名后，女孩们被指派去打扫她们的营房，一些年纪大点的女孩被选出来担任营管之职。身为犹太人，她们只是棋子，但那些第一批掌握了一点权力的人地位有所提高。她们被分派了维持秩序的任务，在早上叫醒营房里的女孩，分发食物，决定谁留下来打扫卫生、谁到外面去干活、谁能得到更多的面包。10号营房的第一个营房长是一个叫埃尔萨的年轻女孩。似乎没有人记得她姓什么。她很严厉，殴打了那些点名时迟到或挡了她路的女孩，没过几天大家都知道她了。她被告知可以选一名助手，于是选了自己的姐妹。有什么可责怪她的呢？她还能选谁呢？

如今，10号营房已对外关闭，只开放给幸存者及其后代还有研究人员。他们迈着虔诚的脚步，从侧门进入。一楼是水泥地，中间是通道，两边是房间。女孩们就睡在房间里的架子床上。在营房前的走廊一侧有个房间，里面有几个破旧肮脏的马桶，还有一条长长的水槽供囚犯洗漱，但没有肥皂。在这栋楼的中间砌了烟囱，贯通两层楼，烟囱下面是烧柴火的炉子。

沿着一段宽楼梯可以去往二楼。楼梯上有两个小房间，营房长和助手就睡在那里。其余空间再无其他隔挡，只用一道墙隔开。1942年，这里放满了架子床，床上铺着薄薄的草垫或是

144

羊毛毯，羊毛毯比草垫还要薄。

彼此熟识的女孩会睡得近一点，互相组成小团体。几乎每个人都认识或者认出了同乡的女孩。晚上躺在床上时，一些女孩会聊些关于美食、家庭与父母的事。也有人什么都不聊。大多数女孩就这么哭着睡着了。

新婚的鲁泽娜躺在床上，痛苦不堪，泪水在眼眶里打转。这时，有个叫安妮·宾德的囚监走了过来，用捷克语说："别哭，我的孩子。你不能哭。你必须要坚强。你必须努力活下去。"拉文斯布吕克囚犯的名声一直很差，但鲁泽娜说："她们也有很善良的人。"安妮·宾德就是一个。另外两个中，一个是妓女，名叫艾玛；另一个是共产主义者，名叫奥利·雷切尔，很多证词里称她为"奥斯维辛的天使"（the Angel of Auschwitz），说她拯救了很多生命。

由于新来的囚监本身也是囚犯，她们明白纳粹统治下囚犯的境遇。一些人试图预先警告这些女孩。"很多来自德国的囚监会传话来帮助并提醒我们，如果不干活，便不会被留下，会很危险。"没有人知道"危险"指什么，也不知道如果没被"留下来"会怎么样。有些人以为，如果不干活，她们就能回家。当时她们并不知道奥斯维辛真正的目的是要摧毁她们。不管这里的条件和待遇有多么恶劣，她们仍然相信几个月后自己会被送回家。

伊迪丝神色凝重。"女孩们踏上了死亡之路。"

奥斯维辛－比克瑙集中营

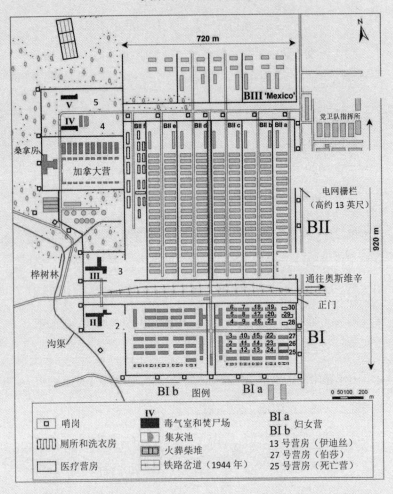

比克瑙集中营地图（奥斯维辛集中营二区）。版权归希瑟·丘·麦克亚当所有，绘图由瓦尔瓦拉·维杜希纳提供。

1942 年，当这些女孩被送到集中营时，大部分营地仍在建造，直到 1943 年年中才建起所谓"死亡之门"的入口，到 1944 年才有通往营地内或者卸货站台的火车轨道。比克瑙营区直到 1945 年仍在建造。

这里有电网，有警卫，有狼狗，有鞭子，有虱子，有毒气室，每样都能让人送命，死亡触手可及。

第二部分

999

The Extraordinary

Young Women of the First Official

Transport to Auschwitz

第十二章

1942 年 3 月 28 日

犹太事务部总部，孔卡博士，布拉迪斯拉发，利普托夫斯基米库拉什

我要求暂时取消下达给当地烈酒厂会计主任阿尔茨贝塔·斯特诺娃的命令。她被准许为我公司工作，因为目前没有雅利安人可以取代她。

和要求释放马格达莱娜·布劳诺娃的电报一样，要释放阿尔茨贝塔·斯特诺娃的电报来得太迟，为时已晚。马格达莱娜·布劳诺娃已经进了奥斯维辛集中营，她原本应该和家人庆祝她 16 岁的生日，然而却见到了阿尔茨贝塔和其他 768 名第二批遣送到集中营的女性。

和第一批被遣送者一样，她们先被安置在一处拘留营，政府刻意安排低热量饮食，好让她们饥饿难耐。她们抵达日利纳

后，又有两节运牛的车厢载着 100 位女性从东部地区驶来，编入车列之中，其中就有曼奇和马奇。

曼奇是位心地善良、通情达理的人。她已经订婚，希望能免于服役，但未能幸免，这对于伊迪丝和其他人而言，倒是件幸事。因不被允许参加最后一门医学考试，曼奇未能获得医师执照，但在奥斯维辛行医并不要求有执照。她几乎立刻就获准开始行医，然后变成了大家口中的曼奇医生。

马奇之前是一位幼师，她本可以免于服役，但拒绝了当地警察提出的性交易，于是警察就把她的豁免令卖给了另一个犹太人，收了钱后把她送去了奥斯维辛集中营。马奇健康且还年轻，后来当上了营房长，她尽可能遵从良知，公正待人。

雷娜的姐妹丹卡也在这批被遣送的女性之中。第一批被遣送的人中不少是姐妹或堂表亲。但这种家人团聚并不是什么值得庆祝的事情。像雷娜这样的女孩惶恐不安地看着自己的姐妹和亲人陆续被送进来。然而，这些被送进来的新人，看见营内一个个被剃了光头的女孩，面容扭曲，看上去像精神病人，无法马上认出她们中的任何一个。"我们以为我们的工作或许就是照顾这些病人。"马奇说道。

她们点完名后就被丢进了 5 号营房。营房里铺着带血的干草，女孩们歇斯底里地哭喊着，不停拍打着叮咬她们的跳蚤、臭虫和虱子。那些拉文斯布吕克来的看守似乎觉得她们还不够惨，决定戏弄她们一番，便告诉她们，其实分发的汤和茶"喝了会送命"。

或许因为自己是老师，并且比身边的人年长，马奇挺身而出，以身试"毒"。"味道尝起来十分糟糕，但我还是建议她们都喝一点，告诫她们身体已经处于脱水状态，需要补充水分才能生存。"不幸的是，除了掺了溴化物的茶，唯一的液体就是一种汤，用来做汤的"腐烂蔬菜"是从积雪覆盖的地里搜罗来的，肉是从苏联前线运回来的死马。

"这汤太难喝，没人肯喝。"伊迪丝强调说。许多正统犹太教女孩拒绝食用这种不合教规的汤[11]。玛吉"无法下咽"。其他女孩帮她捏住鼻子，好让她在强行吞咽温吞吞、臭烘烘的肉汤时不至于呕吐出来，但这法子不见效。"我当时真佩服她们喝得下去，我做不到。"她对汤的味道无法接受，在最初几周，无论多么饿，她都把汤分给了别人。

不肯喝汤还有其他原因。喝了汤的人都出现了泛酸水、拉肚子的症状，唯一能让胃消停一点的办法就是吃面包，但没有足够的面包来分发。在波普拉德，女孩们事实上被饿了快5天，身体迅速消瘦。

这些新来的女孩透过5号楼的窗口看去，见到有女孩向她

---

11 犹太教法对于"可以食用的东西"有一系列规定，特别是肉类。符合犹太教法的食物被称为"Kosher Food"。

们疯狂挥着手大喊："如果有围巾或袜子，藏一些给我们用吧！"

东西是她们自己的，为何要藏起来？这个想法实在可笑。然而，到了第二天，第二批女孩们的随身物品也悉数被没收，而且头发也被剃光，她们如今也十分渴望有双袜子穿，有条围巾可以围住刚剃光的头，暖和一下。

第二批女孩们脱光了衣服，剃光了头发，在除虱之后正式进入营内。直到那时，她们才发现，那些她们以为是疯子的人中间，有她们的姐妹和表亲，直到那时，她们才进入了奥斯维辛——这个曼奇医生口中的"见鬼的残缺世界"。

这两批遣送者是否有什么区别？伊迪丝坚信是有的，"因为我们刚来时一无所知，而现在我们有一些经历和经验可以告诉她们，她们就不必像我们当初那样担惊受怕。才过了几天，我们就成了有'资历'的人。"她继续说道："说帮助未免可笑，因为也没帮上什么忙。除了告诉女孩们小心谨慎、埋头不语和一些这样或那样的注意事项外，我们还能做什么？这并不是大家坐在一起开会想办法。我们从不聊天。聊天这种事从不会发生。我们一直在不停地干活。除了疲惫，还是疲惫。我们不会讨论音乐、文学或者上学的事。我们只会谈论接下来会发生什么，如何才能改善一下生活，如何才能多拿面包，去哪能拿条毯子。我们原本都是行为端正的好姑娘，如今却试图从其他人那偷东西。这不人道。他们让我们丢失了人性，让我们为了生存而自甘堕落。"

在所有集中营当中，在囚犯身上文编号的只有奥斯维辛。她们第一天到达时，并没有文上编号，对于文身的时间，众说纷纭。有的女孩说，文身是在她们被处置（指剃光头发等）后的第二天，也有人说是在第二批女性被送来之后。我们能确定的是，一旦将编号缝在囚服上，编号就成了她们的代名词，她们身上也会被文上同样的数字。如果两处的数字不一致，她们就会被枪决。

女孩们进入一间摆满桌子的房间，被命令坐在椅子上，几个强壮的男性拽住她们的左臂，摁在桌子上。党卫队队员冲她们大喊："快点！"编号文得潦草而歪斜。数字1看上去像7。文错了就直接再文一根线划掉，然后重新文。数字直接文在前臂上，靠近手肘位置。文身的针反复刺入她们的皮肤，每刺一针都仿佛被灼烧。

文身已是一种非人的折磨，但更惨的是，这一印记将伴随这些女孩一生。

第二批女性被送来后不久，一天清晨，其中一名女孩跳出来，站在那些劳工小队前大喊道："不要替纳粹干活。反正我们都会被处死，不如让他们开枪打死！"

一声枪响，女孩倒地不起。

她被送去临时医院的病房，当时曼奇已经在医院工作了。

女孩被放在一张桌子上。"子弹穿透了她的肺部和腹部。"曼奇写道。党卫队医生拒绝给这名重伤女孩进行任何治疗。曼奇只能看着她因失血过多而死。她从未知晓女孩的名字。

早期的反抗形式多样，但都未奏效。第二批被遣送者中有一个女孩叫莉亚，她决定绝食抗议集中营内条件恶劣、食物匮乏。在正常情况下，她的行为或许会引人注意，但在奥斯维辛集中营，这简直是在为纳粹省事。女孩们本就吃不饱。而且，反正犹太人难逃一死。这些抗议在历史记录中鲜有记载，但都留在了亲历者的脑海里。她们见证了"这些女孩自发起来抗争，她们身处绝望边缘，根本不想继续过这样的日子，也不相信能重获自由回归正常生活"。已经没有什么值得相信了。

无论是莉亚之死还是乔拉娜和玛尔塔·科恩之死，在《奥斯维辛编年史》[12] 中都没有正式记载，该著作记录了奥斯维辛集中营从建立到关闭期间，营内每天的生生死死。直到 1942 年 5 月 12 日才有某个女孩死亡时间的确切记载，那天在电网上发现了一名女孩的尸体，她是自杀而死。一个月后，6 月 17 日的记录称另一名女孩也被发现死在电网上。只因她们是女性，连姓名都没留下。

在 1942 年 8 月之前，关于女孩的死亡情况，我们几乎一无

---

12 Auschwitz Chronicle（1939—1945），达努塔·捷克根据奥斯维辛档案馆和德国联邦档案馆所藏档案编写。

所知，除了亲历者和幸存者的回忆。男性的死亡人数每天都在计算，月底汇总，而女性的死亡既没有记录也没有计数——至少在战后留存下来的文件中是这样。从 1942 年 3 月到 8 月，集中营内有多少男囚，每月死亡人数是多少，我们都能清楚地知道。而对于女囚，我们只清楚她们进集中营时的登记人数。但幸存者证实，无论有无死亡记录，女孩们确实在不断死去，人数在不断减少。

研究者认为，女囚的死亡记录消失在 1945 年 1 月焚烧文件的大火中，当时苏军已经迫近这座死亡集中营。奥斯维辛的女囚营归从拉文斯布吕克来的女囚管辖，死亡人数本应该在当时的管理办公室中存档。但事实是，关于奥斯维辛集中营女囚的完整记录（1942 年初），在拉文斯布吕克也从未找到。我们知道的只有列在"死亡之书"上的人名：乔拉娜·格朗瓦尔德和玛尔塔·科恩。在种族灭绝的浩瀚档案里，乔拉娜·格朗瓦尔德（25 岁）和玛尔塔·科恩（21 岁）可能只是沧海一粟，但二人也是奥斯维辛集中营第一批女性遇难者。

女囚营文件的销毁足以说明问题，因为她们可能都死了。1942 年 2 月底，在女囚入营之前，男囚登记在册的有 11472 人，当月就死了 1515 名。3 月，2740 名男囚和 1767 名女囚被送进了集中营。尽管新增了 4507 人，但男囚营的在押人数却下降至 10629，也就是说，3 月有 2068 名男囚死去。在第一批犹太女孩被遣送至奥斯维辛集中营之前，营内平均每月男囚的死亡人数在 1500 到 1800 之间。到了 3 月，死亡数字已经翻倍。数量的激增，是否是因为女孩们的死?

"女性的数据资料是缺失的。"研究奥斯维辛集中营的历史学家兼年代史编者达努塔·捷克如是写道。但接下来，她通过查看保存下来的男囚死亡记录发现了一条线索。

1942 年 4 月 17 日，第六批从斯洛伐克运至奥斯维辛集中营的人中包含 973 名犹太人，他们多为年轻男性。捷克写道:"到 1942 年 8 月 15 日，送来的人只有 88 人还活着，也就是说，在 17 周内死了 885 人。"两天后，第七批从斯洛伐克来的人被送了进来，包括 464 名年轻男性和 536 名年轻女性，捷克记录道:"截至 1942 年 8 月 15 日，男性中只有 10 人还活着。"

在这个阶段，他们的死亡原因多是疾病、饥饿或被立即杀害，大规模的毒杀并未开始。只有按照捷克对 1942 年春夏期间犹太男性的死亡数量的计算，我们才能揭示这些较早入营的女性被隐藏的历史。

《出埃及记》的故事，是教导人们要团结，不能自己独享富足之盛宴，而任他人吞咽压迫之面饼[13]。

——乔纳森·萨克斯，《乔纳森·萨克斯之哈加达》

1942年4月2日，星期四，第三批被遣送者运抵奥斯维辛，她们是965名年轻的未婚犹太女性。和第一批运达的女孩一样，这批女性也是从斯洛伐克东部被征召，然后拘留在波普拉德。她们多是第一批女孩的亲戚、朋友。其中就有伊迪丝的好友，16岁的艾尔莎·罗森塔尔。

太阳沉到地平线下，岗楼高耸，阴森可怖，5号营房里再次挤满女孩，跳蚤和臭虫不停叮咬她们。此时距离第一批女孩

---

13 犹太经典中常以"面饼"寓意困苦的生活。

抵达集中营刚好一周,当天也是逾越节的一个夜晚。为了"庆祝"这个节日,党卫队将所有人送到一个"见都没见过的水坑"里干活,玛吉说。沼泽工作队负责在集中营附近清理池塘和小溪中的垃圾。渐渐地,沼泽工作队变成一个惩罚工作队,但在逾越节,它变成了文化剥夺的工具。"那个女孩,鲁泽娜……全身湿透。我们回来后躺下,没有毯子,什么也没有,冷得直打哆嗦。"

26 岁的克拉里·阿莱斯是胡门内一位拉比的女儿,她浑身湿透,跳下床,充满热情地对正在发抖啜泣的女孩们说话。"看着吧,上帝会保佑我们的。大家都会安然无恙。"她告诉女孩们上帝会解救她们,就像从埃及人手中解救犹太人那样。上帝保护了犹太人免受灾难,如今也会保护她们。上帝杀了奴役她们祖先的人,如今也会这么做。她们只需要把先知以利亚放在心里。要是她们有足够的杯子可以留一个给先知,要是她们打开门后仍能安然无恙[14]……克拉里坚定的信念感染了整个营房,很快,一些女孩就在铺位上摆起了逾越节祭餐。其他女孩则直接睡着了。

贝尔莎不知从何处弄到了一本希伯来文的祈祷书。没有符

---

[14] 此处跟逾越节的仪式和故事有关。逾越节仪式中有留出一只杯子的做法,以示邀请先知来临。另,《出埃及记》中上帝派天使降灾击杀埃及人的长子,而越过犹太人做了标记的房屋,故称逾越节。

合教规的葡萄酒，也不需要苦菜——被奴役的苦涩每个人都已饱尝。贝尔莎在小声念诵《哈加达》里的篇章，佩西·斯坦纳与其他几位好友围坐在铺位上。父亲和兄弟都不在身边，没法参与仪式，女孩们只好自己参与进来，并按照传统，念诵熟记于心的犹太祷文。黑暗之中，有人将自己的红色空碗举过头顶，念道："匆忙间我们出了埃及，带着苦难的面饼，如今我们自由了。"

今夜何以与众不同？

难以想象她们会如何回答。她们的眼泪在黑暗里流淌。

没有无酵饼可以掰开来吃，她们的逾越节过得不成样子，但像贝尔莎一样虔诚的女孩们，整整一周都没吃过发酵的面包。她屈服过，喝了不合教规的马肉汤，但她向上帝祈祷，祈求宽恕。重要的是，在所爱之人受苦时，不应袖手旁观，不应表现出疏离和冷漠，不应彼此孤立。一个人需要帮助他人，才配得上拥有自由。只有这样做才能帮助她们活着走出奥斯维辛集中营。

清理沼泽、拆除建筑、打扫积雪、搬运肥料和挖掘壕沟，光这些活已经足够让人筋疲力尽了，大多数女孩还没做完逾越节祈祷便昏睡过去。在任何一次逾越节祭餐上，这样的场景也很常见。孩子们经常坐在椅子上就睡着了，就是大人有时候也会打瞌睡。几个人用轻柔的声音诵读着十灾[15]，用手指在红碗里蘸一点水，或者只是想象着将水洒出，每洒一次水，便代表了一场灾难，也代表了对世界上仍在受苦的人的纪念。当时还有谁受的苦比她们更深？海伦娜所说的"进了奥斯维辛就像一天内历经了十灾"在黑暗中回荡，几个疲惫的嗓音在附和。她们在吟唱《给我们的已足够》[16]，既无热情也无喜悦，更无法抚平被奴役的精神创伤。

传统逾越节祭餐上，等到祝祷完毕，大家会饥肠辘辘（有时也醉得厉害），想要急切地吃东西。在奥斯维辛集中营祝祷的时候，女孩们更饿，也更思念家人。"要是能再见父母一面，我们愿意付出生命的代价。"贝尔莎说道。

她们已经没有多余的精力来思考其他事情，大多数人带着疲惫沉沉睡去。贝尔莎记着父亲的祝福，在周围人沉睡后，她用轻柔的嗓音低声吟唱起赞美诗：

我爱耶和华，因为他听了我的声音和我的恳求。

他既向我侧耳，

15　《出埃及记》中，神给埃及降下十场灾难，警告法老还以色列民以自由 (7: 14-10: 29, 12: 29-30)。十灾包括：血水灾、青蛙灾、虱子灾、苍蝇灾、畜疫灾、泡疮灾、冰雹灾、蝗灾、黑暗之灾、长子灾。

16 Dayenu 是曲调欢快的赞颂上帝之歌。

我一生要求告他。

死亡的绳索缠绕着我，

阴间的痛苦抓住我；

我遭遇患难和愁苦。

那时，我呼求耶和华的名，说：

"耶和华啊！求你拯救我。"

10 号营房里的庄严肃穆被夜间响起的枪声打破。在处决墙边，11 名波兰囚犯被枪决。次日早晨，正是耶稣受难日，第四批 997 位未婚犹太女孩和年轻的犹太女性被送到了奥斯维辛集中营。在复活节，也就是星期天，有 89 名囚犯和 31 名苏联战俘死亡。我们不清楚其中是否有女性，也不清楚具体人数，但很明显，纳粹对于亵渎基督教或犹太教毫无顾忌。

我希望我是世上最后一个有如此遭遇的女孩。

——娜迪亚·穆拉德，《最后的女孩》

家中父母们的担心与日俱增，不仅是因为女儿们久无音信，而且就在第一趟火车离开波普拉德驶往未知之地几天后，一名当地的铁路工人从一名女孩那里带回了一块硬纸片。女孩是如何将纸片交给这位机修工，没有人知道，但工人显然认识而且十分关心她，愿意铤而走险将纸片偷偷捎给她的家人：

无论如何，千万别被抓住、被遣送。杀戮正在这里发生。

文字下方是她的签名。

一些正直的非犹太人被这条消息震惊了，他们立刻采取行动帮助自己的邻居。在波普拉德，19岁的瓦利卡·埃尔内约沃被送到家人的朋友家中，他们可以为她伪造一份身份证明。

扬·卡德莱奇克和他的家人成功藏匿了所谓的"出生于 1923 年
3 月 24 日的斯特夫尼亚·格雷戈索娃",直到战争结束。

关于偷偷带回字条的消息,从波普拉德扩散至周边的村庄,
其他家庭也纷纷行动起来,把女儿藏好,或是把她们送去匈牙
利。未收到消息的人则隐约有种不祥的预感。他们能做的就是
祈祷女儿能在鞋厂里安然无恙地工作。

然后他们就收到了明信片。

女孩们第一次被迫写信是在安息日当天。贝尔莎拒绝给父
母写信,因为这天是安息日。她的朋友替她写下了谎言。这些
话都是规定好的,纯属捏造,目的是混淆视听,误导女孩们的
家人,让他们以为女孩们一切都很好,有足够的食物。希望不
久就能见到你们……

到了这时候,所有女孩都知道信中最后一句话的含义——
她们的家人也要被送进奥斯维辛。她们绝不想看到这事发生。
在信纸的角角落落,许多女孩偷偷用斯洛伐克语、波兰语、匈
牙利语或意第绪语写上了警告——任何不会被德国人破译的、
提醒家人会被遣送的标记。

并非所有家庭都收到了明信片。囚监伯特尔·蒂奇收集完
明信片后,被告知要丢弃数百张。她丢掉的那些卡片中肯定有
马格杜斯卡和努西写的,因为哈特曼一家从未收到女儿寄来的
任何明信片。

几周之后，女孩们再次被逼着写明信片，还被要求一次写好几张，并将落款日期延后3个月、6个月乃至9个月。这是一场阴谋，目的是确保她们仍在斯洛伐克的家人能在家里收到明信片，并认为他们的女儿还活得好好的。这样一来，如果他们听到不好的消息时，只会说："怎么可能呢？我们才收到她的来信！"

收到卡片的父母对邮戳起了疑心。他们的女儿怎么会去了波兰？为何她们的来信读着有些不自然？而奥斯维辛又在哪呢？

尽管见到了寄回家的明信片，但许多母亲却已隐约感到不安和痛苦。谁没经历过这种情况——当你身陷险境、情绪低落或是调皮捣蛋时，母亲好像能感知到，不出片刻就会发来信息或是打来电话："我刚好想你了。一切都好吧？"无论你身在何处，母亲总是和你有着某种联系。

女儿离开后的第一个安息日，母亲都在为女儿祈祷，这些祈祷是否会给她们的女儿传递力量和勇气？

女孩们需要积聚起尽可能多的坚毅和决心，因为真正艰苦的集中营生活——劳作——即将开始。这"不是什么有意义的工作"，只是用来摧毁身体、意志和精神，虽然女孩们起初并没有意识到这一点。排队等待分派任务时，她们被告知可以选择农活、厨工、砌房或清洁等工作。马奇觉得去农业工作队应该不错,赶忙加入了,但一位对她有好感的德国看守将她拽了出来,狠狠扇了她一巴掌,还大声喊:"这个人我要留着用!"

马奇被这一巴掌吓呆了,而后者立即给她安排了内勤的活干,负责打扫营区,端茶端面包。直到第一天所有劳作完的女孩们回来时,马奇才意识到自己能待在室内是多么幸运。

琳达用"肮脏、有辱人格和令人筋疲力尽"来描述农业工作队所做的活。女孩们被迫徒手施肥,捧着一堆一堆的牛粪,穿着露着脚趾的"梆子"鞋,穿过厚厚的雪地。伊迪丝和莱亚在营地里找了废报纸包住脚,希望报纸能给脚趾保暖,但"当时正在下雪",纸一受潮很快就碎了。她们干的活十分恶心,而且干完活后还没法清洗。

女孩们被迫加入的队伍,主要是建筑工作队。她们的工作呢? 徒手拆房子。

这些房子是为了扩建奥斯维辛集中营而从当地波兰人那里征用的。"我们就是拆房机器。"海伦娜(1971 号)解释道。

男囚用炸药将房屋结构破坏之后,年轻女性"负责把(爆破过的房屋)夷为平地……用又长又重的铁棍砸墙"。伯特尔·蒂奇回忆说。这些又长又重的铁棍需要 50 个女孩才抬得动,上面焊着金属圈作为把手。女孩们拎住"把手","撞击着屋墙",海伦娜说。"墙体要是塌了,在前面的女孩就会被倒下来的墙压住甚至掩埋至死。"

有时候，女孩们被分成两组：一组人爬上爆破过的房子二楼，把瓦片和砖块扔到地上，而另一组在下面一边捡起瓦砾，一边尽量避免被掉下来的砖块砸中。"如果你在扔砖头时过于小心（并试图避免伤害下面的女孩），就会被换下去，冒着被从楼顶抛下来的砖砸中的风险干活。"

运砖是工作的另一部分。将砖头装上板车后，女孩们不得不把笨重的车子推到几英里外的一片荒地上，那里有几座木头棚子，关着些苏联战俘。这些女性不知道的是，她们卸下的砖头正被用来建造关押妇女的新营区，位于桦树林边上的一片空地。这片新营区就是比克瑙集中营。

拆房子的工作本应该让强壮的男人干，而不是妇女和女孩。她们当中许多人体重不过 100 磅，身高不过 4 英尺 10 英寸。晚上，拆房工作队的女孩们带着满身淤青和渗着血渍的伤口回到了营房，早上点名靠前的女孩最有可能被选派去拆房工作队。"每天早上我们都会把最好的朋友推到前面，"海伦娜坦诚地说，"因为我们都想活下去。我们很快就成了畜生。每个人只顾自己。真可悲。"

安排的其他工作情况也没好到哪去。

贝尔莎记得，她们走了五公里才到达挖壕沟的地方。"我们不清楚挖这些沟要干什么，但这就是我们的工作，日复一日。"最糟糕的是监工坚决不准她们休息，连小憩一会儿都不准。甚至在铲起厚重的黏质泥土后直起腰杆，都会被党卫队鞭打，甚至更糟。

党卫队女看守胡安娜·鲍曼一看到女孩们停下来，就会放出她的德国狼狗咬人，并以此为乐。"这是一项艰苦的工作。要挖个不停。"琳达如是说。

路上还有不少积雪，党卫队就派部分女孩去扫雪。在地里工作之后，伊迪丝和莱亚最终被分配到这个工作队。"没有扫把。没有铲子。一切都靠我们的双手，"伊迪丝回忆说，"我们徒手把雪堆到纸板和旧报纸上，再搬到路边。"晚上，她和姐姐倒在各自的草垫上，心如死灰，"我们又累又冷，连起身去领面包的力气都没有"。莱亚比妹妹伊迪丝强壮一点，就让妹妹起来排队去领分发的面包。若没有食物，她们都没法存活，而伊迪丝十分瘦弱，如果不吃东西恐怕活不久。即使面包干巴无味，就像有人说的那样，仿佛是用锯末掺面粉做的，莱亚也坚持让妹妹吃。

面包是她们的主食，大小跟她们瘦小的手掌差不多，大约3英寸厚。因为每天只发一份（男囚则有两份），一些女孩想了个法子，可以多吃一顿，晚上吃半份，剩下的留到第二天早上喝茶的时候吃，这样干活的时候会抗饿一些。

扫雪让伊迪丝和她姐姐有了一点小小的乐趣：她们会捡起党卫队队员丢下的烟头，讨要一点旧报纸，然后把回收的烟草碎屑用报纸重新卷起来。晚上，她们就着炉火点燃这些自制香烟。

吸烟并不是为了享受，而是有更实际的用处——扛饿。

早些时候，身材结实的琼·罗斯纳（1188号）被分配到厨房工作。能有这个机会，她不禁有点开心，希望可以轻易偷到额外的食物。结果却没那么容易，党卫队严密监视着她们。

逮到谁偷吃，就是一顿打，即便只是啃点胡萝卜皮。工作时间也十分严苛。在厨房工作的人凌晨一点换班，她们必须起来烧茶。煮汤和茶的锅很大，女孩们必须爬梯子才能够到锅边，在这样危险的位置上，一个女孩往汤桶里舀茶水，另两个女孩稳住大锅。把铁铸的汤桶在木架上放稳并不容易。她们拿着大勺将茶水舀进汤桶时，不断被滚热的金属烫到。汤桶一满，她们就得转过身来，将汤桶沿着梯子抬回地面。很快悲剧就发生了。梯子上方的一个女孩被晃晃悠悠的汤桶边缘烫到了，手一松，汤锅就倾斜了，热汤浇到了底下的一个女孩身上。她被烫伤致死时发出的尖叫声，想必连当班的党卫队看守也心有余悸，自那以后换成了男囚干这活。

在拆房工作队，发生的意外则更多。站在楼顶上的一个波兰女孩萨拉·布莱希不慎踩到一块松动的砖，从两层楼的高度直接摔了下来。她瘫痪了，右手也骨折了。呻吟或哭泣没用，就等着党卫队的致命一击，或被狗撕碎。幸运的是，一位好心的看守命人将萨拉抬到新建的医疗营。在那里，曼奇用石膏将莎拉的手臂固定好，替她治疗其他伤处。过了6周，萨拉才能下地行走。等到那时,奥斯维辛已经关押了数千犹太女孩和妇女,年轻的犹太男性也陆续被遣送至此。尽管受了伤,她还是再次被分配到拆房工作队。

这项工作,"对男性而言都繁重不堪,对我这样的年轻女性来说简直就是惨无人道"。

几周后,从房顶上坠落的女孩不会再得到任何治疗。当党卫队催促着要她们动作麻利点,快点干活时,又有两个女孩脚下一滑,从屋顶上摔了下来。当她们躺在地上痛苦地扭动时,一名党卫队士兵走上前,举起了枪。"杀了她们,我们就可以休个假。"他说道,然后开枪杀了一个,他的同伴开枪杀了另一个。

第十五章

对女性的长期奴役，是人类历史上最黑暗的一页。

——伊丽莎白·卡迪·斯坦顿

他们来了，带着精美的信纸和商业信笺、手写的卡片还有打印的信件。有些人带着来自非犹太人商业伙伴、邻居、神职人员的担保信。拉比们也写信声明犹太社区的某些成员对斯洛伐克的经济福祉至关重要，之后他们又不得不写信给政府，要求让自己也得到豁免。二月底那场电闪雷鸣的暴风雪中，斯洛伐克宣布年轻未婚犹太女性必须登记参加工作，自那以后，内政部不断收到犹太家庭的请求，希望得到政府豁免，这种豁免称为"výnimka"。有了它，整个家庭就可以免于"服役"和"安置"。

成千上万犹太女孩被送走的事情逐渐显露，政府又开始征召年轻男子去工作，因而关于整个家庭都要被遣送的传闻也越来越多。随着新的传言散播开来，越来越多的豁免申请递到了内政部。就连政府官员现在也在写担保信。教育和国家文化部部长西瓦克就以帮助他的犹太朋友和同事而闻名。斯洛伐克国家档案馆收藏了数盒这样的请求文件，文件数以千计。它们祈求承认，祈求公正，但大多是祈求活命。

即使有幸得到豁免担保，也需要为自由付出代价。讽刺的是，犹太人不得不花钱赎买自己免于苦役，而获利的正是那些驱逐犹太人、掠夺犹太人产业和财富的法西斯分子。

第一批犹太人的遣送没能按照孔卡的计划完成，第二批、第三批甚至是第四批也一样。征召数以千计的女孩，特别是农村地区的女孩，比他想象的要困难得多。亚历山大·马赫见孔卡未能在 5 天内送来 5000 名犹太人，顿时火冒三丈。甚至连送五批之后仍未达到 5000。德国人会怎么看他们？孔卡就被解雇了。

内政部新上任的犹太事务部部长叫安东·瓦谢克，他很快获得了斯洛伐克“犹太人的王”的称号。他身材矮胖，目光锐利，对金钱和权力贪得无厌，而他很快就权利双收了。由于每天都有成堆的豁免申请，而他的决定就是一件值得花钱购买的商品。豁免申请的处理不再采取先到先审的方式，也不再仅靠各地的州长或市长，而是谁付钱最多、付钱最快就先获得审批。瓦谢克靠出售豁免令积累了一小笔财富，但对于付了钱给他的家庭，他也经常不提供所需的文件来保护他们。

尽管这些申请对犹太家庭至关重要，但对蒂索政府的部长们来说却并不是优先事项。处理过程十分缓慢，如果不奉上钱财，耗时更久。这是否就是更加富有的阿姆斯特一家先于弗里德曼一家取得豁免的原因？这个问题不重要了，因为最后两家人都没及时收到豁免文书，未能把女儿留在家中。

伊曼纽尔·弗里德曼似乎没想到可以私下花钱打点，也没意识到他的女儿们全成了待价而沽的商品。或许在 3 月初，花钱买通政府官员还不是必选项。到了 5 月，瓦谢克就任，花钱才能取得豁免已经成了不成文规矩。

豁免文书看起来很奇怪。页面充斥着大量的破折号，如同打印出来的莫尔斯电码，以防止任何修改。在页面上方都是大写字母，表明这是一份合法文件，经由内政部部长、地区和城镇长官还有一个代号 14 的部门批准。第 14 部就是犹太事务部。接下来列出户主姓名、职业、住所和出生日期，然后会引述第22 条法规，该法规允许文件持有人留在斯洛伐克。然后是当时的日期，紧接着是斯洛伐克版的"希特勒万岁"，当时是赫林卡卫队当权，所有的政府部门都用它作问候语——"向卫队致敬！"，最后是内政部长办公室的签章和部长签名。在后来的豁免令中，安东·瓦谢克的名字会出现在这一行。3 月初发布的豁免令上还是盖扎·孔卡的签名。

豁免令下一个关键信息是受保护的家庭成员名单，与户主的关系和出生日期。之后就是附加的文件编号和另一句"向卫队致敬"。内政部的官员再次确认该文件之后，就送交地区长官那里，或是市长，或是州长 [17]，由他们来签字同意。所以每一份文件上都会有三个重要日期：文件上方内政部部长签名处的日期，是在布拉迪斯拉发的签发日期；市长签名处是另一个日期；在政府签发文件印章的上方，有一份法律声明，上面加盖了最后一个日期、签名章和地区印章。

1942 年 7 月，签发一份豁免令至少需要一个星期，但只有在正式请求获得批准，并且有非犹太人的担保信才能签发。担保信用于确定该犹太家庭的社会地位和对国家的重要性。1942年 3 月，由于是首次施行，出现延误的可能性较大，这或许可以解释为什么胡门内市长告诉伊曼纽尔·弗里德曼不要担心，给他家人的豁免令正在办理。

最让人困惑的是，市长签名旁边的日期和地区印章上的日期之间相隔很久。这两个签章就算不在同一间办公室，也应该

17 斯洛伐克分 8 个州，每个地区以其首府命名，其下分区，一共有 79 个县，下设 2883 个市镇。8 个州分别是：布拉迪斯拉发州、特尔纳瓦州、特伦钦州、尼特拉州、日利纳州、班斯卡·比斯特理察州、普列索夫州、科希策州。重要城市有科希策、日利纳、尼特拉等。

在同一栋楼里。阿姆斯特和哈特曼两家在女儿被带走几天后，也就是在女孩们离开波普拉德之前几个小时才收到家庭豁免令，而弗里德曼家和格罗斯家在两到三周后才收到，这也是一个谜。在胡门内众多的犹太人中，大约有 400 人由于经济上的重要地位或在 1941 年前皈依了天主教，理论上最终会受到总统的直接豁免。

与犹太人的其他行业生意一样，伊曼纽尔·弗里德曼的玻璃生意也被接管。由一位善良的非犹太人巴尔多夫斯基经营打理，但他无法完成一些高难度的技术性工作。为了完成这些任务，德国和斯洛伐克政府仍然需要伊曼纽尔·弗里德曼。什么样的工作如此重要，还得把伊曼纽尔·弗里德曼双眼蒙上，由政府派专人开车接送？事实是他定期被带去郊外的一处秘密机场，修理轰炸机的挡风玻璃。

逾越节过后，承诺发给弗里德曼一家的豁免令才送达。伊曼纽尔·弗里德曼通过明信片上的邮戳以及认识的政府官员，获知了女儿们的去处。令人有些疑惑不解的是，他请巴尔多夫斯基去奥斯维辛，把女儿救出来。

像大多数人一样，伊曼纽尔·弗里德曼仍然相信他的女儿们在为斯洛伐克政府工作，三个月后就会回来，但是伊迪丝和莱亚不在身边，他和妻子陷入痛苦之中。何不把豁免情况直接告诉负责豁免事务的官员，这样女孩们就可以被释放？或许他们还会把阿德拉也一并放了。

巴尔多夫斯基和伊曼纽尔·弗里德曼还准备了另一个计划。如果让女孩获释有困难，巴尔多夫斯基会与她们联系，帮助她们逃跑。一旦上了客运火车，她们就安全了，因为她们享有豁免待遇，而且是和一个非犹太人一起旅行。计划就是这样。

巴尔多夫斯基立刻登上了去往日利纳的火车，然后换乘，直奔波兰边境。

瞭望塔像庄严的巨人一样矗立在暴风雪中。一团团雪黏在铁丝网的尖刺上。党卫队士兵阴暗的身影穿过瞭望塔探照灯打下的明亮光晕。黑暗里，雪花铺天盖地，沾在姑娘们的睫毛上，她们迟疑地走上了营内大道，准备接受早晨的点名。

没人想在这4月的暴风雪中出门，不管是党卫队、看守还是军犬。新来的囚犯就更不想了。她们只穿着梆梆作响的梆子鞋，脚陷进深及脚踝的雪中。冷风悄悄钻进她们军服上的弹孔，或是从裙子下面爬上她们赤裸的双腿。冰雪冻伤了她们脸颊的皮肤和被剃光的头皮。女孩们尽可能列队整齐，眨着眼睛抖去睫毛上的雪，努力控制住颤抖不已的身体。指挥官鲁道夫·霍斯傲慢而不可一世，他罕见地出现在女子集中营，从她们身边走过。他的靴子足够长，他一边在雪地跺脚，一边盯着满脸不悦的囚监们清点人数。这是一个漆黑的黎明，"他们还在清点人数，我就听到党卫队女营管约翰娜·朗格菲尔德对他说，'这样的天气，我们没法派她们出去工作'"。

"霍斯跺着脚冲她吼道,'犹太人而已,管它什么天气!'"

这句话一锤定音。伊迪丝怒视着狂风暴雪。为什么她们不能打扫营区?不能干其他活?怎么能如此残忍地对待她们?或仅仅是因为女营管提出了建议,他就要否决?关于女囚营里谁说了算,争夺才刚刚开始。朗格菲尔德败北,女孩们也只能外出干活,积雪越来越深。

为了遵照执行霍斯的命令,负责抬门的党卫队队员吼叫着要姑娘们把脚上穿的"梆子"脱下来,因为"梆子"发出的声音让霍斯听得很烦。很难相信,狂风呼啸,他竟然还能听到其他声音。谁让他是指挥官,可以为所欲为,而犹太人什么权利也没有。脱下所谓的鞋子,女孩们低沉不语,穿过那道拱形标语,上面写的是:劳动使人自由。

他们命令女孩每次进出营地都要脱鞋,不久之后,雪就开始融化,至少她们不用再赤脚在雪中行走了。现在脚下是冰冷的泥土。那些在地里劳作、施肥的女孩们又遇到了新问题。她们的鞋陷在黏湿的泥土里面,拔不出来。丢了"梆子"等同于被判死刑。琳达在泥土解冻的头几天就弄丢了鞋子。工作队的其余女孩担心自己的鞋子丢失,会在下地之前脱下,然后抱着肥料,光着脚,艰难地走过冷冰冰的厚实泥地。

巴尔多夫斯基抵达奥斯维辛火车站,询问了去工作营的方向，便直奔奥斯维辛集中营大门。守卫拦住他时，他要求跟负责人对话。守卫满脸疑惑地看着他。

"你是什么人？"

他介绍了自己，然后亮出了豁免令。

"我要求释放来自胡门内的莱亚和伊迪丝，她们是被误抓来服役的。这是免除她们服役的政府文件。"

守卫大笑起来。

"文件上是什么语言？"

"斯洛伐克语。"

"我们是德国人。"

巴尔多夫斯基就把文件内容解释了一番。

"她们有豁免的！"他大声说道。

"在斯洛伐克或许是这样。但现在是在德国。"何况他们也不认识他说的人是谁。伊迪丝？莱亚？弗里德曼？

"她们的编号是多少？"

"她们有编号？"

"人人都有编号！"

党卫队守卫变得越来越暴躁，他们举枪叫他离开，否则就开枪打死他。

他围着奥斯维辛集中营外的铁丝网绕了一大圈。在田地那边，他看到迷茫的人徒手捧着粪肥，赤脚行走在积雪和泥泞之中。她们衣不蔽体，冷风吹开了衣服，直接灌了进去。她们没穿内衣，也没有围巾来包裹被剃光的头。

看到她们，巴尔多夫斯基不禁打了个寒战。她们肯定不是自己认识的那些胡门内女孩。他扫视着淡灰夹杂米黄的地平线，寸草不生，人迹罕至。奥斯维辛肯定是一个疯人院。他断定伊曼纽尔·弗里德曼的消息有误，伊迪丝和莱亚不可能在这种地狱里。任务失败，他回到胡门内，告诉弗里德曼夫妇："伊迪丝和莱亚定是被带去别处了，她们不可能待在奥斯维辛。那里不是工厂，而是疯人院。"如果他看到拆房队的女孩们在楼上把砖头丢向楼下的女孩时，他又会怎么想呢?

巴尔多夫斯基认为奥斯维辛集中营是疯人院的想法，很快就成了现实。许多女孩逐渐丧失了理智。

突然离开父母和温暖的家，被卷入到如此暴行中，她们患上了严重的精神分裂。精神崩溃，筋疲力尽，被肉体折磨和言语侮辱摧毁了人格，即使意志坚强的女孩，也会崩溃。

马奇主动担当起责任，睡在最为脆弱的女孩身边——她们晚上总是说胡话。她就像一个大姐姐或是母亲一样，安抚着这些被噩梦困扰得辗转反侧的女孩。当她们醒过来面对真实的奥斯维辛噩梦时，她又会温柔地鼓励她们。对于没有姐妹或堂表亲的女孩来说，安慰和联系显得尤为必要。有了略大几岁的年轻女性照顾她们，头几周的惊恐得到了些许缓解。

随着生存环境越来越恶劣，她们的道德感也在不断削弱。女孩们试图互相帮助，但随着基于家庭和友谊的小集团逐渐形成，一些人就被排除在外。这不仅是适者生存，还是幸者生存，大家激烈地抢夺最有限的资源——食物。集中营里所有的女孩进来时都得体善良，但没过几周，她们就开始偷拿东西：食物、毯子、"任何你无法随身携带的东西"。

"他们让我们反目成仇。实在太可怕了。"伊迪丝说。"生命的失去与灵魂的堕落同时存在，在那儿待得越久，对于灵魂的拷问就越强烈。道德根植于内心，有的女孩宁愿选择去死，也不愿刻薄待人。"

而有的人就是卑鄙残忍的。伊迪（1949 号）和她的姐妹埃拉一起进了集中营，她坦言："我什么都偷。"事实上，当红十字会将食物包裹送到集中营时，伊迪（与伊迪丝同名同姓）负责分发食物，她想着既然两个包裹上都有她的名字，那就都应该归她。而伊迪丝就什么也没得到。

"你不得不做出选择，要么挨饿，要么有东西吃；要么挨冻，要么有衣服穿；要么祈祷，要么有所行动。否则你不知道为了生存还会做出什么事情来。你甚至会在偷窃之前祈祷，'上帝，请原谅我拿了这个女孩的毯子，因为有人拿了我的。上帝，请原谅偷了我的红十字会包裹的女孩，她有东西吃了，而我却挨饿。'"94 岁高龄的伊迪丝表达了她的看法："这么多年来，我依然对那个女孩的行为耿耿于怀。她吃饱了，我还饿着。我们都是 17 岁。我们都活下来了。就算年纪大了，你也不会忘记曾经遭受的伤害，但那已经不重要了。你无法真正了解一个女孩，除非你和她生活过，或是像我们一样，和她一起被监禁过。到时候你就会发现，你不仅认清了她，也认清了自己。就在一个月前，我们还无忧无虑，谈论社区里最新的小道消息，转瞬之间，我们就看着女孩们死去，那些和我们同龄的女孩，本应该活到我现在的年纪，但她们年纪轻轻就已经不在了。当时我也在想，这会是我的宿命吗？"

还有一件事伊迪丝无法释怀。营房长们刚上任时，她们可能还会平等地分派面包和汤。但随着物资一天天减少，她们自己也饥饿难耐，不少营房长就开始偷藏食物，或是留给自己，或是留给朋友亲人。"营房长本应该将面包切成四块，"伊迪丝解释说，"但她们开始将面包中间部分切出来扣下，这部分面包她们会留着自己吃，或是分给自己的亲戚朋友，而其他人却饿得要死，盼着能多吃一口。"

我们能怪她们吗？换作是我们，会好到哪去？如果自己的亲人都在忍饥挨饿，你又怎会去管陌生人的死活？即使获得了一些额外的食物，每个人都还是饥饿难忍。"在奥斯维辛集中营，没有哪个犹太人能吃饱，"伊迪丝如是说，"除非你经历过真正的饥饿，否则你都不知道自己能对其他人做出什么事来。"

180

工作队的劳动强度越大，缺乏食物的女孩们就越虚弱。御寒需要燃烧大量的脂肪和能量，最初几周在外面干活非常辛苦，女孩们的体重骤减。要生存下去，就只能指望在营内工作，或强度不太大的户外工作，但营内唯一的工作是打扫营房，已经划归营房长和室长。其余的女孩们只能去干拆房、施肥和清扫道路之类的事情。"过了不久，我们就软得像面条一般。那时我体重可能才 65 磅。"伊迪丝说。

要活下去，食物就是关键，排队打汤时，舀汤的人搅拌汤水，好让蔬菜和马肉浮上来，即使都是腐坏的食物，那也有如天赐。一位幸存者回忆，女孩们要是侥幸盛到了可以咀嚼的东西，就会兴奋大叫："我汤里有肉！"琳达每次分发肉汤时都会搅拌，但有的人分汤时只舀上面的汤水，汤底的"精华部分"就留给自己。排在队伍后面有时也会分到一点汤底，但如果汤水分发得太快，靠后的人就什么也捞不着了。

琳达回忆说，在所谓的"午餐"休息时间，她要跑着去排队打汤，因为党卫队会射杀排队太慢的人。死亡来得莫名其妙，往往发生在一瞬间，通常毫无预兆。这不是什么小说家编造的反乌托邦社会，而是真实发生在奥斯维辛集中营里的"饥饿游戏"。

黄昏时，女孩们终于停止了劳作，她们必须列队才能回营。"最后一列需要把尸体拖拽回营，因为还要清点人数。"没人想待在最后一列，尤其是拆房工作队，因为死的人特别多。劳作了一天已经疲惫不堪，被迫搬运尸体的女孩们几乎没有多余的力气。通常死去的女孩被一路拖回去，"背部的皮肤都被磨得所剩无几，"琳达悲伤地说，"一路上都沾染着血渍。"

晚上点完名后，琳达和其他人注意到一些受伤的女孩从此再也没回营房。"这很蹊跷，"伊迪丝说。"如果有人病了，或是腿受了轻伤，就会被集中隔离起来，之后我们就再也没见过她们。"她们去哪了？起初她们也没有想到这些失踪的女孩已经被杀害了。

1945 年，政治犯兼囚监路易斯·毛尔在拉文斯布吕克审判的证词中说："杀人机器现在全速运转起来。如果有谁被女营管约翰娜·朗格菲尔德认定为不适于工作或被她发现藏身在营房，就会被杀。"毛尔和伯特尔·蒂奇奉命挑出无法再工作的人，将其送到"疗养院"。当然，所谓疗养院此时已是一个功能齐全的毒气室。两名队长想着"宁愿自己死也不愿帮助这些法西斯杀人犯"，于是去找朗格菲尔德。作为严格的路德宗信徒，朗格菲尔德经常在她的宗教信仰和暴力行径之间挣扎，她尊重蒂奇和毛尔的道德判断。出于罕见的同情，朗格菲尔德没有上报她们不服从命令的事，这可能救了她们的命。

为"疗养院"挑选女性的工作分配给了别人后，毛尔和蒂奇开始了一场"耳语运动"，她们悄悄地提醒并鼓励营房长把所有人都派出去工作，或者让生病的女孩在营内工作。她们不能解释为什么要营房长派生病的女孩去工作，也无法告知任何人被送到"疗养院"意味着死亡，否则她们自己也会被杀，可结果是，许多生病的囚犯认为营房长太残忍，居然不让她们去疗养院，于是坚持要去。那些女孩被带走了，再也没有出现。

到了 4 月底，奥斯维辛集中营登记在册的年轻犹太女性超过 6277 人，其中 197 人为捷克人，少数几个为躲在斯洛伐克的波兰人，其余为斯洛伐克人，总人数超过了拉文斯布吕克的全部囚犯人数。然而奥斯维辛集中营内有多少女囚还活着，却是未知数。

4 月 23 日，新的工作队要设立之时，埃尔娜的妹妹费拉被送进集中营，她是第八批送进来的斯洛伐克犹太女孩，编号是 6030。埃尔娜和费拉同在第一组，里面多是些早早被遣送至奥斯维辛的人，被选出来去整理衣物。其中显然有玛格达·阿姆斯特。他父亲曾连夜开车赶去救她。

自从琳达丢了鞋以后，点名时她就一直躲在后排，竭力避免被派去工作。她得到了机会，被指派去衣物整理工作队，立即偷拿了一双鞋穿上。在新的衣物整理小分队，鲜有女孩会忘记朋友，她们很快就学会了"偷"东西，拿回去给其他人用。她们管这种行为叫"组织"。

鞋子是女孩们最需要的物品之一。和琳达一样，也有其他人在泥地里弄丢了自己的鞋子，而光脚往往意味着死路一条。其他物品如内衣、胸衣、围巾和袜子也被弄回营房，女孩们的生活有所改善，她们感觉自己又像女人了。对于整理衣物的姑娘们来说，把这些东西偷运出去是对集中营的一种无声反抗。这也是一种找回并尊重自己文化身份的方式，身着犹太服装，而不是眼睁睁地看着它们穿在德国人身上。一开始这些物品都是免费使用，每个人都竭尽全力互帮互助。

伊迪丝回忆说："和我们同一批来的一个女孩，会从厨房给我们带回一些煮熟的食物，比如土豆。""她知道如何把食物带回来而不被警卫发现，因为警卫会挨个检查，尤其是那些整理衣物、在厨房工作的人。"每一个幸存者都讲述过类似的经历，她们的朋友把极其重要的衣物或食物偷带给她们。就像藏在她们脚下泥土中的波兰燧石，互相帮助坚定了她们生存的决心，把女孩们打磨成彼此支持的宝石。

在这一时期，设立衣物分拣工作队客观上挽救了许多生命。在室内整理衣物成为当时的女孩们最向往的工作。这项工作相对轻松，而且女孩们也不用在外面受冻，如果没有警卫盯着，她们可以吃在衣服口袋里翻找到的食物。当然，如果被抓，意味着要挨 20 鞭子，然后被送回户外做苦工。不过，能"组织"到一点东西，就值得冒这些风险。

这些衣物放在一座营房里，琳达和其他人把上衣、裙子、外套和裤子分别叠成 10 件一包。

然后这些包裹被转运到另一间营房，堆放在那里，准备装进空空的运牛车厢运回德国。运犹太人来的火车并不是空车返回，而是装满了犹太人的财物。车厢外印有这样一句话："为了那些有儿子在前线的家庭。"

有些天真的女孩对自己的处境还一无所知，她们在纸片上写下了留言，希望收到衣服的德国家庭能提醒当局，帮助这些女孩："注意！这是来自集中营的犹太衣服。"她们没有意识到纳粹早就知道了。

随着春天的到来，女孩们在施过肥的地方锄地，种谷物，种土豆。伊迪丝和莱亚被分配到一个新的工作队：清理奥斯维辛集中营周边的水沟和池塘。那里满是垃圾，有时还会发现埋在淤泥深处的人骨头。她们被迫站在水中，把垃圾掏出来放在河岸上，等待收集。"如果是夏天的话，干这活还不错，但在早春和深秋，我们都冻僵了。湿漉漉地上床睡觉，湿漉漉地醒来，身上从来没干过。"

到了现在，一些女孩已经被转移到不同的营区。伊莲娜到了 8 号营房，那里的营房长似乎是伊迪的姐姐埃拉。埃拉从来没有说她担任过哪一个职位，但她的妹妹是该营区的书记员，这个身份给了姐妹俩更多的权力。此时，她们最小的妹妹莱拉也在第三批被送来的人当中。21 岁的埃拉不仅比其他许多女孩都成熟，而且上过秘书学校，学到了一些技能，这些技能最终给了她在集中营担任更重要职位的机会。像营房长这样的人就不用再剃光头了。

　　每隔一个月的星期天都要去除虱子、剃毛发。有些女孩得赤身裸体地面对自己的父亲或兄弟。男囚被催促着，使用着不太灵便的电动剪子，不免会伤到她们的皮肉。剃完毛发后就是用消毒剂"洗澡"。女孩们赤身裸体地排着长队，依次跳进水缸里泡几分钟，这是她们一个月里唯一能洗澡的机会，但消毒剂并没有起到清洁的作用，只会让皮肤灼痛。

历史令人痛苦不堪，却无法重新来过，但如果勇敢面对，历史就不必重演。

——马娅·安杰卢

在捷克斯洛伐克，不论是犹太人还是非犹太人都日益被遣送犹太人之事困扰。1942 年 4 月 26 日，一群斯洛伐克的非犹太人在日利纳的临时安置营外组织起来，营内关押着等待下一次遣送的年轻犹太男女。非犹太人"开始咒骂政府把犹太人集中关押遣送的所作所为。这次行动几乎演变成真正的示威。看守犹太人的赫林卡卫兵不知该如何对付示威人群"。这是为数不多的为犹太人抱不平的行动。

伊万·劳赫韦格的父亲发现他的儿子在一家皮革厂工作，这家皮革厂属于一位同校的老友，后来又被一位对犹太人友好的路德宗信徒接管了。伊万的工作对战争十分重要，故而没有被遣送的危险。

接受豁免要付出情感上的代价。伊万只有 16 岁，却已经眼睁睁看着女友登上火车去"工作"。现在他又看着儿时的好友关在运牛的车厢里离开小镇。"我们这些留下来的人，则继续卑微地过着毫无乐趣的生活。"

他的朋友苏西·赫吉被强行纳入 4 月份的某一次遣送之中，当时她嘶吼着怒斥赫林卡卫兵："我没做错任何事！""我的人生才开始，你们就要杀了我？"伊万再没见到苏西。

到了 1942 年 4 月 29 日，已有 10 批共 3749 名犹太男青年和 6051 名女青年从斯洛伐克被非法运送到奥斯维辛。当时还没有出现全家被遣送的情况。

对于波兰犹太人而言，情况截然不同。

在 5 月初早晨的一次点名中，伊迪丝和莱亚注意到在营内大道的中心已经搭了一个巨大的帆布帐篷。她们正站在队伍的边缘，这时一名男囚监从旁走过。"我记得他佩戴着刑事犯的绿色三角标志，他说，'知道这个帐篷里都是什么吗？全是孩子们的鞋。知道孩子们去哪了吗？看到那烟了吗？那就是他们。'"

"他为何说出这么疯狂的话？"伊迪丝悄声和姐姐说，"集中营里根本没有小孩，太奇怪了，这不正常。"她们就是不相信他说的。

第 10 号营房的百叶窗被钉死了，以防女孩们看到 11 号楼的院子和处决墙，但钉在百叶窗上的木条可以用力推开。有一天，女孩们在干活，10 号营房的营房长埃尔扎走近囚监路易斯·毛尔，想让路易斯看看她发现的情况。百叶窗外，第 10 号营房和第 11 号营房之间的空地上满是血迹，党卫队在"残忍地开枪，对那些已经死了的妇女和儿童开枪，射杀那些还活着的人"。

这种事路易斯·毛尔和伯特尔·蒂奇已经目睹了不止一次。有一天，在按照命令解散了营内大道上的囚徒后，她们俩回到了约翰娜·朗格菲尔德的办公室，偷偷透过窗帘往外看。"大约有 300 人，男女老少、健康的患病的都有，有些还拄着拐杖。然后，他们被赶进了一个装有通风管的地下通道。我们看到两名党卫队士兵戴着防毒面具，把罐子里装的东西倒进通风管，后来我们才意识到那是臭名昭著的齐克隆 B，它夺走了数百万人的生命。可怕的尖叫声充斥在空气中，孩子们尖叫的时间最长，接着我们只能听到呜咽声。15 分钟后，一切归于平静。那时我们就知道他们已遭毒害。"事实上，遇害的人远不止这些。

5 月 5 日至 12 日期间，有好几批犹太人从波兰运来，共有 6700 名成年人和儿童，直接被送进了新启用的毒气室，他们成为奥斯维辛集中营最初几次大规模处决的牺牲品。那时还没有焚尸场，尸体必须埋在大坑里。

当朗格菲尔德"脸色苍白、神色不安"地回到办公室时，毛尔和蒂奇把看到的事情告诉了她。朗格菲尔德告诉她们："我不知道囚犯会在这里被处死，对于这件事决不能走漏任何风声。"

与此同时，在斯洛伐克，人们的愤怒与日俱增，不仅是因为未婚的年轻女性失去了父母的保护，更因为家庭被生生拆散。

日利纳 4 月的抗议活动大大减缓了遣送的速度，迫使蒂索总统向国人保证，他会停止遣送单身女孩。他在每次广播、每份报纸和每次公开活动上都重申了他的保证："不能让家人分离，这是基督教信仰的基本原则。这一原则将在犹太人被送到新定居处时得以体现。"所有人，甚至包括罗马教廷，都相信了他的谎言（或许只是愿意相信）。实际上，蒂索只是在等待斯洛伐克议会通过立法，使"重新安置"犹太人合法化。1942 年 5 月 15 日，斯洛伐克议会就遣送犹太人是否合法的问题进行了辩论，然后做出了决定。

议会旁听席上的气氛无比压抑，因为赫林卡卫兵站在"投票代表"对面，向那些担心法案道德问题和宗教影响的投票者施压。到了投票之时，大多数参会者已经离席，因为他们选择了弃权。法案最终得以通过。遣送犹太人当即合法化了，并且一旦遣送，他们的公民权和财产就被剥夺。斯洛伐克犹太人不需要再被称为"捐款仆人"[18]。只有那些持有豁免令的犹太人才安全。新的豁免申请激增，纷纷涌入了内政部。

随着遣送被合法化，阿道夫·艾希曼亲自抵达布拉迪斯拉发，向斯洛伐克政府保证："斯洛伐克犹太人在新家园会工作得很愉快。"在接下来的几个月里，两万斯洛伐克犹太人将被送往奥斯维辛集中营。正如蒂索承诺的那样，所有家庭成员将在一起——被遣送。只有到了奥斯维辛集中营或卢布林[19]，他们才会分开——因为死亡。

当所谓为期 3 个月的政府服役"合同"到期后，女孩们眼巴巴地望着从斯洛伐克开来的运输车，内心升腾起一种痛苦的绝望感。现在的情形和先前任何人想象的都不一样。

年轻女性不再是唯一的目标。女孩们不必再和母亲分离了，因为她们惊讶地发现自己的母亲也被遣送至此，将要和她们一起受苦。"我们被绝望压垮了，"曼奇写道，"支撑着母亲活下去的女儿们只能眼睁睁看着母亲被人殴打，看着她们在繁重的劳动和恶劣的环境里倒下。"

在胡门内，卢·格罗斯冲出去帮他朋友的祖母拎手提箱，结果却被他的保姆拽走了，他嚎啕大哭。在阿德拉离家后的短短几个月里，才 4 岁的他似乎一下子长大了。

---

18 指犹太人在历史上经常被统治者征收、剥夺财产的情形。
19 马伊达内克集中营，位于波兰东部卢布林市郊。

乔拉·施皮拉很幸运，他通过父亲在木材厂的工作获得了一份政府豁免令，但在14岁时，他不仅目睹了普雷绍夫各条街道上住着的犹太人被遣送，还目睹了留下来的家庭被赶到广场上遭枪杀。"这是街上绝大多数居民的命运。"乔拉写道。即便他们有豁免令，他的父亲也担心儿子们很快会成为目标，所以把他们偷偷送到匈牙利。乔拉的弟弟藏身孤儿院，而乔拉当起了电工学徒。

在罗什科凡尼，哈特曼一家在牧场和农田工作，试图像往常一样继续生活。尤金肩负双重重任，照顾体弱多病的母亲，帮父亲干农活。他们还是没有收到马格杜斯卡的来信。她父亲苦恼于无法兑现给女儿寄去包裹的承诺，不过他也不知道该往哪儿寄。

由于哈特曼一家经营的农场是向政府供应粮食，因而得以豁免，他们家族的其他成员也前来与他们一起在农场生活。他们的表兄伦卡·赫茨卡一直住在普雷绍夫，但6月他突然被遣送了。幸运的是，伦卡的妹妹莉莉、她的侄子和母亲（马格杜斯卡的姑姑）在农场已经安全了。

奥斯维辛集中营内人人自危，但是伦卡当上了一名盖世太保的助理。她的一大特权就是可以通信。那年7月，伦卡从奥斯维辛集中营寄回了一张明信片。哈特曼一家终于有了通信地址，可以给马格杜斯卡和努西寄东西了，他们立即给伦卡寄了一张明信片，询问了困扰他们一家许久的问题。

为什么伦卡能写信，而马格杜斯卡和努西不能？是不是因为她们太忙了所以没法给家里写信？她们出什么事了吗？和马格杜斯卡、努西一起离境的其他女孩也都寄来了明信片。为什么其他人都有时间写信，而他们的女儿没有？

哈特曼一家的单纯想法只是缩影，这表明其他许多家庭也都相信，他们的女儿住在某间宿舍里，经常见面，一起吃饭，可以收到从家里寄来的一包包食物、钱、衣服、床上用品，还能知悉家里的近况。他们不知道送到奥斯维辛集中营的所有东西几乎都被党卫队没收了。

在开往卢布林的一辆紧锁的运牛车厢里，鲁道夫·弗尔巴正在听邻居们谈论他们从奥斯维辛集中营的女孩那里收到的明信片。弗尔巴因最终逃离了奥斯维辛集中营而出名。扎哈尔是一名卖蔬菜的小摊贩，他坐在十几岁的女儿旁边，女儿正忙着磨指甲。她抬起头说："我的表妹是第一批被遣送的，前几天她给我写信，说一切都很好，吃得不错，工作不累。只是有一件事我不明白，她说她替母亲转达对我的问候。可她的母亲三年前就死了。"

一位正在喂奶的妇女也抬起了头。"我姐姐写给我的信也有些奇怪。"她说，"她告诉我老雅各布·拉科身体很好。但是雅各布早些年就已经死于一场车祸。"

"疑虑如同蛛网，笼罩着这场谈话。"弗尔巴写道。

她们开始打开行李，交换明信片。卡片是在波兰某营地服役的女孩们寄来的。果然，卡片上还有一些奇怪的话，会提到早已死去的人或不可能发生的事。为何她们要写这些无稽之谈？如果只有一个家庭收到这种言论，那就只当是偶然发生的怪事，而现在其他家庭拿出的卡片也写着类似的话，大家不由得产生一种不祥的预感。当明信片的内容被大声读出时，他们开始思考隐藏其中的信息，但又很快就说服了自己：没什么可担心的。

人们更倾向于相信蒂索总统的保证，相信他们会得到重新安置，而不是失去生命。毕竟，蒂索信守诺言，将斯洛伐克犹太人一家一起遣送。

一家一家的遣送行动开始了，年轻的伊万·劳赫韦格再次驱车前往波普拉德，帮助那些刚被关进军营的家庭。"他们遭受着非人待遇，满是痛苦和绝望，令人心碎。只有几个水龙头有水，很多厕所都坏了，女人的妆都花了，男人没法剃胡须，他们焦躁不安，孩子们也在哭闹，床铺也不够睡。我被她们围住了，她们乞求我：

"'请去我的书房一趟，我的大学文凭在桌子上，我是一名医生，他们可能用得着我。'

"另一个说，'我需要眼镜。我几乎看不见，眼镜放在床边

的桌子上，请替我拿来。'

"我有糖尿病，忘记带胰岛素了，没有它我没法活下去。

"我的卫生巾落在了厕所。求求你，我马上就要用。"

伊万跑回去过，但她们的家都被锁上了，唯一能做的就是给她们带去食物、厕纸和卫生巾。

赫林卡卫队已经查封了她们的家，并将所有的一切都占为己有。"我们看着卫兵肆无忌惮地进入朋友的家中，出来时抱着床单、桌布、衣服和其他物品，又搬出了油画、艺术品和地毯，晚上他们带着马车来搬运家具。一个月后，这些财产便都归属于他们。"

一张明信片从奥斯维辛寄到伊万所在的小镇时，上面所讲的与其他人收到的几乎一致：德国人待我们很好；工作不是很辛苦；我们住在干净的营房里，吃得饱也睡得好。

1942 年 5 月 28 日，伊万看着他的校友布迪·斯坦和他的父亲带着允许携带的随身物品穿过小镇。布迪的父亲是一位德裔犹太建筑师，1934 年纳粹党上台后他就逃离了德国。斯坦一家就在伊万家附近修起了漂亮的新家。现在，身穿黑衣的赫林卡卫兵用枪指着布迪和他的父亲。整个社区的人都聚在一起，看着他们拎着手提箱，拖着沉重的脚步走在碎石路上，走向蒂索总统承诺过的新"家"。

"我永远不会忘记布迪盯着我看的样子：'为何我被遣送而

你却没事？'那一幕仍历历在目。"93 岁的伊万·劳赫韦格严肃地说。那时的布迪和伊万一样，都只有 17 岁。斯坦一家无人生还。他们被送往波兰的卢布林。卢布林下一站就是奥斯维辛。

要举起如此沉重的负荷，

西西弗斯，你需要全部的勇气。

我不缺少完成重任的决心，

只是目标太远，光阴却短暂。

——夏尔·波德莱尔，《恶之花》（Les Fleurs du Mal），引自依蕾娜·内米洛夫斯基的《法兰西组曲》（Suite Française）

1942 年 7 月 4 日，第一批对犹太人的"拣选"在"火车卸货站台上进行，由党卫队监督"。这批斯洛伐克籍犹太人的总数未被记录，但只有 108 名女子和 264 名男子被选出来，去登记"工作"。这些刚被遣送进来的人按性别分开，从一名党卫队医生及其他营区管理人员面前依次走过，由他们来决定谁年轻力壮可以去工作。"老人、小孩、带小孩的妇女以及孕妇则被告知，这些年轻力壮的人要被'拣选'进营中。"就这样，他们与家人分离，爬上卡车，向那些被选中去工作的人挥手告别，并最终被带到"比克瑙的地堡里，送进毒气室遭毒杀"。剩余的人按流程处理，被剃光毛发、除虱、文编号。

站台上的"拣选"明显倾向男性，因为党卫队需要力气更大的男性劳工。此外还有一个原因，那就是女囚营容量不够。

集中营没有正式统计过女囚到底有多少人，也没有统计过具体死亡人数。但截至 1942 年 5 月 12 日，奥斯维辛就已有 8000 多名女囚（包括犹太籍和非犹太籍）登记在册，另外还有 5000 名女囚即将送达。然而，营区只有 5 座营房，每座只有 1000 个铺位。为了应对新增的女囚，他们在双层砖瓦营房之间建了一些半圆柱形的瓦楞钢棚屋。但营区里并没增加多余的卫生设备，这让本来就很恶劣的卫生状况更进一步恶化。

女孩们不仅要争夺最好的活儿和额外的食物，还得对抗一个看不见的敌人——斑疹伤寒，它比党卫队的鞭子抽打在身上更狠。每月一次的消毒也完全抵挡不住携带这种致命病菌的虱子和跳蚤。伤寒在男女营房里蔓延，肆意屠戮，就连党卫队上尉齐格弗里德·施韦拉医生和至少两名拉文斯布吕克来的囚监格特鲁德·弗兰克和海伦·奥特也未能幸免。记录显示，头几个月里，一大半的犹太男性死于斑疹伤寒。我们无法得知有多少犹太女性因此殒命，只知道这种病菌几乎遍布整个女囚营。

"斯洛伐克犹太人一运过来，（女囚营）就挤满了"，指挥官霍斯在日记里写道，"女囚营的情况很惨，比男囚营更加糟糕"，囚犯多到"连屋顶都塞不下"，"所有东西都爬满虱子，黑乎乎的"。

"女囚的状况比男囚恶化得更快，因为女囚营里的生存条件更为恶劣，空间更为拥挤，卫生条件也明显更差。女囚营从一开始就拥挤不堪，身心崩溃或早或晚会到来。"

"过度拥挤的后果是灾难性的，阻碍了女囚营建立正常的秩序。"

当然，至于女囚营为何无法建立"正常"秩序，霍斯没有责怪自己，而是责怪女囚营的主要负责人——党卫队的约翰娜·朗格菲尔德。集中营管理体制里有一种明显的男权主义倾向，朗格菲尔德也总向上级和同僚抱怨这一点。或许，霍斯会承认"女囚营的确比男囚营拥挤得多"，她们还遭受了非人待遇，但他却拒绝为此承担责任。事实上，他还反过来责怪她们："女人一旦到了最底层，就会自甘堕落。"

本该对这一切负责的人，反而将责任推脱给受害者，真是莫大的讽刺。让女囚为自己的不幸承担责任，这充分暴露出集中营的厌女倾向和对女性的蔑视。那时的犹太人甚至没被当作人来对待，犹太女性自然更是劣等中的最劣等。

纳粹德国的父权主义意识形态尤其针对女性，正如霍斯爱找管女囚营的党卫队女官和女囚监的麻烦。对于为何缺少女囚死亡人数的详细记录，或许霍斯的这番话给出了一种解释："统计表格里的囚犯人数几乎每天都会出现差异，那些营管一头雾水，一无所知。"

第十八章

一个新兵走进营房，伤心又害怕，他颤抖着坐下，

却发现其他士兵都在唱歌，心情很放松。

他看着他们，问道："你们不害怕吗？"

"我们当然怕了。"

"为何你们能如此放松地歌唱呢？"

"因为我们早已习惯恐惧。"

——伊利亚·爱伦堡，据伊迪丝转述

如今，熟悉了如何在这些"骇人的条件"下生存，囚犯们开始觉得待在集中营也算是某种生活。他们甚至把营房当作"家"。"我们知道了何时趁着没人去厕所，也知道什么时候厕所要打扫。我们学会了自保，学会了如何在他们眼皮子底下偷懒。"

伊迪丝说，"我们习惯了恐惧，我们懂得如何与恐惧共存。"这可是新来的人不懂的事。

那个夏天很热，女孩们剃光的头被晒出了水泡。她们的脚也肿了，长满水泡，露出脚趾的"梆子"也让脚上伤痕累累。久旱无雨，空气中尘土飞扬。她们铲土、拆楼、捉虱子的时候，汗水在皮肤缝隙里冲出了褐色的细沟。

整户整户的人开始运抵集中营。大家已经确信一定有什么事在发生。因为营里不曾出现过小孩，妇女和儿童在抵达后很快就消失了。

囚犯之间有快速高效的消息网。海伦娜用这种方式得到了她哥哥也在这里的讯息。一名男囚走过，对她说："你干完活后，在营房的窗户旁等着，他会从栅栏另一头过来。"晚上点完名后，海伦娜在窗前候着，终于看到哥哥出现在墙那头的营房楼上窗户边。即使隔着一段距离，海伦娜也能感受到哥哥看到自己样子时的震惊与诧异——怎么衰老得这么快？

"你干吗不躲起来？"她问道。

"我以为我可以过来救你。"

他告诉海伦娜，父母被遣送到了卢布林，姐姐鲁津卡的丈夫是一名布拉迪斯拉发的工程师，她靠着雅利安人的身份证明活着。这些零散的消息在铁丝网上空飘过来。

7月25日上午，伊迪丝和莱亚走出去参与点名时，看到海伦娜的哥哥阿伦挂在营区的电网上。他因为试图逃跑而被射杀。她们紧张地四处张望，担心海伦娜看到她哥哥的尸体后会做出什么疯狂的举动。灰蒙蒙的黎明渐渐变成白昼，他那凄凉的身影在一团漆黑的铁丝网中发亮。伊迪丝回忆道："尸体就一直挂在那里，直到点名结束。"这是一个信号，没有任何犹太人会对此视而不见。

弗里德曼姐妹担心海伦娜得知这个消息后会自杀，于是她们决定保守这个秘密。但当女孩们走出来干活时，男囚营的斯洛伐克人对海伦娜喊道："你哥哥已经死了！"

拖家带口的犹太人已经被遣送至卢布林。海伦娜和其他女孩从搬运行李到仓库的男囚那里听到消息，绝望至极。男囚警告道，一些女孩的父母会被运到奥斯维辛。可那些没被运来的父母呢？恐惧将女孩们吞噬。

"当时，一声尖叫划破沉寂的天空。我的父母和表妹们正在去焚尸场的路上。"海伦娜说，"但再过一两个小时他们就不用再遭罪了，在这种情况下，死亡反而是最好的解脱。"现在，她只剩姐姐鲁津卡和不知道躲在斯洛伐克哪个角落的侄女阿维娃了。

1942 年 7 月 17 日，党卫队帝国领袖海因里希·希姆莱来到他的杀人场检查设施，并听取扩建计划的汇报。他 42 岁，脸颊看起来像花栗鼠，下巴开始松弛下垂。夹鼻眼镜端端正正地架在修剪过的小胡子上方；他看起来不像个杀人狂魔，更像一个自大的小学生，就是成绩经常拿"A"、放学后被人欺负的那一种。现在，他成了刽子手，在德国刚侵占的土地和集中营里大摇大摆地走来走去。那时已有很多座集中营，其中要数奥斯维辛和比克瑙的规模最大。

在希姆莱到达前，约翰娜·朗格菲尔德对五个从拉文斯布吕克调来的心腹说，她会向希姆莱申请替他们减刑。她之所以这么做是想让希姆莱把她调回拉文斯布吕克。没有她的保护，这些人的职位也会不保，更何况新来的营管也会安插自己的心腹。这一举措后来救了她的命。1947 年，在后来的拉文斯布吕克法庭上，艾美·图马、蒂莉·莱曼、路易斯·毛尔和伯特尔·蒂奇都为她进行了辩护。

就在希姆莱抵达营地视察的当天，两批从荷兰运来的囚犯也到了，共有 1303 名男囚以及 697 名女囚，其中有年纪尚小的男孩和女孩。在与其他四名官员进行的会谈中，霍斯先介绍了目前营地的修缮情况，然后由党卫队少将汉斯·卡姆勒进行汇报。卡姆勒用模型和设计图展示了关于办公楼、废物处理设施和毒气室的新计划。他们还带着希姆莱参观农场、厨房和医务室（据说伤寒病人是要送到这里来照顾的），然后是火车站，从荷兰运来的犹太人已经下了车，带着行李，乱哄哄地排着长队。

希姆莱和他的亲信监督了拣选的过程。结果，1251 名男囚和 300 名女囚被选中，收进集中营，剩下的都被运去二号地堡用毒气杀死。当时焚尸场尚未投入使用，希姆莱便饶有兴致地察看了尸体从毒气室中被清出来然后再被拖进万人坑中掩埋的全程。对他而言真是充实的一天。

为了迎接希姆莱的到来，当天晚上举办了一场招待会，党卫队军官与他们的帝国领袖会面并祝他身体健康。接下来，在奥斯维辛以北 36 公里开外，也就是党卫队少将高莱特·布拉希特的家里也在举办一场正式晚宴。他们携夫人共进晚餐，之后按照惯例，女人离场，留下男人一边抽雪茄喝威士忌，一边讨论当天的公事和次日的安排。女囚营是计划中的头等大事。

次日早晨，暑气逼人，女囚营的大门打开，希姆莱走了进去。女孩们正排队等待点名。那时的女囚营已经人满为患。"你得跨过坐在门外的人才能进去。"琳达回忆道。几百名女囚只能睡在地上。斑疹伤寒也在肆虐着。

党卫队的朗格菲尔德不是那种喜欢花时间摆弄卷发的女人。她的头发挽成发髻，盘在帽子底下，但靴子却是锃光瓦亮。天气已经很热了，但朗格菲尔德没有出汗。毕竟不是她的错，而是指挥官霍斯把这么多女囚塞进只容得下 5000 人的狭小营区里。现在希姆莱会亲眼看到她所面临的问题。

犹太女孩们看着这些平日里令人害怕的囚监也整齐地站成几排。囚监们肩膀收紧，挺胸抬头，平视前方，笔直站好。她们意识到虽然自己比犹太人高一等，但在其他人眼里也仍是劣等人，是能被迅速而轻易地处理掉的罪犯，和那些犹太女囚没什么不同。希姆莱巡视了拉文斯布吕克囚犯的队列，听朗格菲尔德讲解囚犯类别，指出哪些是妓女，哪些是杀人犯，哪些是共产主义分子，直到他们停在囚监的前排，也就是朗格菲尔德的心腹所站的地方。

朗格菲尔德忽然停下来，对希姆莱说：

"希姆莱先生，我想提一个请求。"

她指着自己的五个助手，说："这几名女囚干活很卖力，在服刑期间尽职尽责，没出过什么差错，我很信任她们。我想请求您，准许她们刑满释放。"

路易斯·毛尔简直不敢相信朗格菲尔德正在兑现诺言。她自 1935 年以来就入狱服刑，从没奢望在德意志第三帝国的统治下重获自由。因为她是一个共产主义者，所以被视为叛国者。希姆莱用猫头鹰般的眼睛盯着毛尔，问道："你是怎么进来的？"

"我第一次被捕是在 1933 年，我的丈夫是一名黑森州的德国共产党（KPD, Kommunistische Partei Deutschlands[The Communist Party of Germany]）委员。我第二次被捕是在 1935 年，因叛国罪被判了 4 年。审判结束后，我被带到拉文斯布吕克，是今年春天来的奥斯维辛。"

"希姆莱先生！"格拉布纳立马说道，"这人不可救药，是我们的政治敌人！"

他转头向朗格菲尔德问了几个关于毛尔的问题，又回过头来对毛尔说："营管说你是个厨师，你可以去那儿做饭。"5个囚监当中，有4个都要过一两年才被释放，只有伯特尔·蒂奇当场获释。

当蒂奇离开挂着"劳动使人自由"的铁门时，她猛地意识到，自己是极少数几个真正通过劳动得到自由的幸运儿之一。

希姆莱此行的重点是视察女囚营的情况，但这并非像平常那样点点名而已。队长们接受完检查，便加入党卫队女队员之列，咆哮着要女孩们在党卫队帝国领袖面前脱光衣服。稍有犹豫的人就会劈头盖脸挨鞭子。女孩们脱下宽松的苏联军服，在"出去！排队！"的吆喝声中，从希姆莱、霍斯和其他军官面前走过。

——伸出左手！向前伸直！

女孩们太害怕了，顾不上害羞。她们两眼直视，嘴唇紧绷，左臂伸直，手掌对着希姆莱。

那天死掉的唯一一批女囚是20名耶和华信徒。她们被当作实验品，用来演示某种鞭打技术。在她们被鞭答致死后，希姆莱许可了在集中营里鞭打女囚的行为。

朗格菲尔德在请求成功后，又借机让希姆莱把她调回拉文斯布吕克，称与霍斯产生了意见分歧，也得不到党卫队的尊重。在霍斯的日记里，他一再抱怨朗格菲尔德，很可能他已经向希姆莱表达了不满。希姆莱拒绝了朗格菲尔德的请求,还进一步削弱了她的营管地位,转而向霍斯发出指令,准许女囚监们"向囚犯宣泄罪恶"。

不少女囚监系因谋杀入狱,此时希姆莱允许她们杀人——去杀犹太人。现在,朗格菲尔德所能对那些恶毒的囚监施加的一丁点控制权都被剥夺了,但真正遭殃的还是犹太女孩们。

在这天结束时,党卫队帝国领袖与霍斯在一次私人会谈中进行最后的工作交接。希姆莱向这位指挥官强调,安全警察[20]的行动无论何时都不会终止,更不会因为安置空间不足就停止。他还下令让霍斯完成比克瑙集中营的建造,并杀掉所有无法干活的犹太人。为了对霍斯的辛勤工作与良好表现表示认可,希姆莱提拔他为党卫队中校。

而伯特尔·蒂奇看到的那批在 3 月 26 日运来的 999 名(或者其中还活着的那些)犹太女孩,就没有这么幸运能够离开奥斯维辛了。苏联战俘几乎全部被消灭,砖房的建设也接近完工,鲁道夫·霍斯中校没有辜负他获得的提拔。希姆莱到访 3 周后,比克瑙集中营已经建好并可以接收女囚了。

---

20 纳粹德国政治警察组成部分,成立于 1936 年 6 月 26 日,负责展开涉及政治和刑事的调查,由盖世太保(秘密国家警察)和刑事警察组成,领导人有内政部长威廉·弗利克和希姆莱。1939 年 9 月 22 日并入党卫队国家安全部,但"安全警察"一词的使用一直持续到二战结束。

莱亚·弗里德曼（左）、伊迪丝·弗里德曼（右），两姐妹相差两岁。

"那天应该是逾越节。"伊迪丝说，"她们看起来有 14 岁的样子，所以这张照片应该是拍摄于 1936 年。"照片中的女孩们都是朋友，但伊迪丝记不清全部女孩的名字了。从左到右依次为：某个女孩、安娜·赫什科维奇、某个女孩、莱亚·弗里德曼和黛博拉·格罗斯（阿德拉的妹妹）。

"我们是一个大家庭。"照片上是弗里德曼家的孩子们，大约拍摄于 1936 年。从左到右依次为：赫尔曼、伊迪丝、希尔达、露丝、莱亚和伊什塔克。

马格杜斯卡·哈特曼，她和堂姐妹以及弟弟尤金在家里的农舍长大。

马格杜斯卡·哈特曼的堂姐妹中有她最好的朋友、年纪最大的努西（也叫奥尔加，后排居右）。照片里还有努西的兄弟姐妹安德鲁（最前）、比安卡（后排居左）和瓦利卡（后排居中）。奥尔加、瓦利卡以及他们的父母都没能幸存。

这张照片被寄往他们在美国的家。我们对罗扎莉亚和特雷齐亚·齐格勒（后排）了解甚少，只知道她们也在第一批被遣送的人当中，而她们没有直系亲属能够幸存下来。

阿努·莫斯科维奇（左）在伊迪丝和莱亚·弗里德曼家对面的街上长大，她喜欢在做面包的日子里去她们家蹭吃蹭喝。苏珊娜·塞尔默（右）是阿努和伊迪丝的朋友。她藏匿起来，之后与抵抗赫林卡卫队和纳粹政权的游击队员并肩作战。

玛雅（玛格达）·汉斯，她是里亚·汉斯的妹妹。里亚为了保护她免遭党卫队毒手，献出了自己的生命。

一头红发的阿德拉·格罗斯。她的家人花了 70 年才得知她在奥斯维辛的经历。

莱亚·弗里德曼（左）和安娜·赫什科维奇，她们喜欢一起去看电影。

这张照片拍摄于1938年左右,在普雷绍夫一所私立女子学校。后排左起第二个女孩是克拉拉·卢斯特巴德尔。坐在前排最右边的是乔拉·施皮拉的朋友玛格达·阿姆斯特。其他女孩身份未知,但有不少都在第一批被遣送的人当中。

1945年12月6日,乌克兰反抗军下属的"班德斯"部队残忍射杀了15名来自斯洛伐克科尔巴索沃的年轻犹太人。在这群被射杀的人当中,有一人便是第一批被遣送的吉兹·格鲁梅洛娃(居中)。这张照片在战后流传了下来,最左边是伊莲娜·费恩(1564号)。

1945 年 11 月，在前往巴勒斯坦的路途中，海伦娜（1971 号）和她的姐姐鲁津卡·格劳伯途经罗马。这张照片就是她们途经罗马时和意大利士兵一起拍摄的。

伊莲娜·费恩，她曾想成为一名摄影师。她与阿德拉、黛博拉·格罗斯、玛吉·贝克、莱亚和伊迪丝是挚友。

里亚·汉斯（1980 号），在死亡营房 11 号营房的一间站牢里待了 6 个月，罪名是试图拯救一名狱友。

伊迪丝（1970号，左上方）双臂交叉，坐在她旁边的是玛吉·贝克（1955号）。坐在身着白色上衣的老师旁边的是戴着面纱的莱亚。这些女孩1940年曾在胡门内的"雅各之家"参与年度戏剧表演。

伊迪丝所在学校的同班同学合影。在学校里的9个犹太女孩中，只有3人幸存下来。后排女孩中，左起第2个是伊迪丝，中间的高个女孩是泽娜·哈伯，右起第2个是伦卡·特雷尔。中间一排女孩中，左起第2个是玛吉塔·阿尼斯，站在最右边的是苏珊娜·塞尔默，再旁边是艾歇尔。前排女孩中，坐在最左边的是斯鲁洛维奇，穿着波点连衣裙的是鲁泽娜·博鲁乔维奇（左起第4个），坐在右边那位老师旁边的是伊莲娜·格林伯格（右起第5个）。其他女孩都是非犹太人。

过去，这几名来自提利兹的女孩要步行 7 公里到克里尼察镇的矿井打水。从左到右依次为：丹卡·科恩赖希、迪娜·德朗格和雷娜·科恩赖希。

这张照片是迪娜·德朗格战后在普罗旺斯居住的农场拍摄的。她的表亲是埃尔纳和费拉·德朗格。

雷娜答应过母亲会照顾好妹妹。照片中是丹卡和雷娜·科恩赖希（分别为 2775 号、1716 号），拍摄于荷兰，时间是解放后的几个月。

伊达·艾格曼（1930 号），来自新松奇县，在被称为"加拿大营"的分拣工作队干活。

萨拉·布莱希（1966号），在克里尼卡的温泉小镇长大，战后移民至阿根廷。她的孙女写道："我从来没见过她有这样的微笑。我甚至不敢相信她就是曾经那个女孩。我们以这种方式来纪念她。"

费拉·德朗格（6030号），在战后曾数次崩溃。

埃尔娜·德朗格（1718 号），是雷娜·科恩赖希在提利兹最好的儿时旧友。

玛格达·莫斯科维奇（1297 号），战后回到斯洛伐克定居。

琼·罗斯纳（1188 号），是福克·伯纳多特伯爵与希姆莱谈判后被释放的犹太人之一。

克拉拉·卢斯特巴德尔（1808号），战后住在普雷绍夫的大犹太会堂旁。

玛蒂尔达·弗里德曼（1890 号），她写了一本书《文有编号的手臂》。

鲁泽娜·格拉伯·克尼亚（1649号）和她的丈夫埃米尔·克尼亚。照片拍摄于战后，她和伊迪丝在胡门内一起上学。

佩雷尔·考夫曼（1461号），是门格勒医生医学实验的对象，被注射过疟疾等病原体。

玛格达·弗里德曼（1087号），
是埃拉和伊迪·弗里德曼的堂姐。

敏卡·弗里德曼（1174号），
是玛尔塔·F.弗里德曼（1796
号）的挚友。

这张照片是在她们的家乡卡普萨尼拍摄的，时间约为1938年，从左到右
为伊迪·弗里德曼（1949号）、埃拉·弗里德曼（1950号）和其他两位
女孩。

克拉拉·赫兹（1354号）和贝尔莎·伯科维茨在卑尔根－贝尔森集中营待过，战后和克拉拉·卢斯特巴德尔成为好友。

玛尔塔·F.弗里德曼（1796号）被用作实验，失去了生育能力。她领养了女儿奥娜·塔克曼。

战后，卡塔（卡塔琳娜）·丹辛格（1843号）与丈夫及女儿。

琳达（利布沙）·里奇（1173号），
她的父母、姐妹和三个兄弟（其中
一个跟她是龙凤胎）在毒气室被夺
去生命。

拍摄于佩萨奇，1940年。在这张照片中，只有贝尔莎·伯
科维茨（1048号）和赫歇尔·艾因霍恩两人幸存。第三排
左起第2个为伯科维茨；赫歇尔·艾因霍恩站在中间一排的
最右边，戴着一顶帽子，露出微笑。

雷吉娜·坦南鲍姆（沃尔德）的婚礼是战后自己家乡举办的第一场犹太婚礼。

佩吉（玛格利特）·弗里德曼（1019 号）是坐在第一排居中的小女孩。照片大约拍摄于 1935 年，全家无人幸存。

克莱曼一家，斯洛伐克布雷兹尼察，照片大约拍摄于 1935 年。后排从左到右依次为：鲁泽娜（1033 号），曾与佩吉·库里克一起前往第一批遣送地，战后两人仍是好友；兄弟姐妹约瑟夫、托尼·贝尔科维奇、马克思、马尔维娜和阿道夫。前排为他们的父母阿隆和艾斯特。阿道夫和另一兄弟欧文（不在照片中）幸存下来。

范妮·齐默斯皮茨（1755 号）和埃塔·齐默斯皮茨（1756 号），她们在鞋里藏了毒药，一旦要被送去毒气室，她们就打算服毒自杀。埃塔和罗莎看上去十分相像。她差点和堂姐妹一块被抓。照片拍摄于战后，约 1946 年。

这张照片拍摄于战前，当时罗丝（伊迪丝）·格劳伯（1371号）15岁左右，她梳着辫子，站在表亲、阿姨和叔叔的身后，她的母亲赫米娜在最右边。罗丝的直系亲属无一幸存。

皮里·兰德－斯洛诺维奇（1342号），出生于莱沃恰，距离伊万·劳赫韦格居住地8公里。被遣送时皮里16岁。

这是玛莎·曼格尔（1741号）一位邻居战前的照片，她将玛莎母亲的银烛台藏于后院，并在战后归还给了玛莎。玛莎一家过传统节日时仍在使用烛台。

罗莎·齐默斯皮茨（1487号），她和她的三个姐妹1943年被处决。

齐默斯皮茨的堂姐妹们在试图逃跑时被抓，并被处决。从左到右：马尔维娜、玛尔吉特和弗里达（1548号），约拍摄于 1926 年。

施瓦茨家的孩子幼年丧母。照片拍摄于战前，他们在母亲的墓前。由左至右依次为：玛格达（咪咪）、西莉亚、海伦、雷吉娜（前）、伊格纳兹。海伦和伊格纳兹未能幸存。

雷吉娜·施瓦茨（1064号），她被遣送时仅16岁。

爱丽丝·伊科维奇（1221号，居最右）一家。她的家人无人幸存。

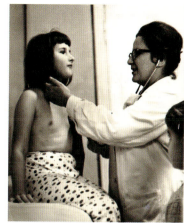

曼奇（曼卡）·施瓦尔博娃医生（2675号），她竭尽所能照护奥斯维辛集中营的女性。左边的照片为20世纪60年代曼奇医生在斯洛伐克布拉迪斯拉发的儿童医院接诊病患（她的侄女苏珊娜）。

"奥斯维辛的天使"奥利·赖歇特（502号），她于1936年被捕并被当作政治犯关了9年。她被迫在门格勒医生手下工作。德国已经出版了两本关于她的书。战后她患上了重度抑郁症，多次试图自杀。

这幅宣传照展示的是分拣小分队的囚犯们在奥斯维辛－比克瑙的仓库卸下并整理从一批来自乌日霍罗德（Subcarpathian Rus）的犹太人那没收来的财物。琳达（利布沙）·里奇（1173号，正中间）弯着腰。党卫队摄影师坚持要琳达笑，这样他才好把照片拿去给红十字会看。

为了让她们安全返回斯洛伐克，布拉格的两名捷克男子弗兰提舍克和贝德里奇组织了一个小组陪同女性幸存者，保护她们在回家的路上免受性暴力。其中就有范妮和埃塔·齐默斯皮茨（1755号和1756号，第三和第五排最右边）以及她们的表亲玛莎·曼格尔（1741号，前排最右）。第一批被遣送的其他女性可能也在照片中，拍摄于1945年5月或6月。

卑尔根－贝尔森集中营于 1945 年 4 月 15 日被解放。照片拍摄于当天。中间的女孩即是贝尔莎·伯科维茨（1048 号）。

照片中间穿着白领黑裙的是伊达·艾格曼（1930 号），她在解放后的德国波京难民安置营全神贯注地织东西。"妈妈总是在编织。"她女儿说。

萨拉·布莱希（1966号）和埃琳娜·扎克门（1735号），照片拍摄于战后。

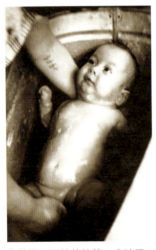

海伦娜·西特伦的第一个孩子。

作为第一批被遣送者中幸存下来的年轻人，贝尔莎·伯科维茨（1048号）和埃琳娜·扎克门（1735号）在战后回到了高中。

玛吉·贝克（1955号），她在布劳瑙的难民安置营结了婚。"偏偏这里是希特勒出生的地方。"她说。

这些女性幸存者一度每月在澳大利亚墨尔本聚会一次。从左至右依次是：马奇（马格达）·海林格（2318号）、乔泽法·施纳贝洛娃、玛尔塔·F.弗里德曼（1796号）、敏卡·弗里德曼（1174号）、薇拉·里奇（1967号）、米里亚姆·莱特纳和玛格达·里奇（后两位在第二批被遣送的人当中）。

布拉格，鲁泽娜·格拉伯·克尼亚（1649 号）与她的儿子。
战后她与伊迪丝维持着友谊。

"我们六个人都是第一批被遣送至奥斯维辛的。"后排从左至右依次为：瑟琳娜（或斯特诺娃）、罗莎（利弗曼诺娃或阿姆斯洛娃）、佩吉（玛格利特）·弗里德曼（1019 号）。居中为新娘莉莉·弗里德曼。前排为马尔卡·坦南鲍莫娃（盖茨）和一位身份未知的女性，以及镇上唯一在战争中幸存的孩子。照片拍摄于 1948 年。

佩雷尔·考夫曼（1461号）与长子。
佩雷尔战后移居以色列。

照片中是弗里德曼姐妹，拍摄于解放后十天，她们是福克·伯纳多
特伯爵解救并带到瑞典的。

佩吉（玛格利特）·弗里德曼（1019号）、琳达（利布沙）·里奇（1173号）和米拉·戈尔德（4535号）在位于蒙特利尔的玛格利特家厨房，约拍摄于20世纪70年代。

这张照片来自弗里德曼家的相册，拍摄于她们在瑞典接受为期两周的检疫隔离时的宿舍。琼·罗斯纳（1188号）站在床铺后（居左靠近窗户）。

伊迪丝·弗里德曼（1970号）在瑞士一家疗养院住了三年，试图治好结核病。手术后，她的膝盖无法弯曲。伊迪丝担心拉迪斯拉夫会介意她身体上的缺陷。"只有你的灵魂有缺陷，"他说，"我才会介意。"这是伊迪丝和拉迪斯拉夫·格罗斯曼1948年的结婚照。

照片上是1963年的弗里德曼一家。从左到右依次为赫尔曼、伊迪丝（正在吐舌头）、莱亚（伊迪丝的姐姐）、露丝、希尔达和伊什塔克。中间两位老人是他们的父母伊曼纽尔和汉娜。

2015 年，伊迪丝和她的孙女汉娜、娜奥米以及
儿子乔治·格罗斯曼一起庆祝她的 90 岁生日。

2019 年，伊迪丝和她的曾孙伊莱亚斯
（12 岁）和阿特拉斯（2 个月）。

第十九章

1942 年 8 月 1 日：早晨点名时，奥斯维辛 - 比克瑙的男囚为 21421 人，其中包括 153 名苏联战俘。女囚营的人数尚不清楚，由于相关文件缺失，无法确定人数。

——达努塔·捷克，《奥斯维辛编年史》，1939—1945 年

1942 年 8 月 8 日，太阳高悬在女孩们光秃秃的头顶上，炎热无比。早晨点名时，她们脏兮兮的身体挤在一起，苍蝇飞来飞去嗡嗡作响。那天一切如常。穿着苏联军服的囚犯像往常一样站好队，但在警戒门的另一边，一整队的女孩被带往别处。其他工作队的女孩转过身去，看着她们的朋友和家人在一条长长的土路上行进，担忧和恐惧油然而生，不知道是否还能再见面。

她们步履蹒跚地迈过马铃薯地，越过火车轨道，走了将近

半小时。远处出现了栅栏的影子，目的地变得清晰起来。乌鸦嘎嘎叫着飞过她们头顶。

如今，奥斯维辛－比克瑙集中营之间的小路已经修上了高架桥，桥底有一段仍在运行的火车轨道，曾经属于奥斯维辛火车站，不远处就是现在的奥斯维辛－比克瑙国家博物馆。公共汽车和出租车只消几分钟就可以运送一批又一批游客往返于两个营地，免去了他们40分钟的徒步之苦。光是走完比克瑙也差不多需要同样的时间。对于许多囚犯来说，他们每天要干10到12个小时的重活，还要来回走上两遍这样的路程。他们没有水瓶，也没有能量棒。支撑着他们的只有一小块面包，腐臭的茶和用大都已腐烂的蔬菜、马肉做的汤。

从高架桥往下看，很难想象1942年当时的荒芜景象。如今，几片种着土豆等作物的田地（可能当年也有）仍然围着这几座建筑，但多了一些房地产开发项目。来往的车辆从当年的死亡之门边上呼啸而过，这座门仿若一层历史的阴影，笼罩在这片平地上。1942年，女孩们穿过这片田地向比克瑙行进时，这座通常和奥斯维辛－比克瑙联系在一起的砖砌门楼尚不存在。当她们从拉着铁丝网的大门进入时，一阵风刮过草原。这时还没有"劳动使人自由"这个标志。只有几座新近搭建的木制瞭望塔。这一大片地方几乎一无所有，只有15座砖房，排成3列，还有几公里长的铁丝网，此外还修了几座单层的办公楼供党卫队使用。但大多数建筑还是低矮的砖瓦房，用来关押囚犯，个别也用来办公。

在接下来的两年里，比克瑙将被扩建为有史以来最大的死亡集中营，其面积相当于319个足球场那么大，在今天看来也算是庞然大物了。从高处俯瞰，比克瑙不像是一个死亡集中营，更像是一个巨型的"大富翁"棋盘，上演着一场生存游戏。从营区一头走到另一头并不轻松，但伊迪丝和其他女孩每天都要穿过营区好几次，去上厕所，去找吃的，建了病房之后她们也会偷偷溜过去。

希姆莱曾敦促霍斯要及时建好的女囚营，就在奥斯维辛－比克瑙主入口的左侧。右侧是木制的绿色营房，用来容纳男囚营关不下的囚犯，那里现在开始被称为奥斯维辛一区（Auschwitz I）。

在奥斯维辛一区，剩下的女孩为那些离开的人担心着。其他人被带到哪里去了？她们还会回来吗？少数几个好心的囚监悄悄向她们保证：被带走的女囚已经被转移到一座新营地。次日早晨，又有一大批工作队开始朝同一方向行进。而那些继续准备去干活的女孩们虽然忧心忡忡，但还是努力保持着镇定。整个女囚营从奥斯维辛一区转移到比克瑙，一共花了4天时间。琳达还记得，那些因病而无法动弹的女孩被装上卡车运走。"这就是1942年8月（正式）被毒气毒死的第一批女孩。"但她们的死亡并未被记录。

在转移过程中，编号系统出了问题。从斯洛伐克运来的女孩很快在比克瑙经过处理并做好了登记，但还有 7 月来的女孩是在奥斯维辛集中营一区编号登记的，有些编号重复了。几天后，编号又重归正常，也许是经过了重新调整和编排，但也没有相关记录。更有可能只是编号重复的人被移除——这意味着她们被杀害了。

比克瑙真是一片荒凉。"光秃秃的，"琳达说，"没有路，布满灰尘，连一片绿叶都看不见。"苏联战俘去过比克瑙，还吃过那里的草。而女孩们到达不久后也将无法摆脱吃草充饥的命运。

比克瑙的土壤是黏土，在烈日暴晒下会变得如同水泥一样刚硬，而在雨水侵蚀下又会变得如同沼泽一样松软。女孩们鞔着木头梆子，去厨房附近寻觅食物，一旦碰上下雨天，玛吉说，"她们就会陷进烂泥里，也没有人会来帮忙，会一直陷下去直到窒息而死"。她们美丽的生命太脆弱了，在奥斯维辛－比克瑙根本活不下来。

13 号营房里住着许多来自胡门内的女孩，包括伊迪丝和姐姐莱亚、海伦娜和伊莲娜。贝尔莎和她最好的同乡朋友佩西·斯坦纳住在距离几个营房的 27 号营房。贝尔莎可能还不认识来自胡门内的玛吉和来自波普拉德的埃琳娜，但她们很快将成为要好的朋友和工友。

在她们的新"家"里，地板脏乱不堪，"木板上搁着一点干草，在夏天，我们会脱下衣服当枕头"。谁能想到，她们会怀念奥斯维辛那些又薄又不舒服的干草床垫和破旧毯子呢？现在，伊迪丝她们只有些破布，还可能是修建这些大号砖木"坟墓"的苏联士兵死前留下的。

营房用砖墙隔成了马厩大小的隔间，每个隔间靠墙的两边都放着三层的木制架子床，中间是一条过道。营房的布局与当时波兰骑兵的马厩一样，苏联战俘就是关在马厩里的。早先，每个马厩可以容纳 18 匹马，入口处有两个大些的房间，一个放马具，一个放铲马粪的工具，现在拿来给人住了。入口的房间是营房长和囚室长的住所，她们负责早晚分发食物，分配一些诸如打扫营房之类的轻活。她们还需要准确记录还在营房（包括死掉）的女孩。起初，每座营房里关着约 500 名女孩。但不久之后就变得愈发拥挤，每个铺位安排的女孩从 6 名增至 10 名。这样，每座营房要容纳 1000 多名女孩。营房里寒冷潮湿，冬天温度经常降至零下 30℃，能不能睡在铁炉子旁边就变得至关重要。

尽管奥斯维辛一区的情况很糟糕，但看上去还有点人气和生活气息，而比克瑙简直就是寸草不生，附近唯一生长着的活物，就是位于营内大道尽头的白桦林（birch forest），比克瑙

（Birkenau）就得名于此。在奥斯维辛一区，起码还有厕所。而现在，女孩们必须穿过营地才能到所谓的厕所——它只是木板盖在一条露天排水沟上，上面开了 58 个洞。"你能想象到几千名女孩去上厕所，却总共只给了 5 分钟时间吗？5 分钟连走过去都不够，但每个人都想去厕所！"

水槽是金属的，上面有 90 个水龙头，但水被污染了，喝了水的人会得痢疾。之后修建了 10 座用于如厕和盥洗的营房，但在头几个月里，营房还没建好。奥斯维辛一区的过度拥挤问题算是暂时解决了，但糟糕的卫生状况却没有得到解决。女孩们夜晚不许上厕所。因此，在紧急情况下她们会用自己的红碗解决，第二天喝茶前再用泥土把碗擦干净。要想赶在点名前上厕所，就必须在天亮前先于其他人起床。"太可怕了，没有卫生设施，也没有厕纸，什么都没有。有时候我们还要从衬衫上撕下布条来用。令人难以置信。"

新来的人同样因为腐臭的汤水患上胃病。她们穿着裙子，身边没有厕所，也没有内衣裤，"腹泻时的粪水顺着腿流下来"。身上弄脏也可能成为被杀的理由，但这样的事情是藏不住的。每运一批人来，就有几百名女孩会被带进营地，这意味着又多了几百名女孩要抢厕所。匆忙之间，女孩们有时会从厕洞掉下去，溺毙在下面的排水沟里。在奥斯维辛所有可能的死法中，掉进厕所是贝尔莎最害怕的一种。

对很多女孩来说，比克瑙算得上是最后一击。奥斯维辛尽管很糟糕，但在信息的支撑下，她们还蒙着一层希望的薄纱。来到比克瑙，希望彻底破灭。在奥斯维辛一区，有的女孩从二楼的窗户跳下去自杀，在比克瑙，连以这种方式自杀的权利也被剥夺了，死也变得如此"艰难"。伊迪丝说，"许多人跑去带有高压电的围栏那里自杀"，"烧焦了的乌黑的人"，就这么横七竖八地挂在电网上。

奥斯维辛只是炼狱，而比克瑙才是地狱。

第二十章

男性会向女性学习吗？常有。他们会公开承认吗？很少，即便是现在。

——埃琳娜·费兰特

　　欧洲大陆发掘出来的新石器时代立石遗址，最东边的一座位于霍利奇市，它被称为斯洛伐克巨石阵。20 世纪 40 年代，这里有一个 360 人的小犹太社区，到 1942 年 8 月 15 日丰收庆典之前，这些犹太人必须被"重新安置"。这座边境城市离布拉迪斯拉发有 80 公里，蒂索总统决定来参加庆典，还能有什么别的缘由？

　　蒂索的脖子像斗牛犬一样肥，双下巴堆在神父袍的罗马领上，一副凶神恶煞的模样。一座教堂外，农民在搬着玉米，扛着一捆捆麦子。少女们穿着白色蕾丝罩衫和绣花裙，梳着长辫子，绑着花发带，列队路边，用"希特勒万岁"式的行礼向他们的总统致敬。连男人们都穿上了传统服饰。

"如果我们不把他们从身边清除掉，情况会不会更糟糕呢？我们还是遵从上帝的诫命吧。斯洛伐克人啊，去清除这些最难看的恶疮吧！……一战前，英国人想从犹太人那里弄钱，承诺了什么给他们？英国人承诺给他们一个国家，却什么回报也没得到。现在你们看看，希特勒不求任何回报，却要给他们一个国家！"

他口中的"国家"，就是波兰的死亡集中营。

假新闻不只是在增加，能看到的一切新闻都是假的，都是来自赫林卡卫队的喉舌《卫士报》(Gardista)。一篇发表于1942年11月的文章题为"犹太人在郊区新家过得如何？"。中间照片里是年轻的犹太妇女穿着崭新的洁白罩裙，戴着头巾，对着镜头微笑。照片底下的说明写道："她们哪像窘迫的样子？"下一栏则是"一位犹太警察，有人给他拍照，他很开心"。这些说辞令最不容易上当的人似乎也会相信。也许是因为他们不忍心相信自己的好运居然来自犹太老友和邻居的不幸。一名领取养老金的非犹太老人很是相信《卫士报》关于妥善安置犹太人的报道。他向内政部部长亚历山大·马赫写信，抱怨犹太老人比他这个斯洛伐克公民得到的待遇还要好。他希望自己能享受同样的待遇。

人们容易相信政府针对少数族群施行的政策并非出于种族主义或者歧视，这种情况并非20世纪40年代所独有。现在的一些政权也同样在用移民政策、宗教信仰、民族纯洁性或经济问题为幌子，对种族灭绝重新进行包装。共同之处都在于，首当其冲的受害者，总是那些最脆弱的群体。到 1945 年 8 月 15 日，数千名妇女和儿童在新建的毒气室中丧生。只有最能适应、"最幸运"的女囚还活着。

就在蒂索总统标榜自己基督教价值观的当天，来自波兰和荷兰的 2505 名男囚、女囚和儿童抵达奥斯维辛。但只有 124 名男性和 153 名女性被登记入营。在迁往比克瑙的 10 天时间内，妇女营增加了近 2000 人。一个新的奴工工厂将要出现，替换那些在集中营待了近 5 个月、已被榨干的女孩。

第一次从登记在册的女囚中挑出人送往毒气室进行毒杀，究竟是哪一天？《奥斯维辛编年史》里并无准确日期。但从幸存者口中可以得知，应该就是在到达比克瑙后不久。我们还从奥斯维辛"死亡之书"得知，在 8 月 15 日那天，第一批运来的女囚至少有 22 人死亡。一天内有这么多登记在册的女囚死亡，还是首次。这也说明对第一批女囚的"拣选"（selection）发生在 8 月 15 日早晨点名之后。

悄悄话传播开来。为什么她们没被派出去干活？发生了什么事？生死难料。没有人知道"拣选"的真正含义。"拣选"出来干什么？女孩们被迫站在炎炎烈日下，无所遮蔽的头顶和脖子上又被晒出了几个水泡，连续暴晒了几个小时也不能去个阴凉处，她们四处张望，只能不断更换立足脚稍稍缓解一下长时间站立的酸痛。

不少女孩自 3 月起就待在集中营，"她们都站不直了，有的浑身伤痕累累，满身淤青"，琳达回忆道。她们还得"脱掉衣服"。许多幸存者，甚至像雷娜那样的回忆录作者，在证词里都试图避免提及这个事实。"拣选"时，大家都赤身裸体。这样一来，女孩们身上的疮口、伤痕、骨骼病变或者斑疹就藏不住了。弗里达·贝诺维奇娃和伊迪丝小时候是同学。现在，18 岁的她和 23 岁的姐姐海伦已经站在了队伍前面。雷娜就站在几排之外，她看见党卫队的人叫姐妹俩分立左右。

"请别让我们分开！"她们中的一个跪下求情。没有人知道这意味着什么。但无论如何，姐妹俩总是想待在一起。党卫队的人低头看了看正在哀求的女孩，挥了挥手，弗里达从背后紧紧抱住她。

两个女孩赤身裸体，手牵着手被粗暴地赶上了车。雷娜不认识这两个女孩，但记得第一批遣送的人中有她们，认定她们的编号是 1000 和 1001。不管她们去往何处，雷娜清楚"情况不容乐观"。

时隔 75 年，我终于找到了她们的家人，这才知道她们的名字。

第二十一章

我说话时你听得见，但你能感同身受吗？

——格特鲁德·科尔马尔，《女诗人》

抵达比克瑙后，第一批女孩的恐惧感不断加深。情况并未好转。自我拯救的唯一方法就是找份体面的工作。当然，"体面的工作"也可能是既危险又令人难受的。

玛吉听说，搬尸工作队正缺人手，需要一些人自愿去搬运尸体。她向好朋友欣达·卡汉拿主意。欣达当时 17 岁，父亲是胡门内的哈西德派[21]（Hasidic）的拉比。玛吉问欣达她是否应该去干搬运尸体的活，"这还用考虑吗？就当是块砖头好了。你还

---

21 哈西德派是犹太教徒中的极端正统群体。

在意什么呢？"

就在玛吉要报名时，欣达想出了一个更好的计划。埃德塔·恩格尔曼曾在第一批遣送队里，也来自胡门内。当时她在医院里跟着曼奇干活，听说党政人打算增加缝纫工作队的人手。埃德塔在家时就认识欣达，想帮她弄一份体面的活。去缝纫工作队干活足以救命。最重要的是，这份活儿可以在室内工作，不用再面临拣选。

"今天就待在'家'里，我会想办法把你弄进缝纫工作队。"埃德塔对欣达说。

一个人有死里逃生的机会，自然会分享给她的朋友。于是，欣达告诉玛吉："和我待在'家'里吧。我们可以躲在营房里，然后一起进缝纫工作队干活。"玛吉又告诉了另一个朋友。

这有点像逃学，只是一旦被抓后果便不堪设想。但如果有机会去缝纫工作队，似乎值得冒一次险。

她们就躲在营房里，但点名一结束就被囚监找到了。玛吉和朋友被抓了起来，而欣达逃过一劫。被抓的两个女孩被分配到最后一个工作队，这个工作队的囚监是一名犯有谋杀罪的"女杀手"，以殴打和杀害女孩为乐。那是"最可怕的工作队"。她们排在队尾，党卫队放军犬撕咬她们的脚后跟和外套，还抽打她们的后背，作为躲起来的惩罚。在12个小时的轮班中，女孩们一直被党卫队殴打，受到军犬的威胁。"我们哭了一整天。"

玛吉说。

晚上点完名，玛吉和朋友回到营房，意外发现这里经历过一次拣选。任何逃避工作躲在"家"的人都会被带去毒气室。欣达就这么去了。

"埃德塔·恩格尔曼是因为拉比（欣达的父亲）才想帮欣达，并且她们在家时就认识。她本来是想帮忙，结果却好心办了坏事。"

现在，欣达死了。

"这就是命。"玛吉说。注定如此。

在奥斯维辛，一切都是宿命吗？玛吉只能如此相信，不然她该怎么活下去？在玛吉的讲述中，信念感很重要——她熬过了那段黑暗的日子，只有活下来才能把欣达的故事讲出去。这是一个极其惨痛的教训。

第二天，玛吉自愿申请去"搬运尸体"。为了看起来更健康，她捏红了自己的脸颊。自愿报名的人中还有玛吉的另一个朋友，她在头上绑了一块头巾，好让自己的状态看起来更好。"但她眼睛肿了，而且已经是'候选人'，所以没成功。"幸存者们一次又一次使用"候选人"（要送去毒气室的人）和"没成功"的字眼，似乎正在经历一场竞争，要拼到终点一样。事实上也差不多就是如此，这就是一场关于生存的竞争，只有适应能力最强、运气最好的人才能到达终点活下来。

其他自愿参加搬尸工作队的女孩中，有一个名叫贝尔莎。即便是在没有失去自由的时候，她也总是怕冷。如果不能得到一份大部分时间在室内的工作，她肯定活不过这个冬天。虽然只有十六岁，却要开始为如何活下去发愁。

促成她决定参加搬尸工作队的关键因素是，她目睹过第一次大规模的拣选，对此心有余悸，而去搬尸工作队干活可以免于拣选。这是一份能帮她活下来的工作，尽管"可怕至极"。和贝尔莎一起报名的还有玛吉、埃琳娜，或许还有贝尔莎儿时的朋友佩西·斯坦纳。

在所有需要体力劳动的"体面的"工作队里，搬尸工作队条件最为恶劣。如果女孩们可以被选去洗衣工作队、缝纫工作队、收发室工作队或农场工作队，她们肯定会争取。照顾农场的动物会更轻松一些，但要想加入农场工作队绝非易事，可能还会要命。

在还没剃光头的时候，罗丝有一头橘黄色的头发，经常编成长长的辫子。她身材纤瘦，看上去有点弱不禁风，但她在农场长大，知道怎么干农活。刚到这里时，她被分派到离两座集中营几千米远的哈梅兹，在一个修筑农场的工作队干活。那是一个对待女孩尤其残酷的工作队，由一个喜欢穿白西装而不爱穿制服的党卫队队员看管。她们对他很是害怕，因为他有种特别的娱乐方式：喜欢把东西扔到边界外，再让一个女孩把它捡回来，去或不去都是死路一条。如果不去，他会以违抗命令为由射杀她；如果去了，他就以企图越界逃走为由射杀她。他不是唯一一个喜欢玩这种把戏的党卫队队员。胡安娜·鲍曼也喜欢这样，只不过她杀死女孩的工具不是枪，而是自己的德国狼狗。

哈梅兹的谷仓建好后，党卫队设计了一项体力测试，来筛选最合适留在农场工作的人。罗丝回忆说，她被命令在室外一动不动站了一整天。那天很冷，女孩们被要求进行一项额外的测试。她们需要将手臂向前伸直，不知道要伸多久，如果谁的手臂发抖或者放下来了，就会被带去毒死。通过测试的能住进新建的营房，分到农活干。罗丝负责饲养兔子和野鸡。她明白能待在这里已经很幸运了。她甚至还在一名和善的囚监手下干活。最重要的是，待在哈梅兹意味着生活在一个更小更温暖的营区，可以就地干活，吃得也更好。罗丝提到有种鲜绿色的荨麻汤，富含维生素。

对于在一般"工厂"干活和没有特殊技能的女孩来说，真正能救命的工作是去衣物分拣工作队（囚犯们现在称其为"红头巾"和"白头巾"）。从欧洲各地运来的囚犯陆续到达，需要分拣的物品也越来越多，就需要更多人手。但入队可不容易，统一的"制服"是一条头巾，分为红色与白色。想弄到头巾，要么偷一条，要么用面包换。

营地里最好的工作比一般的"工厂"要求的技能更高。"任职囚犯"会打字、会速记、会几种语言或字写得好，而农场来的多数女孩缺乏这些技能。斯洛伐克来的女孩在营区里比其他犹太女孩待得更久，更有经验，对党卫队的文书职位更在行，也很早就获得了许多岗位。年龄大点又上完高中的女孩有一定优势。而像伊迪丝、阿德拉、玛格达·阿姆斯特、努西和马格杜斯卡·哈特曼这些少女，连上高中的机会都被剥夺了，如果她们去不了缝纫、农场或分拣等工作队，那就只有去干苦力活。

我们对哈特曼家俩姐妹马格杜斯卡和她的表姐伦卡·赫茨卡了解不多，对她在盖世太保手下工作的事所知甚少。但由于伦卡的职位较高，她可以定期给家人和朋友寄明信片、写信，也能收到回信。她寄的明信片、信件和发出的零星电报，记录了一些平常的小事，让家里寄些食物，还有一些关于家人朋友的暗语。她的明信片不同于其他囚犯被逼着写下编出的假话，有些甚至都没经过审查。家人的来信表达出对伦卡处境的疑惑，不停地问一些她无法回答的问题。

伦卡与哈特曼家的通信保持了两年之久。最早给伦卡写信的人之中，有她8岁的侄子米兰：

亲爱的伦卡：

既然大家都给你写了信，我也想试试。我们都很健康。如

Milán Weinraub
Prešov-Slovensko
Levočska ul 31.

Liebe Lenke!

Da schon Alle Dir geschrieben haben, versuche ich mein Glück! Wir sind gesund, wenn nur unsere Tete bei uns were. Immer denken und sprechen wir von Dir und in Magdus. Käthe hat mir gratuliert in Versoben. Ich habe ihr Taschentücher geschickt. Wie gerne möchten wir Dir etwas senden. Schreibt mit Magdus küssen wir Dich Alle.
Dein Milanko.

果你和我们在一起就好了。我们总是聊到你和马格杜斯卡。

我们真想给你寄点东西。和马格杜斯卡一起写信寄回来吧。大家都很爱你们。

米兰

像哈特曼的表姐伦卡·赫茨卡这样当文书的囚犯，住在奥斯维辛一号营和比克瑙营铁丝网外的员工楼地下室里。这里有真正的双层床，有毛毯，甚至还有淋浴设施。由于文书部女孩的生活与工作就在党卫队的人身边，她们需要保持干净，打扮得体。这意味着她们可以留长发。"有些人甚至穿着长筒袜。"尽管她们干的活并不需要什么体力，但还是能得到更多的面包。有的女孩变得日益丰满。

那些干苦力活的囚犯，看到3月和她们一起来的一些女孩带着优越感在营中走来走去，梳着精致的发型，穿着从犹太人身上脱下来的衣物，心中难以平衡。"我们发现有些人过得比我们要好。"伊迪丝说，"有人修补鞋子，有人缝补衣服，有人坐在办公室工作。"她们都是幸运的人，如果奥斯维辛还有囚犯称得上幸运的话。

也有在带刺铁丝网内工作的任职囚犯，比如营房长、室长和书记员。"我们出门做苦工时，还必须唱着歌。我们就算发烧也得干活，但她们如果生病就可以待在屋子里。"伊迪丝说，"所有营房长都活下来了。无一例外。"

囚监和手下的营房长由于所处的位置，必须要取悦党卫队的人，要对营里的女孩施加管教，尽管这些女孩大多是自己儿时的伙伴。伊迪丝挨了营房长的"几巴掌"，而她的营房长也是第一批跟她一起遣送过来的。虽然营房长和她的姐姐名声很坏，但是 70 年过去了，伊迪丝仍不愿透露她们的姓名，因为不愿给她们的子女和幸存的家人带来阴影。事实上，"如果你是第一批被遣送的，最后活了下来，那一定不简单"。

　　霍斯在日记中写道，这些囚犯"最要紧的就是得到一个职位，好从众人中间爬出来，获得一些特权，这份工作能在一定程度上保护她们免遭突如其来的杀身之祸，还能帮她们改善生活"。奥斯维辛早已变成一个你死我活的战场，就算是任职囚犯之间也同样残酷无情。只要做错一件事，就会被举报，举报后会被立刻送回比克瑙，或受到更严厉的处罚。霍斯称，这些女人"什么也不怕。她们孤注一掷，费尽心思让这些安全的职位空缺下来，然后自己爬上去。胜利通常属于最卑鄙的人。在这里纯粹只是一个生存的问题"。

　　担任职位或许可以保住自己的命，但难救别人的命，尤其是你爱的那些人。这些职位令人垂涎三尺，也让人心绪复杂。不是所有人都想获得这些重要职位。雷娜就放弃了成为营房长的机会，因为她无法面对获得权力后的道德困境。"我没法从像我一样饥饿的人那里拿走面包，我没法欺负跟我一样遭受痛苦的人。"在奥斯维辛，无论担任什么职位，无论是营房长、室长还是给党卫队服务的文书人员，都需要有一件"坚硬而冷漠的盔甲"才能活下去。

"获得安全职位的囚犯听到亲人的死讯时，往往会突然失控，或日渐消沉。这种事经常发生，与疾病和生存环境无关。"霍斯认为这是犹太人的一个弱点。"他们一直有非常强烈的家族情感。亲人的死亡会让他们觉得生命已经失去意义，也不值得再抗争。"但令人惊讶的是，更多的任职囚犯坚持了下来。

担任职位意味着可以帮助别人，但也意味着会被其他囚犯仇视，因为她们能分得更多面包，工作时间更少，还不必经受拣选。任职囚犯也会面临道德拷问，毕竟她们正在为一个清除犹太人家庭、文化和社群的体制工作。尽管有不少任职囚犯利用职务之便提供力所能及的帮助，但可悲的是，也有很多人无动于衷。在奥斯维辛，生存与道义往往互不相容。

曼奇写道，那些来得早、获得较高职位的女孩，"她们往往年纪轻轻，但家人都已不在。有一些女孩忘不了在集中营苦不堪言的经历，变得无比暴躁鲁莽。还有一些女孩自视甚高。幸运的是，这些只是少数"。她立刻补充道，"你会发现，无论在什么地方，都有女孩毫不犹豫地冒着生命危险挽救他人的生命。"

曼奇就是其中一个。犹太医生有机会获得药品和额外食物，否则他们无法医治囚犯。夏季疟疾肆虐，奎宁变得稀缺。得了斑疹伤寒的囚犯需要好好休息、补充水分，而囚犯能弄到的最好物资只有柠檬水。于是，一个地下网络建立起来，一些任职囚犯冒着生命危险帮忙向医院偷运食物和药品。在这方面，最重要的工作队就是分拣室，"那儿不断有包裹寄来，收件人却已经死去"。囚犯们便从那里偷运"无人认领的"食物和药品，送到医院，帮助病囚康复。

营房长还偷运药品给自己管辖下的营房里的女孩。当然，这需要靠面包来换取，也就意味着很多女孩如果要买一些诸如药膏之类的药来预防感染，就得挨饿。不再有免费的东西。

最惨的还是那些只能继续在外面拆房、修路、挖土制砖头的女孩。莱亚和伊迪丝还得站在齐膝般深的水里，清理沼泽和阴沟。这里算得上是最糟糕的工作队之一了。随着秋天来临，天气越来越冷，伊迪丝的膝盖变得疼痛难忍。

比克瑙是死亡营的开端。

——伊迪丝·格罗斯曼

9月2日，克雷默医生来接替集中营一位患了斑疹伤寒的集中营医生。他长相丑陋，眼神凶恶，头发稀疏，像个怪物。在到岗当天，这位来自明斯特大学的遗传学家兼解剖学教授就观察了处置囚犯的一系列流程：为囚犯消毒，用齐克隆 B 给营房除虱，注射苯酚杀死病囚，用毒气处死来自法国的 545 名犹太男囚和 455 名女囚。克雷默喜欢写详细的日记。当晚，他在新的一页纸上写道："第一次参与这项特别行动，在外面待到凌晨三点。和这相比，但丁的《地狱》更像是一部喜剧。奥斯维辛被称为'灭绝营'，不是没有道理！"这里发生的一切似乎没有让他感到任何不安。

几天后的中午，克雷默医生陪着军医蒂洛军士长来到25号营房。外面的院子里，骨瘦如柴的妇女和女孩"坐在地上"，身上挂着肮脏破烂的苏联军装。蒂洛被这些眼神呆滞、骨瘦如柴的人吓坏了。他转头对克雷默说："她们简直臭得不行，令人反胃。"

第25号营房院子里的这些"绊脚的尸体"，疾病缠身，饥饿难耐，濒临死亡，令人感到害怕，更令人心生怜悯。她们昭示着每个囚犯都可能变成的模样：一具行尸走肉，不成人样，不受待见。党卫队对自己所拥有的剥夺人性、摧毁生命的力量沾沾自喜，称眼前这些人为"恐怖的景象""可怕至极"。囚犯们也被这些面容枯槁、形似骷髅的女孩吓坏了，称她们"看似活着，但与死人无异"。其他人的内心也有一种深深的恐惧，怕自己也像这样身形枯槁、精神崩溃，变成像她们那样"将上帝注入的灵魂全然抽干"的样子。她们担心这种状况很快会蔓延开来。事实上，疾病才是她们健康恶化的主要原因。

克雷默医生看着她们被强行推上平板卡车，再被拉去毒气室。在这里，她们甚至没被允许保留最后的尊严——连进入室内脱衣都不被允许。她们在室外脱掉的衣服会直接被烧掉，不用拿去消毒。她们赤身裸体，苦苦哀求着，想要活下去。

她们哭着哀求党卫队的人，但"都被赶进毒气室毒死了"。

"每天都有女孩死去，有时几十个，有时上百个。"伊迪丝说。有的女孩都病得走不动了，还得被迫出来点名，等点完名才被拉到毒气室。"我认识一个胡门内的女孩，被手推车推着去点名，就是那种搬运砖头用的推车。"伊迪丝不记得这个女孩的名字。

如果女孩没有力气站起来点名，营房长和室长就会打她们。一个女孩因为起不了床去干活被打，然后就一直坐在床铺上靠着墙。点名时照样把她算进去，根本没有人发现她已经死了。玛吉说："她就这么睁着眼坐了好几天。"谁也没发现。

呼啸的秋风扫过荒凉辽阔的草原，吹进比克瑙集中营。这里的房子比奥斯维辛更漏风。秋风穿过砂浆的裂缝，吹裂了衣衫破烂的女孩们柔嫩的皮肤。没有天然防风林的阻挡，狂风折磨着筋疲力尽的女孩，她们难以入眠。三个女孩才分到一条破毛毯，几乎遮不住她们弱小的身体。为了取暖，她们紧挨在一起，只要有人咳嗽一声，细菌就会传给别人。虱子从一个熟睡的女孩身上跳到另一个身上，肆意传播着病菌——不光传给囚犯，也传给党卫队的人。

斑疹伤寒这种疾病在战争、饥荒和灾害期间尤其流行。奥斯维辛是这种流行病兴风作浪的完美场所：拥挤不堪，缺乏卫生设施，虱子遍地爬。囚监路易斯·毛尔回忆道："与虱子斗争是中心任务，它们简直是致命敌人。"由于不能淋浴或者洗澡，也不能清洗肮脏不堪的制服，她们无可奈何。尽管每个月都会除虱，斑疹伤寒仍然肆无忌惮地传染，老鼠传给囚犯，囚犯互相传染，又传给营管。"在奥斯维辛，斑疹伤寒在所有营区肆虐。"克雷默医生在日记中写道："施瓦茨中尉也病倒了。"

一年半后，鲁道夫·弗尔巴和阿尔弗雷德·以色列·韦茨勒在《奥斯维辛报告》里写道："女囚营的境况是最糟糕的。这些可怜的人身上长满了虱子和跳蚤。"集中营没有为这么多的女孩提供足够的卫生设备。唯一的饮用水也设在"一个小盥洗室里，普通囚犯是进不去的"。

生病和垂死的囚犯数量太多，她们被扔在了医疗营的后面。这些不幸的女孩和妇女躺在那里，被当作柴火一样捡起来，填进了焚尸场的火炉。

在拍摄于1938或1939年胡门内的一张班级合影里，泽娜站在最中间的位置，比其他女孩都高。她看上去无精打采。那时，拍照时微笑并不流行，也很少有人这么做。照片上的人都是双手叠放在大腿上，或者背在身后。只有站在泽娜后面的伊迪丝张开双臂，双手搭在前排女孩（她不记得是谁）的肩上。泽娜的浅色卷发垂落在脸上，下巴收紧，似乎在盯着镜头，而她的嘴角微微上翘，准备笑脸相迎，就等着下一秒快门按下。

"她是一个迷人的高个子女孩。"玛吉说。但现在，她少年时期的玩伴就快要死了。

那天很热。阳光暴晒着她们的身体。泽娜身上生了疮，嘴唇溃烂。没有水，也没有怜悯，只有一个美丽的年轻女孩的生命即将因为饥渴和生病而消逝。玛吉感到悲痛和内疚，但她帮不上一丁点忙，甚至不敢碰她。如果她也染上病该怎么办？在自我保护和帮助朋友的两难之中，玛吉只能无奈对泽娜说声"对不起"，便匆匆离开。

斑疹伤寒的发作是突然的，经常是在女孩们干活的时候。琼·罗斯纳（1188 号）的关节疼得厉害，只能停止铲土，喘息一下。她靠着铲子，四肢疼痛难忍。

"快站直！"一个朋友小声提醒她。

琼竭力想站直，但有心无力。

"咬她！"一个女守卫大喝一声。她们听到用爪子刨在泥土上的声音。一条狗冲了过来，她下意识地抬肘来保护自己，狗咬住她的胳膊，腥热的臭气扑面而来。她试图反抗，狗咬住了她。不知道怎么回事，女守卫把狗叫走了，没有咬死她。琼的脖子和胳膊都在流血，她疯了似的铲土，低着头一直挖。血从两鬓流下。她发着高烧，还在一直挖。在那天结束时，琼没被单独叫走，她好不容易挪进门，倒在床上睡着了，面包也没拿到。半夜，她从床上坐起来。

"我要回家了。"她从床架上爬下来。

"你要去哪里？"一个朋友从背后叫她。

"我的妈妈在马车里等我。"她认真地说道，走出了营房。

宵禁后跑出去非常危险。同铺的女孩叫醒了其他几个女孩，追着径直走向带电的铁丝网的琼，她自以为正走向母亲的马车。

她们拼命抓住琼，不让她碰到电线。发着高烧、神志不清的琼与她们厮打了起来。

——我妈妈呢？她问。

——你在那儿干什么！

她看向四周。瞭望塔。探照灯。

——我现在在哪儿？

在夜幕的掩护下，她们把琼偷偷送去营区医院。她需要治疗狗咬后留下的伤口，还需要用冷湿布降温，高烧正在折磨她。

曼奇进来了。她对斯洛伐克女孩很照顾，想尽一切办法帮助她们。但那时犹太囚犯能得到的药只有木炭，如果那也算药的话。琼说："不管得了什么病发给我们的总是木炭。"她幸运地拿到了一些。到了 10 月，犹太人便不被允许接受任何医疗救助。

医院可能没法提供什么药，但至少琼可以躺在像样的床上休息，补充水分。她退了烧，被狗咬的伤口也开始愈合。然而，生命在奥斯维辛从来都得不到保证。就在她开始康复时，一名医生穿过病房，挑了 10 个女孩去他的办公室，准备做实验。好在她们走到办公室时忽然停电了。医生便把她们送回医院，让她们明天再来。

琼可没病糊涂！她知道要想活命就不能回医院，于是直接走回营房，隐匿在几千名无人问津的女性当中。短暂的休息让她恢复了不少。但接下来的几个星期，琼的朋友们还得"掩护"她从党卫队的人面前走过，以免她的伤口被发现。他们就像秃鹰一样盘旋在大门前，急不可耐地把病囚填进毒气室。她有5个熟知的朋友，她们总是待在一起，但她在证词里没有提到这几个女孩的名字。

"有人关照好比雪中送炭。"玛莎说，"每个人都关照着某个其他人。"玛莎的关照者是她的表姐弗朗西斯·曼格尔－塔克，她是第四批被遣送来的，早早当上了营房长，她的表姐弗里达·齐默斯皮茨也同样如此。

弗里达当上了18号营房的营房长，让3个妹妹当了室长和营房文书。她的表妹弗朗西斯成了奥斯维辛里为数不多的犹太囚监之一——这个位置让她在囚犯中间招来骂名。

犹太新年 22，这个犹太人的岁首和圣日，伴随着秋日的第一抹红霞来临了。金黄色的白桦树叶飘落，犹如一条黄色的毯子覆盖着巨大的埋尸坑。这片苦难的人海之上，椋鸟的低语飘过。

---

22 犹太新年（Rosh Hashanah），是 Tishrei（希伯来历）教历七月、民历首月的首日，纪念上帝创造天地和亚伯拉罕，用以撒向上帝祭献。定于逾越节后的第一百六十三日。节日后的第十日为赎罪日。

随着新囚犯被运到营地，第一批来的女孩才知道赎罪日[23]要来了。太阳从瞭望塔背后缓缓落下。很多女孩忍饥挨饿，开始禁食。

贝尔莎问道："我们一直都在挨饿，禁不禁食又有什么区别呢？"

禁食让犹太人重拾信仰和灵魂，让她们有勇气抗拒消沉的诱惑。就算每天都遭受着不公，但党卫队没法夺走她们的信仰。

党卫队借着犹太节日去惩罚犹太人、亵渎神圣的传统，这种情况也不少见。赎罪日后没过几周，犹太人的丰收节来临了。住棚节[24]是犹太人欢庆丰收的日子，也成了处决犹太人的"好日子"。从 10 月 1 日起的三天里，女囚们都没有干活，而是整天被迫赤身裸体在外面站好，从负责拣选的党卫队面前走过。这些人只消动动拇指，示意向左或者向右，就决定了她们的生死。住棚节结束时，已有 5812 名女囚被送去毒气室。医院的病房也几乎被清空。

————————

23 赎罪日（Yom Kippur），是犹太人一年中最重要的圣日。在新年过后的第 10 天，也是"禁食日"。

24 住棚节（Sukkot），在这天，除病弱者以外，所有犹太人都要住进棚中，以感谢上帝的恩赐。住棚节也是农民呼求神的日子。

第二十三章

她们之间的联系牢不可破，她们勇敢非凡，她们彼此救助。

——奥尔纳·塔克曼，玛尔塔·F.弗里德曼（1796号）之女

在搬尸工作队工作，意味着要遭受身心的双重折磨。贝尔莎的朋友问她："你为什么会干这种活？"

"我害怕冬天。"贝尔莎解释道。

贝尔莎的害怕很正常。至少在搬尸工作队她不用从早到晚都在营外工作，还能领到双份食物，不必参加早晚点名，不必忍受长时间站立之苦。她住在第27号营房，靠近医疗营房，渐渐地和曼奇以及其他犹太女医生变得熟络起来。这些女医生也会密切关注搬尸工作队的女孩，因为这份工作风险很高。幸运的是，一名党卫队医生爱上了一名犹太女医生，她让那位党卫

队医生给搬尸队的女孩发了手套，让她们搬尸体的时候戴上。她还说服了他要让女孩们用肥皂洗手，于是女孩们就获准进入配有饮用水和洗漱设施的盥洗室。她们整天处理遇害者的尸体，因此清洗干净对保持健康十分重要。

她们整天处理尸体，焚尸场烟囱里飘出的烟雾和灰烬沉积下来，油腻腻的。卡车将死者运到焚尸场，扬起阵阵灰尘。贝尔莎记得最清楚的就是用清水洗脸。

玛吉不知从哪弄来了一个容器，往里面装满了水。她把水端回住处后就藏了起来，想着以后每天都用水洗脸洗手——可见干净对她有多重要。"但我不敢。大家都快渴死了，我无法将水浪费在洗脸上。"她把水分给了营房里其他不那么幸运的女孩。

搬尸队的日常事务和集中营内其他工作队的内容大相径庭。早上她们会在晨间点名之前将营房里的尸体摞到外面，方便计数。待其他工作队出去之后，在搬尸队里工作的贝尔莎和其他人就开始将尸体搬运至 25 号营房后面的棚子那里，等着男囚开卡车过来拉去焚尸场。

记录女囚死亡的规定是从 8 月份开始实行的，就在她们被转移到比克瑙不久之后。搬尸队每天工作时会有一位记录员在场，记录死者的登记编号，以便从登记名单除名。到下一次点名，党卫队就清楚地知道有多少囚犯还活着，还在集中营工作。

收集那些在夜间触碰电网而死的尸体，只有在其他工作队走出营地去干活之后才能进行，因为这时才可以关闭电源。一旦安全了，贝尔莎和其他人就得把尸体的手指使劲掰开——因为尸僵已经出现。她们就这样把朋友和其他烧焦的尸体从电网上拽下来。

自杀者的尸体如同木偶般僵硬。尸体没法弯折起来叠放进推车。尽管《塔木德》宣称结束自己的性命有悖犹太传统，但营内的自杀事件依然频繁。"我有许多朋友都是触碰电网死的，"琳达如是说。虽然目睹这样的情形很痛苦，但最终以这样的方式寻求解脱的女孩们没有受到朋友的指责，因为决定自己的死亡已是为数不多的她们能掌握自己命运的方式之一。

如果毒气室被塞满，无法容纳更多人，病囚就会被带到25号营，那里有党卫队严密把守。这座营房通常挤满了患病的女孩和妇女，她们或是进不了医疗营，或是逃避工作试图躲藏。25号营作为病号营，也是真正的死亡之营。

在搬尸队工作，最难过的事莫过于见到朋友或亲人的尸体，贝尔莎和其他同伴只能尽己所能地尊重死去的朋友。"搬运尸体时我们十分小心，把她们的尸体抬进车斗运往焚尸场之前，我们会祈求死者的谅解。"贝尔莎说。起初，她努力记住朋友们的死亡日期，"如果我活下来，就能够将具体的死亡日期告知（她们的家人），让他们可以纪念逝者"。

也并非所有搬尸队女孩的所作所为都值得敬佩。玛吉坦白说自己偶尔会私藏死者身上的衣物，将她们的毛衣、袜子和鞋子卖掉，以换取额外的面包和黄油。一天，玛吉正在 25 号营清理尸体，她在垂死之人中听到克拉里·阿特莱斯的声音。

"我没有毯子。"克拉里在玛吉走过时说道。玛吉几乎认不出这是拉比的女儿，那个在集中营最初的日子里不断用她热忱的信仰鼓舞大家的女孩。

尽管胡门内的社区内部很是亲密，但克拉里和玛吉出身不同的社会阶层，鲜有机会相识。她们年纪有差异，何况克拉里的父母送她去布达佩斯的一所私立学校读书，而玛吉却连高中都没毕业。"我们处在不同的世界，所以我和她没什么交集。"如今她们同样都一无所有，死亡面前，一律平等，没有阶层之别。

玛吉也无力拯救克拉里，无法给她一条能够御寒的毯子，只能安慰她说自己也很希望早些年就能认识她，一起度过一段自由的时光，能成为好朋友。

值完早班，清理了前夜死去的人的尸体，搬尸工作队的女孩们就能休息吃午餐了，午餐是一份额外的面包配汤。下午 2 点，男囚坐着卡车去 25 号楼的后面，清空停尸棚里的尸体。司机等候在一旁，女孩们抬起尸体，搬进车斗里。她们动作迅速，因为谁也不想在停尸场久待。但一见到自己朋友的尸体，所有女孩都会停下来祷告。"在她们的尸体被运往焚尸场之前，我们祈求谅解。"

最后一趟班是在白天结束之时，囚犯们一列列从工作队上返回。死伤者会被留在集中营门外登记编号，之后尸体要么被直接送去焚尸场，要么被送去停尸棚。拣选任何时候都在进行。"党卫队不停出入集中营，拣选囚犯，哪怕你身材高大，哪怕你顺从听话，他们想要谁就带走谁。"党卫队通常会把整列整列的健康女孩带走，毫无理由，仅仅是因为他们掌握了生杀大权。

在搬尸工作队干活或许能够给她们带来额外的食物，让她们得以避免被"拣选"，但并不能保护她们免受斑疹伤寒之苦。第 25 号营房充斥着各类传染病，尽管有水可以清洗，但是携带病菌的虱子在铺盖之下乱爬。一天，玛吉经过一扇玻璃窗前，看见了玻璃上映出的自己，"我看起来老得不堪入目，都不敢相信那是我自己"。

在她因斑疹伤寒而发烧、恶心时，同一个营房的女孩将她藏了起来。"我把面包给了她们，因为当时自己也吃不下。"幸运的是，她在搬尸队的工作帮了大忙，让她得以躲起来养病。之后，玛吉也报答了帮助过她的人。

第二十四章

现在营房里挤满了来自各国的妇女，充斥着嘈杂喧闹争吵声，这些人里有来自波兰、希腊、斯洛伐克的犹太女子，还有波兰人、黝黑的吉普赛人，以及皮肤较深、小个子的克罗地亚人，她们彼此语言不通，互相争夺毯子和碗，甚至一杯水。不同语言的叫喊声和诅咒声不绝于耳。在这里无人能入眠。

——塞韦里娜·斯马格里夫斯卡（22090 号）

1942 年，分拣仓库设在奥斯维辛一区，也就是"母营"，当时它已经从一座营房扩展成四座。分拣仓库"堆满了来自整个欧洲的衣服"，党卫队只得不断扩充仓库。由于衣物被打包运出营地，囚犯们开始把工作队称为"加拿大"——一个远离战争摧残的地方。

男囚们将一批批囚犯的行李搬运过来，头戴红色或白色头巾的女孩们就会打开包裹，将物品分类。戴白头巾的女孩占大多数，负责分拣外套，而戴红头巾的女孩则分拣其余物品。

琳达负责分拣内衣，据说她最多一次偷拿了五套内衣回比克瑙，好让穿着裙子的女孩们能保有一些体面和舒适。她尽己所能地接济同营房的女孩，但是，"一个人能带多少呢？同处一个营房的有几千人，怎么分？"这时候面包成了硬通货，而绝望的女孩们宁愿放弃吃的也要穿上内衣。琳达是少数不会拿这些必需品换面包的女孩之一。其他人就没有那么慷慨了——除非是对自己同乡的熟人。面包或许是货币，但友谊是生命，二者兼有，才能存活下去。

在比克瑙，死亡率急速上升，不仅是因为那里的卫生环境更差，还因为每周都会有一两次大规模拣选。"明早做好准备，排到白头巾那队，因为有人要死了。"海伦娜的一个老朋友一边说着，一边将一块白头巾偷偷递到她手里，"明天早上她就会被带出去。"这种消息本应该听起来令人悲伤，这意味着一条生命的陨落，然而在奥斯维辛集中营，某种意义上却可能是"好消息"，至少对海伦娜而言如此。

点完名后，海伦娜戴上了从朋友那得来的白头巾，然后匆匆赶去分拣队集合点，一些戴白头巾的女孩朝她看了看，但没有人说什么，她所顶替的女孩已不在人世。

比克瑙到奥斯维辛一区之间是一段长达 3000 米的路途。每天清晨，头戴红色或白色头巾的女孩走出大门，步行回到"母营"，在那里分拣衣物和其他物品，直到傍晚，再步行 3000 米回到比克瑙。每天都有新的女孩替代那些消失的女孩。

走出比克瑙大门，沿着门口的水泥路，海伦娜及时赶上了队伍，她昂首挺胸，除了脚上穿着"梆子"外，看起来和身边的女孩没有什么不同。"梆子"意味着她本不属于分拣工作队，而木鞋踩在地上发出的声音也引起了囚监的注意。

"你是什么人？"囚监丽塔询问道。

海伦娜向她展示了胳膊上的囚犯编号：1971。

"你不是我们队的！我要上报。"

海伦娜瞬间崩溃。她的木板鞋每发出一声啪嗒声，囚监就瞪她一眼，这让她害怕到骨子里。来到奥斯维辛一区的仓库，女孩们又被清点了一遍人数，丽塔命令海伦娜跟着她去办公室，负责监督分拣工作队的主管就坐在办公桌旁。丽塔将 1971 号囚犯偷偷混入分拣队的事告诉了他。

党卫队下士弗朗茨·温舍顿时火冒三丈，他责怪囚监没有第一时间将她送回比克瑙，还指责她玩忽职守。

"明天我要发配她到沼泽地去！"

伊迪丝和莱亚正在沼泽地遭罪，而沼泽地很快就成为惩罚她们的地方，因为长时间在泥淖中搬运尸体，倒骨灰，女孩们撑不了多久就会病垮。

海伦娜站在一堆衣物前，虽感到绝望不已，但试图把注意力集中在面前大衣的接缝和褶皱上。一块毫不起眼的头巾，怎么会让她丧命呢?

她只是想在室内工作，不用经受风吹雨打。她只想找一份叠衣服的工作，不用制砖，不必挖黏土，不用在泥泞中推车，也不用在沼泽里跋涉，只需慢慢苦熬至生命的终结。在她周围，女孩们偷偷从衣物口袋里搜寻零星的食物。她敢偷东西吗? 反正要死了，弄点额外的食物，再死一次又算得了什么?

上午过得很慢。海伦娜盯着叠好的衣服出神。她低着头，小心翼翼，不敢抬头看她周围的女孩。中午，一桶汤送了过来，女孩们拿着红碗排起队。至此，这个故事分为两个不同的版本。在第一个版本里，当天恰逢温舍的生日，丽塔想找人唱歌为他庆祝。然而，温舍的生日是 3 月 21 日，从海伦娜本人和其他亲历者的证词中我们得知，海伦娜到白头巾工作队却是在 1942 年的秋天。那么当时到底发生了什么?

或许可以这么解释:讨好党卫队是因监赢得青睐的方式之一，所以当女孩们喝着汤吃午饭的时候，很可能丽塔说要找会表演的人来讨好温舍，因为那天早上她受到了温舍的口头训斥，需要重获他的好感。于是她宣告需要一些能歌善舞的姑娘，并且命令她们快点吃完好去练习，以期能到温舍的办公室里给他一个惊喜。海伦娜的朋友知道她有一副好嗓子，就想帮助她留在白头巾工作队。他们大声说海伦娜会唱歌。

丽塔挑剔地盯着海伦娜说："你会唱歌？"

海伦娜低头看着地面说："不会。"

"唱吧。"身边的女孩在她耳边鼓励她。

"你必须唱！"丽塔发出了命令。于是她只好照办。

"海伦娜长相靓丽，嗓音优美，西特伦家的人都是如此。"伊迪丝回忆道。

海伦娜曾经从德国犹太人那学会了一首浪漫抒情歌曲，于是她决定就唱这首歌。她在一旁等了一会儿，几个女孩跳了一段舞，然后一片寂静。海伦娜清了清嗓子，轻轻地唱起从德国犹太囚犯那里学来的情歌。在这个死亡之地，爱是什么？生命又是什么？尽管如此，她依然用心歌唱。余音绕梁中，她已经泪眼迷蒙。她眨了眨眼，强忍着眼泪，努力让自己不在这个判她死刑的人面前颤抖。

"再唱一次，"温舍说，接着他做了件闻所未闻的事，他说，"求求你。"

她抬起头，看到了他制服上的军衔，铜质的纽扣擦得如此光亮，映出了她的脸。她没有回应。

"求求你，把这歌再唱一遍。"

她只得又唱了一遍。

当天工作结束时，海伦娜叠完了最后一件外衣，发出一声叹息。事已至此，她命不久矣。这名党卫队下士走过她身边时，一张纸条掉落。上面写着："爱"。

然后他命令丽塔，要确保 1971 号囚犯明天在分拣工作队来干活。命令像鞭子一样抽在海伦娜头上。她的囚监无法违抗命令。海伦娜就这样被分到白头巾工作队，无论她是否还想留在这里。

和大多数党卫队员一样，温舍个性反复无常，残忍凶暴。海伦娜害怕他，也恨他。但是拒绝党卫队军官的后果，可能比接受他的追求更糟糕，他可能会杀了她。出于恐惧，海伦娜离开了原来的工作队，却又背负上了另一项死刑判决。现在真正的困境来了。

"我宁愿死也不愿和党卫队的人有牵扯，"海伦娜说，"在之后很长的时间里，我对他只有仇恨，我甚至无法直视他。"

温舍比海伦娜小一岁，他看上去风度翩翩，长着一张娃娃脸，眼里饱含深情，能轻易吸引德国女孩的目光。他在前线受过枪伤，之后调到了奥斯维辛集中营。女孩们很容易就能认出他，因为他走路一瘸一拐。

接下来的几周里，二人只有寥寥数语的交流。"他见到我因为被打狠了或者被如尖刀般刻薄的语言辱骂而肿着眼泡，就会问：'你这是怎么了？'"

海伦娜担心，如果她说出来谁打了她或辱骂她，对方可能会被送到毒气室，因此从来没有回答他。温舍当然不会斥责党卫队或囚监的所作所为，因为这是他们的职责所在，而他自己也是这么对待其他囚犯的。

如果女孩拒绝党卫队的追求，会付出什么代价？她们没有头发，消瘦不堪，仅剩的那一丁点美丽还是会招来意外关注和不良企图。

那年秋天，阿德拉在一次大规模拣选中走到党卫队面前，其中有个人盯着她，指向了去往毒气室的方向。这里可没有什么民主，手指一动，就剥夺了生命。但他为何要把阿德拉送去毒气室？她还年轻，还微微有点肉，看着也还健康。"他们只是看心情，挑选出一组组的健康女孩。"真有那么随机吗？有些党卫队士兵确实以挑选美貌健康的女孩送去毒气室为乐。或者可能是她拒绝了党卫队的示好而付出了生命的代价？

雷娜永远无法忘记当时那一幕，她看着阿德拉镇定自若地走向卡车，车上已经挤满了被宣判死刑的女孩。她安慰着一些人，还把那些因恐惧而无力爬上车斗的女孩扶上车。她的从容与无畏永远留在了雷娜的心中。

我们不知道阿德拉的编号，也不知道她是哪天死的。是在比克瑙集中营的初期，伊迪丝说，但她没见到阿德拉被选中的情景。集中营里有成千上万的女孩，人们无法目睹所有的事情，因为光是为了活下来就已经耗尽了力气。直到有一天，你发现许久没见到自己的好友了，才会意识到一个生命可能已经消失。她来过，然后走了。你不忍想起，却无可否认。卢·格罗斯花了70年的时间，才弄清楚他堂姐阿德拉的遭遇。

到了这个阶段，第一批送来的女孩中有许多已经幸运地得到了"体面的工作"，伊迪丝和莱亚却没有，她们还得外出清理道路和池塘。她们双脚冰冷，皮肤皲裂。后来伊迪丝穿的"梆子"也磨穿了，"鞋底没了，走在碎石路面上，还得控制自己不在党卫队面前喊疼"。绝望之下，她让海伦娜从分拣工作队给她弄一双鞋。

"我不知道怎么弄，"海伦娜跟她说，"我害怕。"

伊迪丝建议海伦娜找个男囚帮她偷。

"如果我那样做，战争结束后他会要我嫁给他，就因为你的一双鞋！"

"那就是你看到的海伦娜，"伊迪丝说着，略带一丝厌恶的口吻，摇了摇头，"她只顾着自己。"后来伊迪丝去找了玛吉·贝克。

玛吉不仅给伊迪丝和莱亚拿来了鞋子，还给了她们袜子。在现实世界中，鞋子是多么稀松平常的物品，但在奥斯维辛却可以拯救性命。穿上鞋子去外面干活会好受一些，双脚能免受碎片和锐物割伤之痛，也能在即将来临的寒冬中免受冰冻之苦，而那些仍然穿着木屐的人肯定会被冻伤。

越来越多的女孩在晚上干活结束时被党卫队选中。党卫队军官站在比克瑙集中营的入口处，看着她们走过来，女孩稍有不对劲就会被挑出来。拣选的随机性与日俱增，恐怖氛围愈发浓烈。党卫队营管玛丽亚·曼德尔看到有谁敢抬眼看她，那女孩就死定了。营里待久了的人没有谁敢抬起头，而新来的人如果抬眼看她，就绝无存活的可能。

即使走出了比克瑙大门，也不一定意味着安全。一天晚上，第一批送来的一个女孩正朝她的营房走去，一个党卫队队员大喊："你过来！"

"她还能干活，但他们不在乎，"伊迪丝回忆道，"他们会在女孩们经过时随意抓人，这样就能完成指标。"

竟然有指标？确实有。

蒂索总统 8 月份发表了关于基督教价值观的演讲，在这之后不到 8 周，他就决定减缓遣送犹太人的速度。当然，斯洛伐克超过 2/3 的犹太人要么已经死亡，要么在斯洛伐克或波兰某个集中营做奴工，斯洛伐克政府因"重新安置"这些犹太人而欠了第三帝国数以百万计的外债。斯洛伐克议会意识到这笔开支"严重影响了国家财政"和未来经济发展。

中止遣送让那些尚未被驱离家园的人松了口气，那些坚信总统豁免令会保护他们的人也是如此。哈特曼一家在家庭农场算是安全了，他们继续与伦卡·赫茨卡通信。她最早的一张明信片是用铅笔写的，上面贴着一张有德国元首像的紫色邮票，邮戳用红墨盖着：Auschwitz Oberschlesien（上西里西亚，奥斯维辛），即奥斯维辛集中营所在的波兰地区。

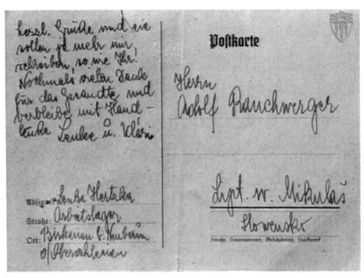

11.1966 年采访尤金·哈特曼时拍摄的明信片照片，南加州大学大屠杀研究基金会视觉历史教育研究所（sfi.usc.edu.）。

1942 年 11 月 28 日

致亲爱的家人：

好的祝愿时间越长就越珍贵。也祝愿你身体康健，欢乐常伴，愿上帝保佑你精力充沛，能继续工作。这里已经入冬，想必家中很快也是同样的冬日景象。夜间，我时常在脑海中回想家乡，回忆熟悉的老地方。

伦卡

字迹已褪色，问候语几乎无法辨认，但明信片是写给伊万·劳赫韦格的叔叔阿道夫的。伊万不知道伦卡·赫茨卡是怎么认识他叔叔的。

在"加拿大营"工作并不意味着囚犯能躲过疾病和死亡，但确实提供了藏匿病友的机会。有时只要能短暂地喘口气，就足以让人将病养好。伊达在一支分拣队工作时，患了斑疹伤寒。

当病重的时候，要想躲过看守，就得像三明治一样，由另外两名同伴把患病的人夹在中间，架着她站直前行。只有靠这种方式，才能够逃过党卫队的眼睛。为了完成毒气杀人的指标，党卫队的人要不断除掉劳工队伍中的体弱多病者，代之以来自法国、比利时、希腊、荷兰等国犹太隔都的新劳工。

一进衣物分拣营，伊达就躲在衣服堆里，这样她可以偷睡一整天，恢复体力。女孩们会趁机给她弄点水，拿一点衣服口袋里找到的食物给她，然后再回去工作。最后，趁党卫队没有注意，她们掩护她从衣服堆里爬出来，进入比克瑙集中营的时候又帮助她躲过拣选。互相帮扶，是她们唯一的生存之道，她们也会帮助男囚。

1942年秋，鲁道夫·费尔巴在营中搬运被遣送者的行李，送到衣物分拣营，在那里他认识了许多戴着红白头巾的年轻女子。斑疹伤寒在男女囚营肆虐时，鲁迪（即鲁道夫·弗尔巴）也感染了。他在搬着行李箱去分拣营时，突然发病。连续三个早晨，他的朋友们走过党卫队去干活时，都会把他扶着夹在中间。走过党卫队后，他们就把他偷偷带到斯洛伐克姑娘们分拣衣物的地方，将他藏在衣服堆里，就像藏匿伊达一样。

发烧和脱水令他意识不清，一整天里，女孩们轮流偷偷给他一点柠檬和糖泡的水，甚至给他弄了一些药片。斑疹伤寒能不能熬过去，全靠运气，因为谁也不知道伤寒会降临到谁头上，它的到来毫无规律，也不讲道理。几天后，他被安置在病房里，吃上了退烧药。但正是斯洛伐克女孩给予他的帮助，让他"重燃了生的希望"。

伊迪丝一开始是头痛，随后出现肌肉僵硬酸疼，全身乏力。她感到恶心，冷热交替。如果党卫队的人让她伸出舌头，发现她生病的症状，会把她送进毒气室。她吃不下饭，昏迷不醒，全身都痛。"那段记忆恍若昨日，我看见我自己，看见莱亚拉着我去工作，告诉我要站起来。"伊迪丝除了流食什么都吃不下，于是莱亚把自己的茶和汤给了伊迪丝，自己吃了伊迪丝的面包。"我一定是发烧到了41℃，但还是要去搬盖房用的砖头。"

伊迪丝同伤寒斗争了数周，在某天早晨醒来后开始好转。高烧退去，她饿极了，想吃点东西。她睁眼望着铺位上方光秃秃的木梁，连今天是几号都已浑然不知。她转向姐姐，低声说："莱亚，我饿了！"这无疑是个好消息。

莱亚目光呆滞，脸色苍白地望向伊迪丝，现在轮到她病倒了。

伊迪丝把自己的茶水和汤给了莱亚，换了她的面包吃。斑疹伤寒不会人传人，而是通过虱子传播。但也有不少其他的传染疾病。在比克瑙集中营这样的地方，很容易几种疾病都染上，因为这里聚齐了传染病的三大传播媒介：虱子、老鼠和螨虫。

姐姐莱亚病倒的最初两周里，伊迪丝扶着她去营外干活。伊迪丝自己尚未完全恢复，仍很虚弱，但她必须将姐姐从铺位上扶下来，帮她站直，挺过早晨的点名。再撑着她走过党卫队，去往沼泽清理工作队。海伦娜曾经被威胁要发配于此，对于伊迪丝和莱亚而言，却已经是家常便饭，那里的环境严重影响了弗里德曼家这对姐妹的健康。她们在冰冷的水里捡拾废纸和瓶子，手脚都抽筋了。与雨水一起下落的还有气温，她们裙子挽至膝盖以上，但是水太深，还是将裙子打湿了。待她们从水里出来后，衣服上都结了冰。冬天正在逼近。

她们偶尔也能在最上面的铺位藏着，盖上薄毯，不去干活。如果足够幸运，营房长和室长会允许你待着，无人打扰。如果运气不好，碰上党卫队搜查营房，就可能会被抓，送去 25 号营房，或者直接送去毒气室，就像欣达·卡汉一样。

莱亚病了两周后，非但没见有丝毫好转的迹象，反而愈发虚弱，伊迪丝叫她起床，她也无力回应。后来一天清早，莱亚病重得连抬头的力气都没有，身体沉得重如磐石，无法动弹。她需要静养，但这根本不可能。

伊迪丝见姐姐还不起床，顿时吓坏了，她乞求道："莱亚，你得起来了，赶紧。"

莱亚甚至无力摇头拒绝。"也许当时我该多做点什么。"但伊迪丝当时也只是个十几岁的孩子，独自置身于这充满恶意、生不如死的世界。除了把自己的茶给莱亚喝，继续为她祈祷之外，她也不知道还能做些什么。她只是知道，莱亚必须好起来。在家中，莱亚身体更好，而伊迪丝则是让母亲操心更多的瘦弱女孩。

海伦娜和头戴白头巾的其他女孩也住在13号营房，和伊迪丝、莱亚同室。其中一人或许看出了伊迪丝的难处，就给了她一条白头巾，这样她就能进入分拣工作队。由于伊迪丝已经穿着一双好鞋，就不用担心自己会因鞋子引起囚监丽塔的注意。

伊迪丝需要这份相对轻松的工作来恢复体力，也需要带些额外的食物给姐姐，或许还能给姐姐也找一条白头巾。如果能把莱亚弄进分拣工作队，那她也会逐渐恢复。时间紧急，只要来了一个党卫队队员，就会发现莱亚躲在营房里。伊迪丝满脑子想的都是如何救治姐姐，于是就在次日清晨和海伦娜一起回到奥斯维辛一区分拣衣服。

伊迪丝听到流言说有个女孩和一名党卫队队员有暧昧。现在，她站在一张长桌旁，忙着清空衣服口袋里的食物和其他物品，却看到海伦娜在和负责监督她们的党卫队军官眉目传情。

海伦娜从分拣桌消失后，跑去堆积如山的衣物那边，大家都假装没看到，专心干着手头的活。不出片刻，党卫队的温舍就绕到那边与她会合。伊迪丝大吃一惊，因为西特伦一家可是严格的正统派犹太教徒。但她又能说什么呢？"她爱上了这个人，"伊迪丝说，"两人正在热恋。"

在一张照片上，海伦娜穿着条纹囚服，却对着镜头笑得很灿烂。她一头秀发乌黑浓密，脸颊饱满，并不见苍白清瘦。她的身后是奥斯维辛集中营。这可能是唯一一张记录了囚犯在奥斯维辛－比克瑙集中营展颜欢笑的照片。

一天下来，伊迪丝已经往自己口袋里藏了一些食物，但是莱亚需要的远不止食物，她得吃药。然而，即使是曼奇也很难为病倒的犹太囚犯找来药物。

伊迪丝回到营房，满心想着怎么帮姐姐。也许她可以用食物换来柠檬水或是清水，也许她可以扶姐姐坐起来吃些面包。但是莱亚的床位上却是空的，她立刻着急忙慌地冲去找营房长吉兹和她妹妹。

"我姐姐在哪？"

他们把她带去了 25 号营房。

"他们怎么能这样？你们为什么不拦着？"她喊道。

营房长和室长可以让女孩躲起来不出去干活，但如果有囚监或党卫队来检查，她们就只好把躲起来的女孩送到 25 号营房——去了那里，就是领了一张通往死亡的单程票。女孩的囚犯编号一旦在25号营房登记，就逃不掉了。25号营房的出入口都有党卫队哨兵和营房长把守，伊迪丝要如何进入25号营房呢？"我们想到了办法，"伊迪丝说，"但是西尔卡就是不愿意帮我！"

西尔卡是25号营房的营房长，她大概只有十五六岁，为人冷酷无情。她就是曼奇提到的那种醉心权势之人。西尔卡可不是那种会好心帮忙的人。

"好像是运尸工作队的女孩给了我一块袖章，"伊迪丝想了想，如果是的话，那人或许就是玛吉，但已经很难记清当时发生的一切。"或许是因为我穿着条纹囚服，戴着白色头巾，看上去像是担任要职，所以就给我放行了。"

13号营房和25号营房只有一幢楼之隔，伊迪丝不用走太远就能到门口。借着夜色掩护，她溜进了25号营房。这里就是个冰冷的停尸间，昏暗幽闭，尸体遍地，还有女孩在黑暗中呻吟。

伊迪丝呼唤着姐姐的名字，仔细听着有没有回应。她找到莱亚时，见她躺在泥地上，"我握着她的手，亲了她的脸颊，知道她还能听到我说话。"伊迪丝擦拭莱亚的额头时，莱亚的眼睛湿润了。"我坐在那陪着她，只觉得应该在这种地方的是我而不是她，我也病过，又好了，为什么她没恢复？"黑暗的楼道中没有灯光，老鼠乱窜。空气中弥漫着死亡和腹泻物的气味。里面冷极了，伊迪丝想给姐姐吃点东西，但她吃不下。伊迪丝就蜷缩在姐姐身边，试图用身体温暖她。她待了很长一段时间，最后不得不离开这里溜回营房。那一夜她做了很多梦，时睡时醒。

第
二
十
六
章

心在流血时，它自己是察觉不到的。

——茨波拉·特霍里，婚前原名海伦娜·西特伦（1971号）

1942年12月5日是犹太历法中的安息日光明节[25]。这是一个送礼物的节日，也是嘉奖过去一年里表现良好的孩子的节日。光明节仪式始于点燃光明节蜡烛，安息日一旦开始，人们就不能再"点燃"蜡烛，也不能工作——安息日其实就是休息日。光明节是为了庆祝光明奇迹[26]，纪念夺回圣殿，感谢上帝

---

25 又称修殿节、献殿节、烛光节、哈努卡节、马加比节等，是一个犹太教的节日。该节日乃纪念犹太人在马加比家族的领导下，从叙利亚塞琉古王朝国王安条克四世手上夺回耶路撒冷，并重新将耶路撒冷第二圣殿献给上帝。
26 指马卡比起义击退希腊人，收复耶路撒冷，献祭时仅存的一瓶圣油连续燃烧8天（通常只能用1天），被视为奇迹。

从毁灭中拯救了他的选民。伊迪丝和莱亚现在需要一个光明节奇迹来拯救她们免于毁灭。

早上点名前，伊迪丝又冒着生命危险潜入第 25 号营房。她马上得去干活了，但又不忍心丢下姐姐一个人。

"莱亚躺在架子床的最底层，贴着地面，已经奄奄一息。天气很冷，她已经昏迷了。"伊迪丝不知道姐姐能否听见自己讲话，听见自己祈祷上帝保佑她。附近还躺着一个因斑疹伤寒奄奄一息的人，是乔拉·施皮拉的童年好友、阿道夫·阿姆斯特的女儿玛格达。她独自一人，置身于茫茫黑暗中，连一个安慰的亲吻都没有。

分拣工作队一走出大门，营内其他女孩就被命令脱掉衣服，赤身裸体站在雪地里。在比克瑙这个被冰冻、被遗忘的世界里，党卫队正准备进行大规模拣选，挑出得了斑疹伤寒的囚犯。

寒气逼人。

"那些可怜的、悲惨的女孩，"一位波兰拉比的儿子摩西·索嫩申对鲁道夫·弗尔巴说，"这么冷的天，还光着身子，她们会被冻死的。"

40 辆卡车等着把那些被选中的人运往毒气室。

女孩们被迫赤身裸体站在雪地里一整天，其中至少有 3 个女孩是第一批遣送过来的：雷娜、丹卡和迪娜。尽管雷娜回忆起了不少细节，但她从未提及此事。

她是在有意回避还是不愿回想？有时，面对深埋心中的恐惧，人们往往不愿旧事重提。

当满载着数千女孩和妇女的卡车驶向毒气室时，人群里发出"一声声哀号，犹如报丧女妖[27]"，"尖锐的抗议声响起，似乎只有死亡才能将其平息"。有个女孩从卡车后面跳了下来，接着是另一个。她们不打算做待宰的绵羊，拼死一搏，想要逃出生天。党卫队牵着狗，挥着鞭子，在逃跑的女孩后面紧追不舍。

"根本没有上帝，"摩西·索嫩申喊道，"真有的话，我诅咒祂，诅咒祂！"

饥饿并不能让人头脑清醒、专注思考，但伊迪丝已经祈祷了一整天，希望奇迹降临，治好姐姐。她收拾着死难犹太人外衣的口袋和内衬，坚信光明节这天会有奇迹。

伊迪丝笃信着安息日和光明节的要义，但如果自己的姐姐都快死了，这些信条也就很难让人信服。莱亚必须撑下去。在那段最黑暗的岁月里，伊迪丝没有一根蜡烛可点，只能靠一丝希望来期盼奇迹。

那个冬日的下午，天色渐暗，琳达、海伦娜、伊迪丝和分

---

27 Banshee，爱尔兰传说中预报死讯的女妖。

拣队的其他成员步行走回了比克瑙集中营。到大门口，党卫队命令她们停下，脱光衣服。"我们只得光着身子穿过大门回营。"

女孩们在凄冷的寒风里脱下衣服，站在雪地里，瑟瑟发抖，然后挨个在党卫队面前走过。他们身着黑色羊毛长大衣，脚穿靴子，头戴帽子，手上戴着皮手套，分列两侧，观察她们的皮肤上是否有斑疹伤寒症状，检查得十分仔细，凡是有轻微斑疹的女孩，会被要求往右走，那边有人负责登记编号，之后会有车将她们拉去毒气室。

往左是女囚营，站过去意味着可以活下去。"那些被感染的，或是瘦弱不堪、不成人样的"，都被送去了毒气室。其他女孩大声抗议，抱怨着这些不公。在奥斯维辛，生命如蝼蚁。幸好伊迪丝的红疹已经消退，躲过一劫。她穿上条纹囚服，拿起鞋子，光脚跑过了一排排营房，赶到25号营房。天色越来越暗，她必须找到莱亚。没有党卫队队员，西尔卡也不在，院子里空荡荡的。她打开了门，走进营房。架子床和地板上一个人都没有。伊迪丝转了一圈，回身往外跑，拐过角落，她看着比克瑙集中营里的大道，那里本该站满女囚。伊迪丝开始浑身发抖，牙齿也开始打战，既是因为冷，更因为害怕。大家都去哪了？

西尔卡在昏暗中出现。

"她们人呢？"伊迪丝问道。

"都被送走了。"

那天上午还在这座营房里的 1000 名女孩，转瞬就只剩下20 人。

当女孩们从分拣队回来，却只看到空落落的营房。琳达只有 9 个朋友还活着了，而伊迪丝只剩 1 个。

莱亚走了。

贝尔莎·沙赫内罗娃走了，时年 27 岁。

莱亚·费尔德布兰多娃走了，时年 19 岁。

爱丽丝·威索瓦走了，时年 21 岁。

玛格达·阿姆斯特走了，时年 19 岁。

萨拉·施皮拉的祈祷在灰烬中挥之不去：能活着就很美好。但愿她们都能活下去。

1942 年 12 月 5 日这天，是这一年为数不多的记录在案的拣选女囚的日期之一。党卫队的资料记载和幸存者的回忆之间仍有出入。历史记录表明，大约有"2000 名年轻健康的妇女"被毒死。而幸存者则回忆说有 1 万名女性在那天死去。这些证人包括幸存的鲁道夫·弗尔巴和他的朋友摩西·索嫩申，摩西从男囚营那边目睹了这次拣选，包括在外面站了一整天后来熬过拣选的女囚，还有雷娜和丹卡，以及从衣物分拣队回到空荡荡的营房的人。

"营房已经人满为患。纳粹和党卫队知道会有新人进来，所以他们必须除掉我们，"琳达继续说道，"第二天早上，我们醒来时，营里几乎空无一人。我们听说晚上他们焚烧了1万名被毒气杀害的女性尸体。点名时我们只看到几个认识的人。"只有几个。

由于相关记录极有可能已遭毁灭，我们可能永远无法获知拣选的准确数字。但还能相信谁呢？是党卫队关于女囚的记录吗？还是相信幸存者？

不管最终真相如何，在8个月左右的时间内，有近2万名女囚死亡，其中大多数死于1942年8月15日至12月5日之间。据曼奇说，仅从所谓的"医院"送到毒气室的妇女和女孩就有7000名。

伊迪丝说："在这之后，第一批运来的女孩中还活着的人后来大多得以幸存。"除非是死于"死亡行军"或斑疹伤寒。这是最后一次大规模拣选，在这次拣选中，第一批进入集中营的女孩被送到毒气室。这是因为在1943年1月，新任的党卫队女囚营长官玛丽亚·曼德尔取代了约翰娜·朗格菲尔德。她下令在拣选时跳过编号为四位数的女孩，特别是以数字1开头的女孩。当然，病得很重的例外。这可能是曼德尔唯一做过的善事。

第
二
十
七
章

1942 年 12 月 12 日

亲爱的伦卡：

可能你刚收到我寄的卡片，以后我代表全家人，每周都给你写信。我写信的时候大家都在，我们经常聚在这里。我们的心和你在一起，和你们所有人在一起。

我们急于收到马格杜斯卡的信，请让她尽快写信给她父亲。家人都很健康，也都挺忙。

祝好

妈妈

党卫队总部是一栋巨大的三层白色砖楼，就建在奥斯维辛一区外面。大楼后面是厨房和面条厂，这两座荒废的、空空如

尤金·哈特曼捐赠，缅怀伦卡·赫茨卡，纽约市犹太遗产博物馆。

也的建筑至今仍在。它们破碎的窗户俯瞰着一片曾经被称为晾晒场的空地，那是党卫队洗衣房晾晒衣物的地方。如今，党卫队大楼是一所高中，洋溢着青春气息的孩子在楼梯间蹿上蹿下。遥想当年，在截然不同的环境下，女孩们也曾在此生活过。

　　总部大楼的地下室有完整的洗衣房，有缝纫设备，还有宿舍，里面塞满了双层床，住的是在洗衣缝补工作队和文书处工作的女孩。伦卡·赫茨卡就是在这里收到从哈特曼农场寄来的卡片，并深情读着侄子、妹妹和母亲写的话。8岁的米兰写信说，收到她的卡片就是最好的生日礼物。他只是希望马格杜斯卡也能写信给他。漫长的一天结束后，家人们聚在一起时，他可能听到他们讨论女孩们离开的事。伦卡的母亲寄来的一张节日贺卡提到，他们家给这对表姐妹和伦卡寄了 250 克朗。上着班的女孩们会时不时给自己买点什么，这不是很正常的事吗？

显然，这家人并不清楚伦卡去的是个什么地方，大家想当然以为所有人都在一起，一如蒂索总统保证的那样。在他们的想象中，伦卡和表姐妹们一起工作，到了饭点就一起用餐，她们依然亲密无间。伦卡寄回的卡片无法揭示阴冷的真相，而马格杜斯卡和努西从未写信回来过。与此同时，得知伦卡是从比克瑙和家人通信，家人和朋友们也开始给伦卡写信。

伦卡的兄弟赫尔曼写道：

她们在做些什么？身体还好吗？约瑟夫·埃尔迪也在那里，但可能已经离开了，我们昨天从表兄罗伯特那里得知的这则消息，他在木器店工作。他来信说他很好，只想知道他妻子在哪里……你要告诉马格杜斯卡：马克已经结婚了。

爱你，吻你。

赫尔曼·赫茨卡

表兄罗伯特写了信给赫尔曼，告诉家里人约瑟夫·埃尔迪"已经走了"，这可能暗示他已被送去了毒气室。不过，如果罗伯特是刚到营地，不知道真实情况，那他可能真的相信约瑟夫·埃尔迪只是被调去了别的地方，他对妻子去向的疑惑，可能意味着他确实不清楚情况。

赫尔曼的信中提到了马克的消息，他是马格杜斯卡的意中人，但他结婚了。如果伦卡将这个消息告诉马格杜斯卡，她肯定会崩溃，但伦卡似乎并未和其他女孩碰面，在她早期寄来的卡片中并未提及马格杜斯卡或努西，显然这两人并未和她同在一个地方干活。

哈特曼一家很疑惑，在她们的表姐到达集中营之前，马格杜斯卡和努西就已经在奥斯维辛集中营"工作"了几个月。她们真的忙得没有时间给家人写信吗？

1943 年 1 月 1 日

亲爱的伦卡：

我收到了你的贺卡，非常感谢。这里一切顺利。我们还把米兰的靴子（注：类似圣诞袜子）装满了礼物。这次我也代表大家给你写信。同时，你肯定收到了我们从罗什科瓦尼寄来的卡片。姑娘们（马格杜斯卡和努西）应该以你为榜样。拿卡片去祝福她们吧。我们还寄了钱给马格杜斯卡。向大家献上最诚挚的问候和拥抱。

妈妈

哈特曼一家独自生活在罗什科瓦尼这个小村庄的家庭农场里，似乎对外面的情况一知半解。他们肯定知道犹太家庭正一批批从普雷绍夫被遣送，但身在偏远的农村，他们没有见到城市居民所目睹的严酷场景，却也一定听说了围捕犹太人的消息，特别是自己家族的许多人离开普雷绍夫来到农场避难。哈特曼家经营的农场为国家和军队提供必需的粮食，但还是不能雇用非犹太人。所以，他们需要家里人帮忙干活。他们给女儿们寄去了一包包奶酪和其他易于保存的食物，也寄了些给她们的朋友，曼德尔家的埃莉和科尔内利亚姐妹，她们与马格杜斯卡和努西都是第一批被送走的。

从 25 号营房出来的唯一办法是死后被人用担架或手推车抬出来，然后扔上开往毒气室的卡车。唯一被允许自由出入 25 号营房的囚犯是营里的书记员以及运尸工作队的人，为了保守 25 号营房的秘密，获准进出的人都戴着特制的臂章。

曼奇正想尽办法让更多女孩活下来，因为只需要人数对上即可。埃拉从未详细说明她如何参与其中，但她作为一名抄写员，在施瓦尔博娃医生看来，是为数不多的几个可以帮忙修改数字的人之一。如今已 90 岁的她身体虚弱，但仍有清醒的时候。当被问及此事时，她回忆道："我救了一些人。"伊莲娜是其中之一。

伊莲娜脚趾长了冻疮，走路一瘸一拐，于是就被送来第25号营房。这时贝尔莎、玛吉和运尸队的其他人过来干活。玛吉认出了来自胡门内的伊莲娜，了解到她所处的困境，埃拉也认出了伊莲娜，因为她在奥斯维辛一区的时候，埃拉是她的营房长。她们都是第一批被遣送来的，彼此有某种特殊的关联。如果伊莲娜病得很重，她们绝对救不了她，好在她还算健康。由于埃拉的工作是登记送到25号营房的人，所以"有权"不登记伊莲娜的编号。

伊莲娜说，25号营房多一具尸体，埃拉在档案卡上做了点文章，把伊莲娜的编号换成了死去女孩的编号。现在她们就得把"伊莲娜"搬出去。

就在她们把一具尸体搬走时，伊莲娜搭着担架，和她们一同走了出去。

党卫队也没注意到从担架上搬下来的尸体多了一具。

伊莲娜帮着其他人把尸体抬到卡车上，但现在却面临另一个难题。她需要时间来恢复，不能被党卫队的人发现她腿脚不利索。埃拉把她送到她自己的营房，她的姐姐伊迪（1949号）负责统计营房里的女孩人数，并报告有多少人外出干活，有多少人留下。在奥斯维辛集中营，一切都不简单，但至少如果伊迪愿意，就可以帮助到女孩们。伊莲娜有了安全的地方藏身，可以在那里养好伤。但问题又出现了，她的小脚趾因坏疽而发黑。

宵禁之后，她在夜幕的掩护下溜出去，在地上搜寻玻璃碎片。她发现了一块足够大、可以握得住的玻璃，便咬着一块布以防痛得喊出声，然后就开始把脚趾上的坏疽刮掉，刮完后她用报纸将伤口包起来，直至愈合。

几周后，当伊莲娜穿着木拖鞋走出来工作时，她的脚上仍然裹着报纸。党卫队的安东·陶贝是个臭名昭著的刽子手，他立刻拦住了伊莲娜。

"1564 号，你的脚是怎么回事？"

"我脚痒抓破了，就用纸包着。"伊莲娜撒了个谎。

"如果下次拣选你还没好，就等着进烟囱[28]吧。"他说。

几分钟后，党卫队的德雷施勒又看到伊莲娜脚上包着报纸，就将伊莲娜从队伍中推出去，要送往毒气室。

"陶贝先生说了，如果下次拣选我还没好，我就得去。但不是现在！"

德雷施勒不满地嘟哝着，但也只好让伊莲娜回到队伍中。

伊莲娜需要分拣队的女孩帮忙弄双鞋子，既能让脚不受冻，也可以避免被党卫队盯上。她设法弄到了一双靴子，在奥斯维辛，即使是最微小的善举也能改变一个人的命运，甚至

---

28 指焚尸炉。

不止一个人的命运。

但有那么多绝望的人需要帮助，无法面面俱到，只能选择优先帮助自己熟识的亲人朋友，而有时素未谋面的人会突然出现寻求帮助，对此也不能视而不见。有多少任职囚犯对"陌生人"伸出了援手？营内需要救助的人成千上万，救助几个人这样的小小善举虽有些微不足道，但总比没有好。

失去了姐姐，伊迪丝陷入绝望的泥淖。因姐姐死亡而产生的种种自我怀疑萦绕在她心头，令她变得无比沮丧。"莱亚救了我，我却没能救回她，我年纪更小，身体更虚弱，但活下来的却是我。"这毫无道理，但在奥斯维辛集中营，一切本就毫无道理。

早上起床很难，点名时站着一动不动很难，吃饭很难，生存很难，在奥斯维辛，唯一容易的是死亡。这里有电网，有警卫，有狼狗，有鞭子，有虱子，有毒气室，每样都能让人送命，死亡触手可及。她只要越界，就会被射杀。但伊迪丝并不求死。"我爱我的姐姐，非常爱她，我会经常想起她，但我会不会为自己活着而难过？不。我很高兴我还活着。这是事实。活下去是她带给我的一种信念。"

某种精神力量存在于她的心间，让她坚持下去，但她需要的不仅仅是意志力，还需要陪伴。艾尔莎·罗森塔尔成了伊迪丝的"营内姐妹"，她们用这个词来形容彼此如亲人般的亲密关系，因为在奥斯维辛谁也无法仅凭自己活下来。

玛吉提到，她的一个表亲。贝诺维科娃姐妹曾获准一起赴死，但现在却阴阳两隔，一个被送去毒气室，另一个还活着。

这对姐妹都很健康，但是党卫队心血来潮，毫无理由地将年纪小的拣选出来处死。在围栏的另一边，还没等妹妹被赶上去往毒气室的卡车，贝诺维科娃就冲到了玛吉身边。

"以后咱们做姐妹吧。"她说。

失去亲人既是失去了生活上的陪伴，更是失去了精神依托。如果没有精神支撑，就无法在奥斯维辛集中营如此邪恶的旋涡中存活。

玛吉明白这一点，所以她立刻同意了贝诺维科娃的请求。艾尔莎也为伊迪丝做了同样的事。没了莱亚，生存的意义是什么？艾尔莎需要伊迪丝活着。她敦促伊迪丝继续戴着白头巾工作。她睡在伊迪丝身旁，防止绝望的寒风将她吹走。她擦去了滑落在伊迪丝脸颊上的泪水。她让伊迪丝吃东西，在点名时扶着她站直。艾尔莎提醒着伊迪丝，如果消沉下去，她们俩都会死。

"没了你我也会活不下去。"艾尔莎和她说。同情和安慰起了作用。伊迪丝找到了活下去的勇气。然后她又找到了另一个理由。

衣物分拣队的姑娘们如今都穿了件围裙或罩衫。每天早晨，她们都会穿上围裙，围裙上有编号和黄色的六芒星，就像她们的集中营制服一样。伊迪丝在分拣一批比利时犹太人留下的大衣时，摸到一件黑色开司米大衣的下摆处有什么东西。她起初没在意，后来又想，万一是什么贵重物品可以偷带出去给"地下组织"呢？她撕开缝口，从大衣内衬里挤出一个扁扁的盒子。附近没有党卫队的人，她迅速打开盒盖。"全是打磨好的大钻石"，在闪闪发光。她心跳加速，这些"肯定价值数百万"，哪怕只看一眼这些钻石，一旦被人发现，也会被送去毒气室，但如果她能把这些偷偷弄出去给"地下组织"，也算是为莱亚"复仇"。盒子恰好能塞进她的围裙口袋，一点都没有鼓起来。

当天是星期六，工作周的最后一天。一天的劳役结束后，海伦娜从成堆的衣服后面回来了，她现在大部分时间都在和党卫队的温舍斯混在一起。"她不必再工作了。"伊迪丝说，尽管返回比克瑙集中营之前还是要立正站好，接受清点。那天点名时，党卫队命令她们把围裙挂在钩子上，周末就放在那里。新的要求让她们有些错愕惊慌，许多人口袋里藏有东西，是打算拿回营房换面包或其他必需品的。

"从现在开始，所有的围裙都要留在这！"一名党卫队员宣布，说是为了防止偷拿东西和疾病传染。

伊迪丝小心翼翼地挂上围裙，但她无法拿回盒子。要想交给"地下组织"看来得等到星期一了，现在暂时顾不上钻石了。

第二天中午，男囚们抬来午餐的汤桶，其中一个抬桶的人小声对伊迪丝说："党卫队检查了你的围裙，找到了钻石。他们肯定会问你的。"

伊迪丝害怕得全身发抖，她该怎么办？偷东西被抓，即使是一个土豆，也要挨二十鞭子。何况是偷钻石？她现在需要的只是一个让党卫队员相信的说辞。

星期一，晨光初现，伊迪丝走向劳工岗位，每一步都因为恐惧而变得格外沉重。在分拣营外，妇女们被命令排队等候审讯。就连海伦娜也不得不等着。审问她们的军官不是党卫队的温舍，而是他的上级安布罗斯。叫到编号的女孩一个接一个走进党卫队办公室，房门紧闭，审讯开始。之后又一个个走出来。有些人去工作了，有些则朝相反的方向去了。伊迪丝不是唯一一个在口袋里藏东西的女孩。她竭力控制着有些发抖的身体。快到中午了，只有她还站在外面。看来她该去与莱亚相会了。

"1970 号！"

有人招手示意，伊迪丝走进了党卫队办公室，来到审讯间，在一脸严肃的党卫队员面前立正站好。

"你的围裙里有个盒子，为什么不上交？"

"我信不过其他的警卫。"

"为什么？"

"因为盒子不小，我想它可能很重要。"她停顿了一下，要演得更像，"如果我给了你，我想你会给我一点香肠什么的。所以我打算留着给你。"

"你要敢撒谎，我就把你送去毒气室。"

她立刻摇头示意没有撒谎。

"你打开看过了？"

"我说的是真话，"伊迪丝继续"撒谎"，"我是要留着让你检查的。"

"你说没说谎，我还是看得出的。"

她再次点头。

他锐利的目光上下扫视了她一番，似乎是要看穿她。

伊迪丝面黄肌瘦的外表保护了她。如此瘦小，能有什么威胁？

"我没被直接送去毒气室，每个人都很惊讶，但我永远不会忘记党卫队看我的眼神。纯粹就是贪婪。他不想把钻石上交，而是想占为己有。第二周，他辞职回了家，开了一家工厂。"伊迪丝也没有得到什么香肠。

在加拿大营，红白头巾工作队变得很吃香，以至于每个人都想弄条头巾加入。琳达虽然一开始就是在整理衣物，但偶尔也会被挤出去，尽管她"手肘有力"。伊迪丝太瘦弱了，很容易被挤出去，而且她过于消沉，对于回去分拣衣物也并不积极。她没有足够的精力去争抢，所以又回到了冰冷的户外，徒手清理道路。冬天很危险。冻伤在肆虐，管事的人还秉承着一条原则：
"犹太人而已，管它什么天气。"

第一批送来的女孩只有少数人还在户外工作。除了伊迪丝
和艾尔莎之外，这些不幸的人还包括雷娜和她的姐妹丹卡，以
及她们的朋友迪娜和琼·罗斯纳。琼说："我们没有袜子，没
有外套，什么都没有。""如果我们找到一块破布，都会把它裹
在身上保暖。一栋营房里有 1000 个女孩，我们互相偷对方的
毯子。情况糟糕到根本无法解释。我的腿冻僵了，脚趾冻僵了。
头上没有头巾。我们在雨中干活，穿着湿衣服睡觉。"

为了控制斑疹伤寒，这些女孩的制服每到星期天被收集起
来除虱。所谓"除虱"就是将她们脱下的衣服送到洗衣房去煮。
制服送去洗的时候她们是没有衣服穿的，就只能待在营房挤在
薄薄的毯子下取暖。冬天，制服晾干要很久，送回来的时候通
常冻得硬邦邦的。一月的某个星期天，伊迪丝醒来时疼痛难忍。
她的膝盖肿得像个气球。"我站不起来了。"

因为那是星期天，她们还能抢在党卫队有人发现她之前做
点什么。艾尔莎跑到医院营找曼奇。

星期天下午，曼奇刺穿了伊迪丝的皮肉，帮她引流化脓以
缓解膝盖的肿胀。没有麻醉药可用，艾尔莎和一名护士只得按
住伊迪丝，以免她因疼痛而大幅度扭动。腐臭的脓液从伊迪丝
的膝盖流出。感染的地方被刺穿后，曼奇在患处敷了点药。伊

迪丝睡了有生以来最好的一觉，还吃了一些"地下组织"弄来的额外食物。

她才在床上养了三天，曼奇半夜把她叫醒，说："赶紧离开，要快，因为明天他们会来挑人。"

"这么疼，我走路怎么办？"

"你必须忍住疼痛，像正常人一样走路，不能一拐一瘸，"曼奇警告说，"你必须这样做。"

艾尔莎赶来救她。她扶着伊迪丝穿过营门，从党卫队面前走过。他们鹰隼般的眼睛总在搜寻着病人和体弱之人。不知为何，伊迪丝在干活时也没有引起任何注意。也许党卫队曼德尔的命令保护了这个编号如此靠前的"小家伙"，但更有可能是，伊迪丝太瘦小了，没有引起党卫队的注意。她干活干了 3 天，直到施瓦尔博娃医生再给她腾出一个床位。

这是一场生存拉锯战。在医院营休息三四天，然后赶在党卫队来进行拣选前溜回营房。在那里，秘书部的任职囚犯对从医院来的囚犯的生存起着至关重要的作用。拣选的消息从党卫队办公室传出来，而在那里干活的任职囚犯是自发组织起来的抵抗网络的组成部分。通知一来，曼奇和其他犹太医生就"快速把病房里处境最危险的病人藏起来，或者把他们'伪装'成在病房干活的人"。伊迪丝也不止一次扮成病房工作人员躲藏起来。

曼奇忙得不可开交，不仅因为要治疗斑疹伤寒和肺结核，还因为在女孩中暴发了脑膜炎。作为一名医生，她正处于一种艰难的境地，她尽力藏匿那些能救治的人，而那些她无能为力救治的人便只能落进克莱默医生的魔爪，或者交给克劳伯格医生——他是做绝育试验的。

"最终解决方案"包括对犹太人进行绝育，从 1942 年 12 月开始，克劳伯格医生开始尝试采用各种快速、廉价的方法为年轻女性绝育。她们之中活下来的是少数。

这两封信终于相遇了。在写给伦卡的信里，母亲担心信件能不能寄到。她不知道的是，能在奥斯维辛收到信，本身就是

尤金·哈特曼捐赠，以纪念伦卡·赫茨卡，藏于纽约市犹太遗产博物馆。

一件非同寻常的事。

亲爱的伦卡：

　　每隔 10 天，我们就通过 UZ（注：犹太人委员会）写信给你。但你说只收到过两次。我们没收到过你 1 月寄来的那张卡片，也没有收到过 2 月 15 日寄的那封信。要是能寄点什么给你，我们会很开心。每次吃饭的时候，还有几乎任何场合，我们都会提到你……我们也给你寄了些钱，你和马格杜斯卡一起用吧。马格杜斯卡和努西的父母没有收到她们的任何消息，都不太高兴。但愿她们能在你的信里加几句话……如果可以的话，请经常写一点关于亲戚和熟人的消息。我们的身体都还好。我们盼望着你们的来信。很爱很爱你们。

　　　　　　　　　　　　　　　　　　爱你的米兰
　　　　　　　　　　　　　　　　爱你的爸爸和妈妈

　　伦卡的信也同样表达出对邮递问题的担忧。就算她是在盖世太保高层领导手下干活，有不少特权，也无法收到每一封信。

　　1943 年 4 月 2 日
　　亲爱的各位：

　　我先回祝亲爱的妈妈，虽然有点晚了。祝你身体健康、事事顺利，希望明年你的生日可以一起庆祝。今年的生日我恐怕没法给你送点不寻常的礼物了，但我相信你会原谅我的。我收到了莉莉3月9日寄的卡片，之后我想收到更多，但终究没有。你们多寄些好吗？也可以寄些小香肠或小包奶酪过来。其他就没什么好说的了。我还是继续在工作，感谢上帝，我很健康。献上我全部的爱，拥抱你们所有人。

伦卡

女孩们到达波普拉德营一周年的日子，也是党卫队弗朗茨·温舍的21岁生日。一年前，女孩们被迫与父母和家人分别时还是哭哭啼啼的。而现在，当她们看见最新一批从希腊运来的2800名男囚、女囚和小孩（其中2191人被毒死），已经习以为常，面无表情。剩下192名女囚被登记入营，编号从38721到38912，417名男囚则从109371开始编号。在整理希腊犹太人留下的衣物和随身物品时，丽塔，也就是白头巾分拣工作队的囚监，再一次告知女孩们：她需要一些人表演节目。她们是既要干活还要负责逗乐党卫队的奴隶。

没人敢拒绝。

在被选中进行表演的囚犯中，只有一个女孩是在真诚地唱着传统的生日歌。她大声欢唱着："你的出生是多么美好，要是少了你，我们会非常想念。我们能在一起，是多么美好。祝你生日快乐!"

海伦娜确实爱上了这个年轻的党卫队军官,后者也爱上了她。就算到了生命的尽头,他也会在钱包里放着为她拍的照片。但不可否认的是,这是一种由权力来定义的关系,掌控在温舍手上。海伦娜别无选择,如果她想活下去。

当然,这也赋予了海伦娜凌驾于他人之上的地位和权力。"只要我求救,他(温舍)就会立刻来救我。其他女囚对此很不满,但也无可奈何。我只要开口,她们[29]中1/4的人就会消失。但我没有那样做。"这种权力本身就非同寻常,承认自己拥有就更不寻常了。但她同时又否认与温舍发生过关系。在更早的证词里,她称自己只和温舍说过一两句话。过了几年,她却又承认"我最后真的爱上他了"。

当被问及是否见过海伦娜干活时,伊迪丝笑了。"我没怎么见过她,也没怎么见过温舍。他们待在比堆起来的衣服还要高的床架上。她只顾自己,只顾着跟温舍待在一起。"

批评海伦娜的人认为,她是因为温舍才得以偷生。但温舍并没有总在身边保护她。"正如她自己所言,换在别的地方,她可能已经死过两万次了。"何况如果这件事被温舍的上级知道了,他会受到严厉的惩罚,而海伦娜也会活不成。不过,他们的关

---

29 海伦娜指的是加拿大营内知晓她和温舍关系的其他女性。

系在囚犯中已经是人尽皆知。许多幸存者都在证词里提到过温舍和海伦娜。"这段关系惹恼了我们所有人。"埃塔说。

伊迪丝说，距离第一批遣送的时间已经过去一年了，她们已经更懂得如何生存下去。"并不是说情况有什么好转，而是我们的身体开始适应这种恶劣的条件，比如天气，比如居住环境。我们刚来时一无所知，但现在我们明白了，更加懂得了如何让自己活下来。"

女囚营的收容人数最高时不超过 1.5 万，但之后登记入营的人数接近 4 万。一年里，营里就有 2.4 万名妇女和女孩死亡，绝大多数是犹太人。此时登记的 1.5 万名女性中，有 1 万多人被列为"非工作人选"，还有 2369 名被认定为"身体不合格"（很可能意味着是待在医院或 25 号营房的人）。因为女囚的死亡人数终于开始在每月底清点了，女囚营的样貌终于从历史的余烬里愈发清晰地浮现出来。从 1943 年 3 月登记的数字中，可以看到这种惨绝人寰的状况：3391 名女孩死于集中营，其中 1802 人死于疾病、饥饿、医学实验或暴力。

斑疹伤寒仍在蔓延，指挥官霍斯下令，对于当前运送囚犯的所有车辆，必须彻底消毒。他还下令，囚犯从营房中腾出来后，留下的衣服全部要消毒。有些波兰男囚开着卡车出入比克瑙女囚营，帮助搬尸工作队的女孩，他们总是想要一点额外的食物，贝尔莎这些女孩只要有多余的，就会慷慨地分给他们。而他们则会带来外面的消息。冬天渐渐过去，女孩们从男囚口中得知，还有几个星期就到逾越节了。

对于一些人而言，信仰已经成为浮云，这不足为奇。"在那种地方，谁还会需要宗教呢？"伊迪（1949号）问道，"哪还会有什么宗教信仰？我们什么都不能有。谁还会有心思注重这些呢？"

但也有人会，其中就有贝尔莎。她和朋友们决定冒险举办一场逾越节祭餐。她们把计划告诉27号营房的其他人，让她们开始"组织"食物。有个女孩从加拿大营弄来了葡萄干，另一个女孩从在厨房里干活的人那里"组织"了一个柠檬和一些糖。除了水，这些就是她们制作葡萄酒所需要的全部原料。

搬尸工作队的女孩们可以弄到饮用水，但还需要一个容器。她们用的可能就是玛吉的罐子。到了半夜，酿酒的人把罐子放在营房中间烧柴的炉子上，然后等待着。越盯着罐子，水就越难烧开。当喝水成了救命之事时，每一秒等待都是煎熬。

在比克瑙本该寂静的夜里，总是充斥着枪声、梦魇的呻吟、垂死的喘息和飞窜的老鼠。但那天晚上的27号营房，黑暗中充满一种神秘感。这是上帝的诫命，给她们的生命赋予了意义。抵抗是神圣的。

水终于沸腾了，她们加入葡萄干、柠檬和糖，在罐子上蒙上头巾，防止灰掉进去，再把它放在一个架子床高处的角落里，防止老鼠爬进去。她们让酒自行发酵，然后就睡去了。

每隔 24 小时，就会有人用勺子搅拌。次日，酒的表面冒出了气泡。第三天，葡萄干已经浮起来了，在表面晃动，颜色也变浅了，先前透明的液体变成了淡淡的琥珀色。有效果了！经过一周的发酵，酒变成了深褐色，已经算是葡萄酒了。女孩们用一块干净的布把酒过滤到她们的红碗里。等罐子空了，便又把滤过的酒倒回去，再盖上，把它放在架子床上层，静待逾越节到来。

克劳伯格医生却觉得应该以另一种方式来庆祝逾越节。他挑选了佩吉和"四五个也在奥斯维辛待了很久的波兰女孩"做绝育实验。"他们给我们穿上漂亮的条纹连衣裙、中长外套和头巾。我那时还有一点头发。"早晨，她们在门口等着。有位叫埃尔娜的斯洛伐克医生，是和曼奇一起的，她注意到了女孩们。

"你们站在这干吗？"她问。

"我也不知道。"佩吉答道。

埃尔娜直接走进办公室找克劳伯格医生谈话。"你要做实验，不必找这些女孩，她们在奥斯维辛待了一年了，不具备做实验的身体条件，她们连月经都没有了。你最好选那些刚运来的人。"

10 分钟后，她从办公室出来。"姑娘们，回营房吧。该去干活了。"

从普雷绍夫来的玛尔塔（1796 号）相貌出众，就没这么幸运了。1942 年 4 月 1 日，指挥官霍斯在党卫队少将卡尔·克劳伯格医生的命令下，指定第 10 号营房的女孩作为绝育实验的对象。

这一年的逾越节不再像 1942 年首批遣送过来的女孩那样各自默默念诵祈祷文。整个欧洲都是如此：不论是集中营里的犹太人，隔都里的犹太人，还是那些勉强保持自由之身的犹太人，都在悄悄举办逾越节祭餐。这种古老的传统将贝尔莎和她的朋友们与营外广阔的世界联系起来——一个无形的精神世界。在奥斯维辛，她们不再孤独，而是同数以千计的犹太人一起祈祷，其中许多人的处境跟一年前的第一批女孩运来时一样，甚至更糟。但她们仍在祈祷。"组织祭餐会有生命危险，"贝尔莎解释道，"但这是值得的。"如果她们要因身为犹太人而受到惩罚，那做与不做有什么区别呢？

夜幕降临，人影消长。27 号营房的女孩们在架子床上组织起来。营房里有位女子是教希伯来语的老师，她像拉比一样教导女孩，传授仪式的意义，提醒她们祈祷。她们把自制的酒倒在红碗里，举过头顶。有个女孩偷偷弄了些土豆到营房里。没有无酵饼，只有土豆！如果上帝能指引她们的祖先摆脱奴役，又怎会弃她们于奥斯维辛呢？"黑夜之中，我们祈求自由。"

1943 年 5 月 6 日

亲爱的伦卡！

我们今天刚收到你的明信片。我们只能每周轮流给你写信——相信我，这是因为太爱你了。我也会给你寄点东西，不过什么东西都没保证，不容易弄到。我会给你寄一些衣服和长袜。我们都很好。只是担心你过得不好，日子才这么苦涩。除此以外，一切都很好。我们收到了努西（注：字迹看不清楚）的来信，却没收到马格杜斯卡的任何消息。我们也读到了瓦尔曼诺娃家女孩们的来信（注：她们也是第一批被遣送的，来自普雷绍夫）。我们与她们的父母时有往来。请向她们转达我们最衷心的祝愿。

我们爱你！

皮帕皮奥（注：爷爷），莉莉，米兰

和这封信相关的是伦卡寄给哥哥西蒙的信。伦卡的信让我们深入了解她作为一名任职囚犯的生活。伦卡告诉哥哥，信件每周五才发给囚犯，还道歉说自己病了"好几个星期"，"整个12月都无法写信"。她生了病，居然还可以重返岗位，说明她在集中营里地位很高。"我们和很多来自普雷绍夫的女孩在一起，有时还一起打发闲暇时间。"她写道，"我在这里也交了很多新朋友。"难怪家人们会疑惑：既然她能见到不少城里来的女孩，为什么不和表妹们见面呢？这是她寄来的第一张含意隐晦的明信片，尽管她称"努西、佐拉和我们的表妹津卡待在一起"。

妈妈和莉莉几乎马上就回信了。"马格杜斯卡的妈妈病得很严重。贝拉哭着要找马格杜斯卡，还怪你写信没有提到她的情况。努西的妈妈也想知道……津卡姑姑是谁？"

1943年5月，开朗阳光的努西·哈特曼已经死了。家人收到的明信片，是她提前写好的，死后才寄出来。我们不知道努西去世的情形，也不知道具体日期。马格杜斯卡的命运也仍然是个谜。

德雷施勒因殴打和虐待囚犯而臭名远扬，每个人都对她又怕又恨。大家都不想听到她暴躁地喊自己的编号，那就好比是死刑判决。但后来伊迪丝和艾尔莎就被叫到了。光是听到德雷施勒尖叫着喊她的编号，伊迪丝就如芒在背。现在呢？

"1970号！还在外面？"

艾尔莎惊恐地看着伊迪丝。她们想逃却无处可逃。伊迪丝还跛着脚呢，她低着头，慢慢转过身来。

德雷施勒指着她们，几乎要用棍子抽她们的营房长，说："你怎么还让这样的囚犯去外面干活呢？"她指了指娇小瘦弱的伊迪丝和惊恐万分的艾尔莎。"她们在这里待了这么久，不需要冒着风雪外出干活，给她们换个轻松点的活儿！"

她们的营房长吉兹也是第一批被遣送的女孩。她的名声不好，既不善良，也不公平。她看着两个女孩，眼里带着轻蔑。

"快点！"

德雷施勒冲着营房长吼道。

"你！ 1970！现在是营房勤务了。"吉兹命令道。

伊迪丝犹豫了。艾尔莎一动不动。

"你也是！"吉兹又指向艾尔莎。

"给我进去！"

趁德雷施勒还没改变主意，伊迪丝和艾尔莎匆匆离开了正在接受点名的队伍，回到营房。除了在白头巾队短暂地待过，伊迪丝已经在营外干了几乎一年半。很少有人在营外干了这么久还能活下来，更别说那些第一批被遣送的女孩了。伊迪丝简直不敢相信自己的运气。她们的生活突然得到了改善。不用在党卫队和狼狗的全程监视下干活，也不会再被他们心血来潮的举动坑害。当然，就在几个星期后，女看守德雷施勒狠狠地扇了伊迪丝，伊迪丝被扇飞了出去，差点撞上带电的铁丝网。她们的处境依然险恶。

开始打扫营房"感觉就像新生活的开始"。作为营房勤务，伊迪丝和艾尔莎都起得格外早，去领卡车运来的茶桶。点名之前，她们要在女孩们外出干活后开始打扫营房和架子床，倒空柴炉里的灰烬，清扫泥土地面。等女孩们晚上干活回来，还要给她们分面包。

打扫营房的第一天晚上，伊迪丝和艾尔莎被叫到营房长的房间，又多拿到几块面包。伊迪丝干了那么长时间的苦活重活，所以一直惦记着那些在外面受苦的女孩。为什么干活没那么辛苦的女孩却可以得到更多食物呢？

"我不要！"她脱口而出，"我们多拿一点，可能就会有哪个女孩因此而饿死，我不需要多的面包。"伊迪丝看了看那个助管，"你也不需要。"她比营房里任何一个女孩身上的肉都多。

"你说什么？你以为你不吃这一小块面包，就不会饿死别人了吗？"她愤怒地喊道，"你阻止不了的！"

"摸摸自己的良心。"伊迪丝不满地说，"你们要吃就拿，别管我们。"

艾尔莎和伊迪丝都说："我们不要这些面包。"

她们坚持只要自己的那份，不与那些更走运的贪得无厌者同流合污。对一些人来说，拒绝额外的食物并不容易；但对伊迪丝和艾尔莎来说，这是一种精神反抗，表明年轻的女孩如何尽最大努力维护自己的精神信念，在如此之多的丧失人性的事情面前，如何尽力留存着人性。

那个星期天，男囚们送来几桶汤，伊迪丝和艾尔莎帮着把分配的午餐盛到女孩们的红碗里。这是她们第一次在新职位上帮助周围的人。没过多久，女孩们就发现是她俩在搅动汤水，让桶底的蔬菜和肉片浮起来，再舀进碗里。大家开始窃窃私语："艾尔莎和伊迪丝正在搅汤。我们快去她们那边排队。"女孩们换了队伍，并感谢艾尔莎和伊迪丝公平地把食物分配给每一个人。饥饿使人变得吝啬，但也让人记住每一个细节。幸存者总是很快回忆起谁偷过她们的食物，也会记得谁多分了点食物给她们。

像营房勤务这样的工作，一开始可能会让人觉得很轻松，但集中营里噩梦不断。一天下午，伊迪丝干完活回到13号营房，看见艾尔莎正哭得歇斯底里。有人尽管怀了孕，也被登记入营，这种事时有发生。那个女孩的肚子还不大，被囚服遮住，没人会注意。因为没有经过拣选，所以并未暴露。她快要生时，艾尔莎跑去找曼奇。在集中营里生孩子可是再危险不过了，哭声会招来党卫队的人或者他们的眼线。如果帮了她，所有相关的人都可能被送进毒气室。在死亡营里诞生了新生命，竟会如此可怕——这里容不下生命，更别说新生命了。要救那位母亲的命，只有一个办法，就是把婴儿送出去。

那时还不到下午两点，运尸体的卡车还没有来，尸体还堆在营房外面。艾尔莎不得不把婴儿藏在尸体下面，避免被党卫队的人发现。

艾尔莎哭红了双眼。她把这件事告诉了伊迪丝，两人相拥而泣。那位母亲躺在架子床的中层，动弹不得，她因失去孩子而神情恍惚。尚未被孩子吮吸过的乳汁从她的乳房滴落。

伊迪丝回忆起这件事时，泪水盈眶。她痛苦地抽泣着："我不知道自己是怎么熬过来的。"

那其他人又是怎么熬过来的呢？

弗里达·齐默斯皮茨（1548号）倒是怎么说就怎么做。自从和姐妹们到达奥斯维辛的第一天，她就计划着要逃走。她们家的小妹妹玛尔吉特和另外四个堂姐妹是后来运过来的。"在集中营里，我们算得上是大家庭了。我们不想任何人有闪失，所以为了保护家人，我们中的一些人（当上囚监的弗朗西丝·曼格尔－塔克就是其中之一）会在营内担任某些职务。家人总是互相帮助的，弗朗西丝·曼格尔－塔克会把没有获得职务的姐妹想办法调去加拿大营。

埃塔、姐姐范妮以及另一个表姐妹玛莎，和她们的堂亲弗里达姐妹住在同一间营房。这本来是好事，但弗里达四姐妹却只顾自己，对其他人置之不理，哪怕是堂姐妹。弗里达管着整个营房，仿佛这是她家的封地一样。"这姐妹几个很是受欢迎。"表姐弗朗西丝·曼格尔－塔克说。也许是受党卫队的欢迎，而不是其他囚犯。弗里达还被党卫队视为眼线。

"她们不是好人。"鲁泽娜说。其中一个甚至踩过鲁泽娜的脚冲她大吼："居然还活着，我以为你早就死了。"

据埃塔所说，这几个姐妹甚至连贪下的面包都不分给别人。她们被视为最坏的任职囚犯：仗势欺人，通过分拣工作队来经营黑市，用面包换取黄金、钻石和珠宝。

党卫队"喜欢用她（弗里达）当眼线"，在她8小时的证词里，弗朗西丝·曼格尔－塔克向南加州大学犹太大屠杀基金会的访谈者说，但"她其实是在防着他们"。弗朗西丝的讲述错综复杂，令人疑惑。她说话的口气就好像我们认识其中每一个人，难以分辨她提到的那些角色。然而，将她的证词与她的堂姐妹和其他幸存者的证词相参照，我们逐渐了解了弗里达姐妹做过的事。一切都是贪婪作祟。党卫队的人想从加拿大营弄些违禁品寄回家，她们便把分拣队女孩们弄出来的值钱物品收集起来给他们。女孩们用黄金和贵重物品换取食物，而弗里达姐妹则将这些贵重物品送给党卫队换取特别优待。

加拿大营的女孩们冒着生命危险将贵重物品藏到口袋和鞋子里带出来，然后去齐默斯皮茨的营房交换食物或药品。"她们做的事令人不齿，"鲁泽娜说，"女孩们都快要饿死了，她们居然还用面包做交易。"但黄金填不饱肚子，在奥斯维辛，不如面包有价值。

姐妹几个不仅帮助了地下组织，还计划着自己出逃。就在她们晚上准备去加拿大营分拣衣物时，弗里达（姐妹中"最大嘴巴"的那个）示意堂妹玛莎、埃塔和范妮到她们的房间去。她们叮嘱大家要互相关照，照顾好自己。埃塔和范妮很高兴终于得到了堂姐们的认可——她们通常摆出一副看不起人的样子。那晚，她们相信自己能熬过集中营里的种种艰难。

早上，弗里达、鲁泽娜、玛尔维娜和玛尔吉特都消失了。营房里的女孩们醒来，满脸疑惑地四处张望。她们去哪儿了？女孩们去外面排队，领了早上的茶，但发觉一切都不对劲。党卫队的人来回跺着脚，对每个人大吼大叫。然后，一名党卫队的人指着范妮和她的妹妹，喊出她们的编号。

"1755号、1756号，出列！"

她们被命令立刻去奥斯维辛1号营报到。

"我们当时以为，是家里有人来救我们了。"埃塔回忆道。

两个女孩被囚监押送着，刚要走出女囚营，她们的堂妹——当了囚监的弗朗西丝冲了过来。

"你俩不要承认和我们那些堂姐妹有任何关系。"她用斯洛伐克语警告道，"他们在查所有姓齐默斯皮茨的人。"

"为什么？发生什么事了？"范妮问。

"别说话。"弗朗西丝又警告道，"什么都别说！"

这句话深深印在了埃塔的心里。走在比克瑙到奥斯维辛的路上时,姐妹俩开始担忧起来。弗朗西丝的一番话是什么意思?埃塔和范妮沉默不语地走到奥斯维辛 1 号营,然后被押至位于 11 号营房(也就是死亡营)的盖世太保总部接受审讯。11 号营房通常是审讯政治犯和苏联战俘的,而现在里面却有四名年轻女孩。多亏了弗朗西丝的警告,埃塔和妹妹才没被押至处决墙前。监狱中间传出受刑时的尖叫,听起来像女人的声音。

党卫队审讯员身穿黑色制服,黄铜纽扣擦得锃亮。他打量着面前的年轻女孩,问她是否认识齐默斯皮茨姐妹。

"我们和她们一起住在 18 号营房。"范妮答道。

"然后呢?"

"她们是营房长和室长,对大伙都不好。"

"你俩和她们是亲戚吗?"

"不是。"

"你敢说跟她们不是亲戚?"他指着埃塔,逼问道:"看看她,跟那个罗莎长得这么像。"

埃塔只能用沉默来应对。

"我们只是姓氏相同,但没有亲戚关系!"范妮说,"在奥斯维辛-比克瑙有好多姓齐默斯皮茨的!"营里不是还有很多姓"弗里德曼"的吗?

"她们太过分了,从不多分点面包给我们。您问问就知道了，她们对我们很刻薄。"范妮争辩道。

埃塔点点头。事实也是如此。一点额外的面包都不给。

她们一定是恶名在外，范妮讲的大实话起了作用。很明显，她和埃塔什么都不知道。姐妹俩被放回比克瑙。她们从未如此期盼回到这座人间地狱。

那齐默斯皮茨四姐妹是怎么被抓住的呢？

鲁泽娜说，一名波兰囚犯发现了她们的计划，为了减轻自己的刑罚，便向党卫队告密。而弗朗西丝说，就是那个妓院老板干的。埃塔则说，战争结束多年后，她在以色列遇到过一个波兰人，对方声称自己是齐默斯皮茨四姐妹在外面的联络人，曾试图帮助她们逃跑。要买回自由，你得付钱给党卫队的人或外面其他可以帮忙的人。而党卫队的人喜欢收了钱又出卖囚犯，因为如果识破囚犯的逃跑企图，或者抓获了逃跑的囚犯，通常可以获得休假一周的奖励，有时候还会升职。

不管是哪种情况，其他女孩都没弄明白一点：四姐妹之所以残忍无情，是为了万一被抓到，不至于牵连认识她们的人。如果她们对任何人示好，那些人就会在她们逃跑后被抓去接受审讯。所以，为了保护堂姐妹和营房里的其他人，她们才故意表现得粗鲁卑劣。齐默斯皮茨姐妹积攒的财富流入了地下组织。她们的贪婪只是为了自由。

历史记录里没有提及她们逃跑、被抓或被处决的事，原因无从知晓。我们只能从家属和其他幸存者的回忆中得知。党卫队是不是觉得太丢脸而没有承认呢？毕竟，他们是被四个犹太女性给骗了。几乎没有人能成功逃离奥斯维辛－比克瑙，也几乎没有其他犹太女囚要逃跑。

《奥斯维辛编年史》上一直都有关于男囚逃跑的记录，比如逃跑者的编号、人数和姓名，但却没提到过有关齐默斯皮茨姐妹逃跑或被处决的事情。大屠杀纪念馆只有一份从比克瑙到新柏林（New Berlin）的运送名单，再无其他关于她们的记录。奥斯维辛"死亡之书"里也没有。齐默斯皮茨姐妹似乎早已从历史记录中被删除了。

党卫队在她们面前对每个人严刑拷打，好让其他三人崩溃。"她们遭受了非人的折磨，党卫队简直是要把她们撕成碎片，真的太可怕了。"弗朗西丝说。党卫队的陶贝殴打了弗里达，还把她拖到点名的地方示众。但齐默斯皮茨姐妹很顽强，党卫队什么都没问出来。即使像弗里达这样平时大大咧咧之人也闭口不言。她是四人中熬到最后才被处决的。

1943 年 9 月 16 日

和往常一样，莉莉的明信片写得很欢快，都是一些日常闲谈：谁结婚了，谁的身体如何，诸如此类。这说明斯洛伐克东部的犹太人社区仍然存在，尽管不少朋友和家人陷入黑暗中。哈特曼家的农场勉强维持着，但正如伦卡的母亲写道："我们很无助，不知所措。"通信也变得不那么畅通。伦卡"7 月 15 日和 8 月 15 日"的两封信几乎是同时送达的。审查也变得更频繁。明信片中间和侧面剪掉的字，让信息变得模糊难懂。但还有一句天真的话频频出现："我们盼着你回来。"

很多女孩得以活下来，全靠曼奇。而其他犹太医生和护士也会帮助她们。波兰人萨拉是红头巾队的，干着相对轻松的活儿，尽管"要分拣囚犯脱下来的破旧衣服……是份脏活，因

15. 照片由犹太大屠杀纪念馆档案部（世界大屠杀纪念中心）提供。

为衣服上沾满血迹和污垢"。萨拉和之前的艾达一样，患上了斑疹伤寒。不过，1943 年和 1942 年的医疗待遇不同。萨拉被允许住进病房，并在那里待了 3 周，直到来了一名如同恶魔一般的新医生约瑟夫·门格勒，此人是 5 月底到达奥斯维辛的。他在病房里来回穿梭，挑选女囚，送去毒气室。

一名犹太医生将萨拉从小床上抱起，藏进一个桶里，扔上一张毯子盖住。"就这样，她救了我的命。"萨拉是最早逃脱门格勒医生魔掌的女孩之一。如果没有这些勇敢的女医生将她们藏起来，躲过那些在病房出没的刽子手，几乎没有谁能活下来。

"门格勒长得不像是会做出如此可怕之事的人。"埃塔说。他喜欢折磨男女囚犯，特别是双胞胎，热衷于在他们身上做实验。对于他，所有人都唯恐避之不及。而一些任职囚犯却不得不经常和他打交道，比如埃拉和妹妹伊迪。

埃拉写得一手好字，这很快引起门格勒的注意。门格勒"提拔"她为"桑拿房"的记录员。所谓"桑拿房"是处理新囚犯的地方，处理程序包括脱衣检查、消毒、文编号（1943 年起）。她的工作就是记录新来女囚的姓名和编号。作为门格勒医生的记录员，埃拉愈发强烈地感受到生命在奥斯维辛有多脆弱。她整齐记录下了被挑选去处决或用做实验品的女囚编号。后来，她又被"提拔"去给新囚犯文数字编号。她文的数字总是"极小但很整齐"，而且只把墨水涂在女囚的手臂内侧。

埃拉没有说过她如何应对在门格勒手下干活的压力。就连一向口齿伶俐的妹妹伊迪，谈到他也结结巴巴。"一看见门格勒，大家都不由自主地瑟瑟发抖。我甚至没法形容（这种感觉）。如果你看向他，会感到后背一阵发凉，那种感觉糟透了。"

门格勒抵达集中营时，莉亚·汉斯（1980 号）在医院干活。门格勒一边骂骂咧咧地和她搭话，一边强迫她把针头扎进瘦骨嶙峋的女囚身上，让她注射足以致死的苯酚。伊迪丝说，莉亚想救一名女囚的命，但被抓住了。"她受到的惩罚是在 11 号营房的一间站牢里关上 6 个月。"

多年后，当幸存者申请德国政府赔偿时，一位不愿意透露姓名的幸存者写下了霍斯特·舒特曼医生和约瑟夫·门格勒医生做实验的事：他们"在我身上做实验，把病毒注射进我的身体，抽我的血，看着我受罪，观察我身体的变化。他们给我注射了疟疾，不过我没染上，但我染过伤寒，还有其他连名字都不知道的疾病。有6个月的时间我都处于昏昏沉沉的状态，因为我一直生着病"。

到了1943年，第一批被遣送的女孩中在外工作的人也分到了好一点的活。此时，鲁泽娜、雷娜、丹卡和迪娜进入了洗衣工作队，被安排住在党卫队住所的地下室，也就是伦卡·赫茨卡这样的文书所住的地方。在洗衣房和缝纫房工作的女孩和营里其他人分开了，从而得以逃离侵扰她们的危险疾病。她们惨淡的生活出现了一丝希望。被分进洗衣队或缝纫队是一种晋升，本来可以让人多一点仁慈与善意。然而，某个星期天下午，有个女孩的母亲偷偷溜进她们住的地下室。鲁泽娜看到了惊人的一幕。

这个可怜的女人双膝跪地，拉住她22岁的女儿特蕾莎的手。"我在外面挖坟墓！"她哭嚎着。

她看起来很惨，衣衫褴褛，满身污秽。她的女儿特蕾莎一脸厌恶，想要避开她那瘦骨嶙峋的母亲。

特蕾莎冲着母亲尖叫："我还能怎么办？赶紧离开！别被抓住，别把我们俩都害死！"

说完，她便把母亲赶出了营房。

"她有没有勇气、有没有能力帮她母亲脱离苦海，我不知道。"鲁泽娜说，"但我看到了她对待母亲的态度有多恶劣。那个可怕的画面一直在我脑海里挥之不去。放在平时，她可能是一个很友善的人。原来人可以堕落到这种程度，或者说，被逼到如此地步。"

要是帮助别人，也可能会遭殃。罗丝在哈梅兹农场干了一年半多，饲养野鸡和兔子，照看兔窝，清理鸡舍。她为这份工作感到得意，干活也很卖力。囚监有事离开时，还一度让她来负责打理这里的一切。一天，罗丝去了比克瑙的医院，有个护士让她帮忙，把一封重要的信捎给哈梅兹的另一名囚犯。罗丝把信塞进鞋里，没料到被一个党卫队的眼线看到了。这个乌克兰女人立马去告发了她。罗丝刚走到门口，就听到党卫队的人叫她的编号。

——1371 号，站住!

罗丝僵住了。

——把鞋脱下来!

这张字条是一名地下组织成员给另一名成员的。罗丝被立即逮捕，关进了死亡营，也就是第 11 号营房。那里是政治犯、抵抗者和像齐默尔斯皮茨姐妹那样的逃犯被审问、折磨甚至通常会被处决的地方。她被关押了好几个月，直到 1944 年 10 月才被放出来。

伊莲娜此时正和另外 6 个女孩一起干活。她们挨家挨户地去党卫队队员的家里，替他们的妻子干家务。这些女孩有时要洗衣服，有时留下来打扫党卫队家庭腾出来的房子。这些空房子是最好的工作地点，党卫队守在屋外，伊莲娜等人可以偷拿储藏室里剩下的食物。人挨饿时，填饱肚子大过一切。几乎每一个囚犯都用能"组织"到多少食物来区别工作的好坏。

伊莲娜回忆道，当时她走进一栋房子里，一名党卫队队员的妻子正在用土豆煮卷心菜。其他女孩都去洗衣服或者打扫卫生了，女主人对伊莲娜说："你能帮我挂上窗帘吗？"

"好的，夫人。"伊莲娜爬上梯子，从女主人手里接过窗帘，钩到头顶的横杆上。

"营里的生活怎么样？你过得开心吗？"女主人问道。

伊莲娜犹豫了。这个女人居然认为她在奥斯维辛过得很开心？"请不要问我这个问题。"

"为什么不能问？我很好奇营里的生活是什么样子的。我们不能进去参观。"

"我不能谈论这件事。"

"为什么？"

"因为你会告诉你丈夫，我就会被杀掉。我很抱歉。"

"为什么？营里的生活有这么糟糕吗？"

伊莲娜没有回应。她挂完最后一个钩子，从梯子上爬下来。这种谈话足以把一个女孩送进毒气室，而这个德国女人根本不清楚她的处境。她们的对话是一次痛苦的揭示。"连他们的妻子都不知道那里发生着什么。"就在离这栋房子不远的地方，无数女人和儿童正在被毒气毒死、被火烧死。然而，她却在一个迥然不同的世界里生活，抚养着孩子。怎么会有人明明看见空中飘着滚滚浓烟，却对她的丈夫乃至整个政权犯下的暴行全然无知？她们不知道，是因为单纯，还是因为不愿相信眼前的真相？

女主人本不需要道谢，但她还是说了谢谢。伊莲娜并不觉得她的举动是真诚的，只是敷衍地点点头，说了声"别客气"。

伦卡的地址在变，她已经提醒家人自己要换地方。卡片上的新地址显示的是新柏林。这也可能就是她们提到的"新营区"，1944年起，洗衣房的女孩们就住在这里。伦卡或许知道自己的信息会被审查，1943年10月15日，她设法给姑姑和叔叔发了一封电报：

非常感谢你们爱意满满的来信，我非常开心。我很期待你们在信里提到的包裹，你们可以直接放在火车上托运过来。请寄一些不易破损或腐烂的东西，比如奶酪、香肠、意式肉肠、泡菜或者罐装沙丁鱼，这些都不错。你们能从葡萄牙通过犹太人委员会寄点沙丁鱼吗？如果你们写信给我姑姑，也请让爸爸快点写信给我吧，我很久没收到他的消息了。很抱歉我们不在同一个地方工作，但我知道她也会写信给你们的。

接着，伦卡几乎马上就收到一封来自欧内斯特·格拉茨坦的打印信件，他显然是在打听有关家人和邻居的消息：

我的妹妹伊隆·格伦瓦尔德、妹夫马塞尔·德罗迪、叔叔齐格·勒夫科维茨和他的儿子罗伯特，还有住在你对面的克劳斯·贝拉医生，他们有没有和蕾吉娜、邓迪在一起？还有，他们有没有和努西一起到达呢？如果你能告诉我，我将感激不尽！

信中问到家里人是否跟努西待在一起，这是他找到亲人下落的唯一途径。他提到几个第一批被遣送的女孩："请代我向认识的人问好：瓦赫·斯里、瓦尔曼·马吉特、埃拉和伊迪。"

去年12月，伊迪和科尔内利亚·曼德尔寄出的一张明信片一起到达了哈特曼家的农场。这对姐妹曾与努西、马格杜斯卡待在一起。这是一张为数不多没有留底的明信片，但是马格杜斯卡的哥哥尤金仍记得每一个字：

亲爱的哈特曼先生：

感谢您寄来的小包裹。我们过得很好。我从您的女儿马格杜斯卡和侄女努西那里收到从 gan' edn[30] 寄来的邮件。她们过得很好，还请您去拜访卡迪什[31] 叔叔。

马格杜斯卡不在了。贝拉崩溃不已，哥哥尤金一时也不知所措。他们没有告诉马格杜斯卡的母亲。每个人都愧疚不已。他们还经常怪女孩没写信回家。伦卡会怎么想？她知道马格杜斯卡的事吗？她们死了多久？怎么死的？没人知道。奥斯维辛这座尸骸场上，飘不出任何答案。

---

30 希伯来语，意为"天堂"。
31 哀悼的祈祷文。

1943 年 12 月 1 月

亲爱的伦卡：

希望你收到了维利的信和米兰的照片。我们准备了外套、意式香肠和一些药。昨天，我们寄了鞋子和香肠，希望很快可以收到你的来信，详细告诉我们有没有把所有东西都交给卡塔。11 月时我们寄去了衣服和 500 克朗，现在你应该已经收到了。问问卡塔的情况吧。维利希望他的嫂子已经来看过你了。贝拉病得很严重，因为马格杜斯卡而伤心。

我们都很想你。坚持住！

爱你的莉莉

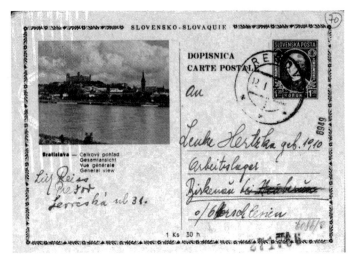

照片由犹太大屠杀纪念馆（世界犹太大屠杀纪念中心）档案部提供。

在搬尸工作队干了一年零三个月后，曼奇告诉贝尔莎和其他一起工作的女孩，是时候转去另一个工作队了。有的人没熬过这一年半，但佩西·斯坦纳、埃琳娜和玛吉还活着。曼奇想办法将这些女孩弄进了加拿大营。她们在搬尸工作队干了这么久，理应得到一份更轻松的工作。

大家原以为加拿大营是天堂，但并非如此。"我们可以在白天吃东西，但必须得经历拣选。"贝尔莎说，"第一天，我扭伤了脚踝，被担架抬了回去。我以为自己会被送去焚尸场。"但贝尔莎与曼奇走得很近，这救了她一命，她被允许继续工作。整理衣服不需要怎么走动，只要她能站着干活，就能活下来。然而，贝尔莎并没有"在加拿大营有多走运"。她与一个法国女孩

312

成为了朋友，决定偷偷送她一份礼物。她曾看到，其他女孩偷偷穿了这里的衣服出去却没被抓住。这能有多难呢？就在下班前准备去点名的时候，贝尔莎塞了一件衬衫到制服里。

——1048！一个党卫队的人吼道。

贝尔莎长着一张不会撒谎的脸，党卫队的人一看到就知道她有问题。

——把制服脱下来！

她慢慢脱掉外套和自己的衬衫，揉成一团，打算顺走的那件衬衫一下子就掉到了地上。党卫队下令给她剃头。

对于虔诚的女孩来说，头发本该是结婚后才剃的[32]。在奥斯维辛的第一天，贝尔莎就接受了残忍的妇科检查。在贝尔莎看来，头发被剃掉，是一种耻辱。

她已经失去了一切，她的亲人，她的家园，她的贞操。头发被剃光是最后一击——她悲伤欲绝，哭个不停。她还想过扑向电网以死了结。佩西·斯坦纳救了她。佩西很喜欢贝尔莎。她抱着贝尔莎，安慰她，阻止了她自杀的念头。

在1981年的一部纪录片中，贝尔莎靠在27号营房的架子床上，当年她就睡在佩西旁边。"这就是佩西救我一命的地方。"她说。此刻，她心中满是遗憾，因为当年她却救不了佩西。"她

---

32 正统犹太教女性结婚后要剃光头发，包上头巾或戴假发。

病得很重，非常严重。"

佩西病入膏肓时，曼奇想必是被叫来帮过她。但在奥斯维辛，奇迹十分罕见。不是每个人都能熬过这么多可怕的疾病，比如脑膜炎。这些疾病潜伏在她们生活的每个角落。佩西和贝尔莎亲如姐妹。失去了儿时伙伴，只剩贝尔莎独自面对一个又一个漫漫长夜。和伊迪丝一样，她不得不指望其他女孩将自己拉出悲伤的深渊。埃琳娜就是其中之一。

贝尔莎在加拿大营干活时"一点都不走运"，但玛吉恰恰相反。"有一次，我偷偷拿了一件睡衣，藏在鞋里，差点被发现。"她开始，用偷偷带出来的衣服换取食物。

但对于朋友，她会免费送。玛吉认识了一个会说另一种意第绪语的女孩，两人成为了朋友。这个女孩想让玛吉帮她混进条件更好的工作队。玛吉为她偷拿了"一条羊毛裤和一件毛衣"，然后就听说她被一个党卫队家庭收留做了女佣，只因为穿着比较得体。如果衣着得体，就意味着命运可能会发生改变。

玛吉甚至找到过一枚金戒指，把它戴在脚趾上，藏在鞋里，然后用它来交换黄油和面包，再和朋友们分享。女孩们在头巾队找到的小饰品和值钱玩意儿能帮她们生存下来，只要她们不被抓住。琼·罗斯纳（1188 号）就知道有个女孩在口袋里藏珠宝被发现了，脑门挨了枪子。

曼奇听说了贝尔莎在加拿大营的遭遇，便将她招呼到病房做通信员，这样她就可以得到照看和保护。贝尔莎带着文件和备忘录穿梭于各个营区，平时待在病房后门，等待差遣。她还被派去协助运送食物给卧床的囚犯，并"通过这个方式分到了多一点的食物"。担任医院的通信员是贝尔莎在奥斯维辛－比克瑙干的最后一份活。这也是她最后一次见到还在加拿大营的老朋友。

新年伊始，在加拿大营工作的女孩与妇女营的其他女孩分开了。分拣营从几个扩张到20多个，为了适应这种情况，加拿大营迁到了比克瑙。此时，为了防止她们偷拿衣服和其他贵重物品给其他普通囚犯，党卫队把这些女孩单独关进了加拿大营的两座营房。"加拿大营周围没有高压电线，只有带刺的铁丝，头两座营房是我们的生活区，另外18座是工作区。男囚在另一头，只有一座营房。我们和其他囚犯完全隔开了，再也没有任何联系。"琳达·里奇（1173号）说。

第三十二章

有人说天使有翅膀。但我的天使只有双脚。

——伊迪丝·弗里德曼

那些被派往加拿大营的女孩实行12小时轮班工作制，不过干完活后可以在营内道路上放放风。伊达想，既然她们离桑拿房这么近，不如偷偷溜进去洗个澡。她是一个人去的。她拧开水阀，把水调热，直到皮肤感到灼烫。她擦洗着身体，浸润在蒸汽中，直到感觉肺部已经排空了所有的煤灰、油污和死亡的气息。水缓缓淌过她的前额，浸过头发，再流过身体。她沉浸在此刻的宁静与隐秘之中，享受着热水流过疲惫的身躯溅到水泥地面的那份安详。

外面响起宵禁的铃声。她找不到毛巾，没办法快速擦干身

316

体，只得披上制服跑到外面。

"你在干吗？"一个党卫队的人朝她吼道。

伊达的头发还没干，衣服也是湿的，脸很干净。

两个党卫队的人朝伊达走过来。其中一个人狠狠地扇了她一巴掌，打得她牙齿在嘴里嘎嘎作响。

"1930 号，你要挨 25 下鞭子！"一个党卫队女成员命令道。

伊达很害怕第二天党卫队会命令她去受罚。"就在同时，囚监施密特夫人需要派一些女孩去职员大楼。"伊达主动申请前往，这才免遭受罚。到了党卫队总部地下室，伊达想去找熟人雷娜·科恩里奇（1716 号）。自她们从波兰边境偷渡到巴尔代约夫的叔叔家，已经过去四年了。现在她们的父母、叔叔婶婶都不在了，堂亲们也大多不在了，而她们从一开始就来到了奥斯维辛，怎么可能还活着呢？

大风扫过比克瑙，高耸的死亡之门隐约可见。两年前，这里还是一片荒芜，而现在火车轨道直奔死亡之门，将一车车的人直接填进地狱之口。

如今男囚已经编到了 175000 号，女囚到了 76000 号。毫无疑问，比起男囚，女囚被登记入营而非直接送去毒气室的可能性要小得多。同年 4 月，记录表明比克瑙有 2.1 万名女囚，而整个奥斯维辛 - 比克瑙集中营有 4.6 万名男囚。

到了 4 月 7 日，囚犯少了两名，即阿尔弗雷德·韦茨勒和鲁道夫·弗尔巴。他俩完成了著名的奥斯维辛逃亡。在极少数成功逃亡的人当中，他们也是最重要的。正是这场逃脱为全世界带来关于死亡营的第一份详细报告，包括布局、毒气室和焚尸炉的位置以及被毒死的犹太人的大致数目。他们的报告也首次明确提及了第一批被遣送来的女孩，描述了她们在头几个月承受的恐惧，提到了她们的人数"逐渐减少到只有原来的5%（剩下约400人）[33]"的事实。

可悲的是，历史没有承认这些女孩的存在，盟军也没有根据弗尔巴和韦茨勒提供的信息采取行动。尽管报告已送往瑞士、美国、英国和梵蒂冈，但盟军认为，轰炸铁轨或焚尸场"并不能在多大程度上拯救受害者"。他们错了。犹太人在一场世界性战争中成为被牵连的受害者，而且此时的奥斯维辛已经成为一台超级杀人机器，每天可以处决并焚化两万人。

正当鲁道夫·弗尔巴和阿尔弗雷德·韦茨勒迫切希望自己的报告可以拯救匈牙利犹太人以让他们免遭屠杀的时候，第一批从匈牙利遣送来的犹太人已经到达，大约有"四五十节车厢"，"每节载有约100人"。这批被遣送者有多少人被杀害，并没有文字记录，但留下了图片佐证。

从喀尔巴阡－鲁塞尼亚运来的匈牙利犹太人下车时，党卫

---

33 弗尔巴很有可能指的是从斯洛伐克运来的头十批囚犯，即1942年4月底之前被送到奥斯维辛的6051名年轻的斯洛伐克女子和197名捷克女子。——原注

队军士长兼奥斯维辛摄影实验室负责人伯恩哈德·沃尔特和助手恩斯特·霍夫曼下士拍摄了照片。在他们拍的照片中，有很多人沿着铁轨走动，有很多孩子站在毒气室外和焚尸场外的桦树林里，还有些女孩在加拿大营分拣物品时大笑。这些照片用在一篇配图的文章里，目的是向红十字会展示犹太囚犯得到了很好的照顾，并企图驱散关于灭绝营的传言。这是一本由杀人凶手亲自记录的大屠杀相册。

琳达·里奇穿着白衬衣和深色裤子，系着腰带，斜靠在一堆锅碗瓢盆上。这些东西是从刚被遣送过来的人那里收来的，而他们正被押往毒气室。一整个上午，她看到成千上万的匈牙利犹太人走过加拿大营的分拣堆。这令她惊恐不已。

——笑一笑！党卫队的沃尔特一边对焦，一边对着她大喊。

有人拿枪指着她的头，而她却还要像刚听了个笑话那样展露容颜。强颜欢笑的琳达觉得像被剥夺了灵魂。她并未因为饥饿而消瘦，她的头发拢在脑后，衣服很整洁，看起来就像个在收拾锅碗瓢盆的普通人，而不是在分拣着成千上万衣物的奴工，这些物品的拥有者正在离摄影师身后不过 15 米的毒气室里窒息而死。

在加拿大营干活的女孩们只能眼睁睁看着匈牙利犹太人走向死亡。对她们来说，在离毒气室如此之近的地方干活，就得一次又一次经受心理摧残。一些女孩提醒有孩子的母亲把孩子交给年纪大一点的女人。她们没有解释为什么。

许多在加拿大营干活的幸存者，像埃尔娜和从波兰泰里克兹来的费拉·德朗格，都对自己的经历闭口不谈。在毒气室附近的遭遇，是永远不堪提及的回忆。

"一排有4座焚尸场，50英尺开外有40间分拣房。"琳达回忆说。海伦娜、伊莲娜、玛尔塔、埃尔娜、费拉、佩吉、米拉·戈尔德等很多其他女孩都在那里干活。毒气室周围没有墙。"那是一座砖砌的红房子，周围风景优美，绿草茵茵。"加拿大营的女孩无意间迷惑了那些走向死亡的犹太人。这些女孩引人注目，她们衣着体面，在外面整理物品，看起来更像"人"，而不是奴工。犹太人下车时，看到她们在加拿大营干活，就会想：我们很快也会这样的。

事实却是，"绝大多数人被直接送进了毒气室"。"无数个日夜"，"火焰高高地在空中翻腾……散发的气味，冒出的烟，飘浮的灰，油腻腻、黑乎乎的，糊在我们脸上"。

匈牙利犹太人被源源不断地运过来，带来了大量需要分拣的新物品，党卫队便又增派了300名女孩去分拣工作队。加拿大营一共有600名女孩轮班干活。男囚们把行李从卸货坡道上拖下来，堆成一座座大山。女孩们被派去检查所有物品，因为"有很多食物，他们（那些犹太人）也会藏有贵重物品，所以我们必须一一搜查"。女孩们不准扔掉任何东西，哪怕是破碎的玻璃杯。"那些香肠、奶酪、一包包的甜点等等，都放在一边。"打碎的东西，比如玻璃和陶器，也被放在另一边。有传闻说，碎玻璃会被敲成粉末，掺到面包里，给比克瑙的囚犯吃。

琳达看着党卫队的人进进出出，把匈牙利人的财物占为己有。对党卫队来说，加拿大营就像一间糖果铺。琳达会说多种语言，而且时刻保持警惕，会在心里记下谁拿了皮草和珠宝，并且暗下决心：如果能活下来，总有一天会让这些人付出代价。

1944 年 7 月，艾希曼打算每天毒死四批犹太人的计划还没实现，但遣送规模和处决力度还是升级了。夏天气温升高，人的脾气也变得更加暴躁。"拥挤的人群，炎热的天气，一眼望不到尽头的队伍，"琳达回忆道，"人们疲倦不堪，用匈牙利语对着加拿大营的女孩们大喊：水！水！"

水是加拿大营女孩有办法拿到的物资。"跟我一起干活的一个人实在是于心不忍。她走过去，从我们正在整理的那堆东西里找到水，倒了一瓶，然后扔到栅栏那边。一个小孩扑了过去。"

党卫队的戈特弗里德·韦塞当时 23 岁，眼睛炯炯有神，鼻梁高挺，长相帅气，看上去一点都不像心狠手辣的人。他追上那个孩子，一把夺过水瓶，扔到一边，又把那孩子抛起来，用刺刀挑住，拽住他的手臂，"将他的头抢在墙上"。一个女人尖叫起来，随即是一片沉寂。

"谁干的？"他朝着女孩们吼道，"谁给那些肮脏的犹太人扔水的？"他大步走进分拣站，用枪对准她们，命令所有人排好队。"谁干的？！"他扯着嗓子大喊。

没人出声。

"如果你不站出来，我每数到第 10 个女孩，就杀掉她。她们的死都是因为你！"

没人站出来。他射杀了第一个女孩。

"谁干的？"他走了 10 步，又射杀了另一个。

"谁给那些肮脏的犹太人扔水的？"

仍旧是一片沉默。

有 60 名女孩被处决，就因为那瓶水。第二天，加拿大营又新来了 60 名女孩，其中很可能包括一名叫朱莉娅·伯恩鲍姆的少女，她刚刚目睹自己的父母和兄弟姐妹走进了毒气室。她在 1944 年 5 月 24 日来到这里，编号是 A-5796。她的父亲看着她说，"波兰人没有说谎，事实就是这样"。她的母亲告诉她，他们会永远在一起。

门格勒医生示意她走出队伍。朱莉娅在到达的第一天就直接被分进分拣工作队，14 岁的朱莉娅现在和琳达、海伦娜和其他来得早的人一起在加拿大营干活。

有些人活着，却早就死了，他们延续的生命只是一种幻影。两天前你迈出了最后一步……现在你找到了永恒的和谐。

——曼奇·施瓦尔博娃医生，纪念 1944 年 4 月 5 日去世的奥斯维辛女子管弦乐队指挥阿尔玛·罗塞

海伦娜梦见了父亲。父亲告诉她，姐姐鲁津卡先前扮作非犹太人躲了起来，被抓住了。次日午饭时间，伊莲娜和另一些来自胡门内的女孩正望向分拣营的窗外，这时她们看到了海伦

娜的姐姐。这似乎不同寻常——这批人是来自匈牙利的，但女孩们却认出了淡金色头发的阿维娃和她母亲鲁津卡，鲁津卡还抱着一个婴儿。

"海伦娜！快！快过来！"她的朋友喊道，"鲁津卡在这。"

梦里的事终究还是成真了。

海伦娜悲痛万分，躲在衣服堆后面。临死一别有什么意义？眼睁睁看着亲人即将命丧黄泉却束手无策，活着还有什么意义？"我几乎认识所有被处决的人，其中包括我所有的家人：我的父母、三个兄弟、大姐以及她那三个可爱的孩子，而鲁津卡是我仅剩的家人了。"

但她转念一想，为什么要逃避与自己的家人见面？她为自己的胆怯感到懊恼，最终还是鼓起勇气跑向窗户，看到一头淡金色头发的阿维娃。她的姐姐鲁津卡牵着阿维娃的手，怀里还抱着一个婴儿。她甚至都不知道自己又当姨妈了。她激动地跑到营房的门前，拼命砸门。

"敲什么？"一名党卫队守卫一边吼一边打开了门。对他而言，海伦娜只是 1971 号囚犯而已。

海伦娜站在守卫面前，乞求道："别开枪，我刚看到我姐姐了，现在我只想和她一起死。"

他挥了挥枪，放她过去了。海伦娜跑向更衣室，门口站着的是集中营的克雷默医生和门格勒医生。鲁津卡和阿维娃的身影消失在门内，有个党卫队士兵朝海伦娜吼道："你来这干吗？"

没有任何囚犯到了毒气室门口还能活下来。

海伦娜停在离他们几步远的地方，这是规矩："时刻和党卫队保持几步远的距离，否则他们会开枪打死你。"

"几年前我就该在这里了。"她对门格勒和克雷默说，"我活够了，如今我唯一的亲人，我姐姐，也在这里，"她哽咽着，"让我们一起死吧。"失去了所有亲人，她活着又有什么意义呢？

"现在就满足你的心愿。"门格勒和克雷默各自掏出手枪，瞄准目标。

就在这时，弗朗茨·温舍出现在她身旁，大喊："那是我的人！"他一把抓住海伦娜的胳膊。"她在我这干了很长时间，我们需要她。有经验的女囚已经不多了，而且她还挺能干。"

他把海伦娜推倒在地上，痛骂她。

"你这犹太佬，来这干吗？这儿可不是你该来的！滚回去干活！"

他故意假装在打她，把她从即将处决她的人身边拽开。在打她的时候，他小声说："快告诉我你姐姐叫什么，不然来不及救她。"

"你办不到的，她还带着两个孩子。"

"有孩子？孩子在这里可活不下来。"

事实就是如此残酷，直戳她心脏。"她叫鲁津卡。"海伦娜低声说。

"回去干活！"他喊道。

他跟着门格勒和克雷默进了毒气室外的更衣室。

他以前是否见过这种场景？数百名光着身子的女性将衣物叠放整齐，鲁津卡在叮嘱孩子：

"自己把鞋脱了，外套给妈妈，妈妈换衣服时，看好宝宝。"

"鲁津卡！"他冲着她们喊道，"鲁津卡，出来！"

她已经脱了衣服，正在帮阿维娃脱衣服。纤瘦的阿维娃看向他，他示意鲁津卡从人群中挤过来。

鲁津卡有些害怕，在想他会把她和孩子怎么样。她紧紧抱着两个孩子，犹豫着要不要过去。温舍用冷静而威严的口吻告诉她，她妹妹在外面。鲁津卡顿时一阵心慌，噪音和混乱包围着她，她感觉筋疲力尽。

再过一会儿，这个房间就会被清空，然后特别工作队[34]就会过来。如果不立马把鲁津卡弄出去，就来不及了。如果没救下鲁津卡，他又有何颜面去见海伦娜？

"要见你妹妹的话，现在就出来。"

"我能待会再见她吗？"

---

34 处理被毒死的犹太人尸体的工作队。

"不能。"

将鲁津卡从毒气室里带出来后，温舍领着她走到门格勒和克雷默面前，说"我需要这人"，然后就将她送进桑拿房。

鲁津卡困惑而焦急，寻找着妹妹，却只看到党卫队的人和一些排队等待处理、消毒和登记的女人。正在登记并被文上编号的新囚犯中，就有埃拉。

鲁津卡焦躁不已。海伦娜在哪？自己是被骗了吗？党卫队的人向她保证，进入营地后会见到海伦娜。乳汁从她坠胀的乳房滴了出来。

"我的孩子什么时候能过来？"

无人应答。

鲁津卡开始慌了，疯狂奔走。她该喂奶了，阿维娃在哪？孩子呢？鲁津卡光着身子，来回踱步，仿佛一头困兽，不停地发问。要是换作其他人，命早就丢了。但鲁津卡如今已在温舍的保护之下，没人能伤害她。

鲁津卡什么时候被带到加拿大营，无从知晓。当她被送到海伦娜和其他女孩晚上睡觉的营房时，其他人一定很好奇海伦娜怎么会有这么大本事，居然能把她姐姐从死亡之门里带回来。

鲁津卡穿着新的囚衣，身上的新文身血淋淋的。她因担心和疲惫而发狂。她答应过孩子就离开几分钟，现在却变成几小时，后来又变成了几天。她答应孩子们马上就回来，怎么能食言呢？她和孩子们已经生离死别，但她还不知道奥斯维辛集中营的真相。

"阿维娃在哪？我的孩子在哪？"

她的妹妹不忍告诉她真相。"这真的很难开口，她不知道孩子已经被害，直到她终于被带来跟我见面，这也花了点时间。我还一直跟她保证说孩子还活着。"海伦娜坦言。

鲁津卡一直在说："阿维娃长大了不少，也很懂事。而且到时你会见到你外甥的！他胖胖的还总是容易饿，他现在一定在哭。我都涨奶了。"营区里的其他女人都看着海伦娜，等着她说点什么。

有人喊道："你得告诉她真相！"

鲁津卡盯着那些黑暗中苍白的面孔，没有谁忍心道出真相。

温舍做了一件"好事"，海伦娜说。

鲁津卡的境遇和她妹妹大相径庭。她沉痛的悲泣声让在场的人心碎。这里的大多数女孩尚未结婚，也不曾有过孩子，但是她们感受到了这位母亲痛失爱子的悲痛欲绝，以及海伦娜难以言说的痛苦隐忍。

在接下来的两周里，鲁津卡变得浑浑噩噩，还病倒了。她一句话也不说，一口东西也不吃，只是哭个不停。她的乳房因乳汁淤积干结而疼痛。海伦娜力所能及的都做了。犹太人被送进毒气室后的衣服遗留了下来，她就从她们衣服的口袋里掏出食物，带了一些给姐姐，想让她吃东西，同时为她姐姐祈祷，也为自己祈祷。

　　鲁津卡目光呆滞，盯着头顶上光秃秃的天花板。在黑暗中她看到了女儿的脸，四周满是她的身影。

1944 年 7 月 13 日

亲爱的伦卡：

我们的女儿已经两个月大了。我们一切都好，只是期待你的来访。

这本是我们很早就计划好的。我们已经在斯帕符拉斯基有了房子，只是不知何时（搬去）。大家都在农场工作。马格杜斯卡的妈妈伊尔玛现在住到医院了，丽莎常去看望。你收到包裹了吗？身体还好吧？我们都很想知道，要写信回来！我们不知道埃拉的地址。爱你……

莉莉（寄）

这是伦卡从她姐姐那收到的最后一张卡片，日期是 1944 年 7 月 13 日。随着夏季的推移，斯洛伐克又开始遣送犹太人出境，

图片由犹太人大屠杀纪念馆纪念中心档案部提供。

即使是手握豁免令的家庭也在劫难逃。哈特曼家族被当地警察从豁免名单上剔除了，于是他们纷纷逃离农场。伦卡的家人——包括她的姐姐莉莉、母亲还有外甥和外甥女——都已经搬去别的城镇。他们来不及得知哈特曼家族的人要躲起来。贝拉和杜拉两家人也分开了。努西的父亲杜拉、母亲以及妹妹都被捕了，后来无一幸存。她的两个弟弟妹妹比安卡和安德鲁得到了亲戚的救助，被带去森林里藏了起来。"我们像沙丁鱼一样挤在一起"，他们和家族里的其他人一起在一个地窖里躲了三个半月。

贝拉的妻子伊尔玛当时在一家医院，家里所有人中，她似乎是唯一不会有危险的人，因为党卫队没有在医院病房里搜寻犹太人。贝拉和尤金（马格杜斯卡的父亲和弟弟）逃进了山里，藏了起来。尤金回忆说，一位"知道每个人藏身之所"的乡村牧师周日向教众布道，称人们有责任"帮助有需要的人"。他从不说犹太人，但每个人都知道他的意思，村里的每个人确实都帮助了犹太人。

在胡门内，阿德拉的 6 岁表弟卢·格罗斯半夜被叫醒，被带去干草场藏了起来。他"出身富贵家庭"，"现在却连夜逃跑，被看不见的敌人追捕"，这实在令人不安，特别是对一个小孩子而言。他的父亲加入游击队去抗击纳粹时，他的母亲一次又一次赶在危机到来前将家里人带到安全的地方。

随着苏军前线向斯洛伐克推进，越过了波兰东部边界，斯洛伐克游击队——其中有犹太人和非犹太人、共产党人和非共产党人——继续对蒂索政权开展秘密斗争。1944 年 8 月 29 日，他们举行了起义，史称"斯洛伐克民族起义"。人们纷纷响应，成千上万的斯洛伐克人离开蒂索的军队，加入了游击队。

武装起义席卷了斯洛伐克东部。东部前线的军事冲突升级，因为德国法西斯将游击队打得退回塔特拉山和喀尔巴阡山脉。伊万·劳赫韦格和他的朋友们已经在山里的洞穴中躲藏了近两年时间。斯洛伐克的年轻男子，甚至像伊迪丝以前的同学祖扎纳·塞尔默这样的年轻女孩，都在苏军入境中起到了重要作用，因为他们熟悉山路，并且可以将苏军引介给那些认同他们、准备起义的斯洛伐克人。

德国镇压斯洛伐克起义的矛头立即对准犹太人，并且迅速通过了一部法律，规定犹太人不准居住在东部边境。这是蒂索政权的孤注一掷，目的是将犹太人赶到波普拉德以西，将他们"集中"起来，从而实施他自己的"最终解决方案"。

伊曼纽尔·弗里德曼仍然生活在斯洛伐克政府的保护之下，他仍然是一名重要的工人，还在继续修理轰炸机的挡风玻璃。但搬迁令包括了所有人，伊曼纽尔不会再冒险，不想让另外几个孩子落入德国人手中。

谁知道伊迪丝和莱亚如今在哪？斯洛伐克起义使该国中部出现了一片自由地区，仅存的一批胡门内犹太人现在都逃去了那里。1944 年 9 月 5 日，弗里德曼一家与拉迪斯拉夫·格罗斯曼的家人一起登上火车，前往斯洛伐克利普托夫地区的鲁容贝罗克镇。

拉迪斯拉夫当时仍在一支军事性质的犹太人突击队工作，"穿黑色制服，没有武器"，家人被迫离开时，他不在胡门内。这两个家庭和其他一些来自胡门内的家庭逃难到了鲁容贝罗克，下一步不知道该怎么办，这里没有可以接收他们的任何组织，也没有红十字会。伊迪丝的小妹妹露丝站在火车站的遮阳篷下，拽着母亲的袖子。"我渴了。"她抱怨道。弗里德曼一家去了咖啡馆，在那里他们可以听听当地人的建议。就在弗里德曼一家离开后几分钟，德国人轰炸了火车站，拉迪斯拉夫·格罗斯曼有 22 名家人死在了废墟下。弗里德曼一家因露丝口渴而躲过一劫。

接下来的几个月里，弗里德曼一家和其他犹太家庭一起躲在山里。伊迪丝的弟弟赫尔曼才十来岁，但已经开始与游击队共同作战了。"晚上，孩子们（希尔达、露丝和伊什塔克）下山向村民讨要食物，村民知道孩子们是犹太人，并且愿意帮助他们。"

德国入侵匈牙利之后，乔拉·施皮拉和他的兄弟回到了他们位于普雷绍夫的家中。施皮拉一家很穷，生活拮据。年迈的阿道夫·阿姆斯特失去了女儿玛格达，就保护着施皮拉一家。

在每个人都被迫要搬到斯洛伐克西部地区的时候，乔拉和他的兄弟也尽力帮助阿姆斯特一家。他们躲过了秋天的最后一批遣送，但1945年冬，这两家人都与哈特曼家和格罗斯家一样，被迫躲进森林中的某处地堡里。

起义很短暂，党卫队和赫林卡卫队的报复很残酷。"他们在当地加尔达法西斯分子的带领下进入村庄，寻找那些丈夫不在家的妇女。除非妻子能证明她丈夫正和蒂索的军队并肩战斗，或是去德国做工了，否则就会被审问、拷打，通常还会被杀害。"伊万·劳赫韦格回忆道。他还称："武装党卫队会干脆直接地枪杀犹太人，通常是枪杀全家，当然还枪杀游击队员。1945年6月，我亲眼看到挖掘出的尸体，有20具，都已经高度腐烂。这些尸体埋在我的家乡斯皮什新村的一个军用机场附近。当时有大约20名妇女，都来自附近的村庄，她们嚎啕大哭。我想他们的丈夫——就是那些遇难者——要么因为是游击队员，要么因为是起义的支持者而被捕。

"国防军会严格按规定行事。他们枪毙了游击队员，将抓到的犹太人送进监狱，交给斯洛伐克法西斯接管。因此，在1944年10月至1945年2月初被捕的犹太人仍有可能被遣送到德国的集中营。"

伊万的母亲、姐姐和其他家庭成员的遭遇就是这样。伊万在深山中和游击队并肩作战，他不知道家人已被抓并且被遣送了。他的母亲尤金妮死在拉文斯布吕克，他 16 岁的妹妹埃里卡活了下来。

清除斯洛伐克犹太人的最后一次疯狂行动发生在那年 9 月，赫林卡警卫和德国安全警察抓捕了所有能找到的犹太人。在接下来的两个月里，估计有 1.26 万名犹太人被遣送，"大部分是去了奥斯维辛"。作为对起义的报复性惩罚，这次斯洛伐克犹太人几乎都没有登记入营，直接和匈牙利犹太人一起送进了毒气室，被毒死的人多达 2000。

成千上万的匈牙利和其他国家的犹太人源源不断地运过来，像潮水一样涌进毒气室，这一场景改变了在加拿大营工作的每一个人。即使是最虔诚的人也会丧失信念。煎熬了两年的女孩不像刚开始那样经常定期祈祷。1944 年，到了犹太新年的时候，第一批送来的囚犯中没有人在赎罪日斋戒。像朱莉娅·伯恩鲍姆这样新来的女孩倒是进行了斋戒，而且她并不是唯一这么做的。赎罪日的日落时分，茱莉亚把分到的一块面包塞进围裙的口袋里。第二天日落时，她手头有了两块面包。她就这样为耶和华、她的父母以及她的民族进行斋戒。

朱莉娅向南加州大学大屠杀基金会视觉历史档案馆提供了证言，清晰描述了记忆中的一个场景。那天晚上，决定斋戒的姑娘们坐在架子床上开始祈祷。在祈祷的过程中，弗朗茨·温舍冲进了营房。他"发了疯，变得歇斯底里"。

"你们这帮蠢货！"他冲众人喊道，"你们居然还相信上帝？火里烧的是什么，你们都看到了，还相信上帝？"他拿出鞭子，"左右开弓"地抽打女孩们。他夺下女孩的头巾，扯得稀烂。女孩们趴到地上躲避他的鞭笞，最后他跑了出去。

海伦娜一直坚信，他们的相爱改变了温舍，让他不再对犹太人如此残暴。这种转变究竟只是她一厢情愿的主观认定，还是说温舍只是受命行事惩罚胆敢在那个夜晚祈祷的人？无论如何，温舍是一个党卫队队员，对犹太人心慈手软并不在他的工作范围之内。

第三十五章

时间来到 1944 年 9 月 30 日。时隔两年，有人从斯洛伐克被遣送过来。在加拿大营负责清空运牛车厢的斯洛伐克犹太人认出了自己的家人、朋友和以前的邻居。伦卡·赫茨卡刚出生的妹妹莉莉，从未见过的两岁侄女，还有经常写信鼓励她、给她送去沙丁鱼罐头和亲吻的母亲，此时正排着队准备进毒气室。不知何故，米兰没有和他母亲在一起。

对加拿大营的斯洛伐克女孩来说，这种打击是毁灭性的。那是她们在世上仅存的家人，是她们归乡的最后希望，而现在，他们正走向死亡，只隔着一道栅栏。伊莲娜看到她姐姐带着孩子。她是不是突然希望能像海伦娜那样救出姐姐？她敢吗？她只能看着仅存的家人消失在这座通往不归路的砖房里。

相识的人互相看到也许只是一瞬间的事，但是该直面生离死别还是避而不见？她们看着队列中的亲人，内心纠结不已。

在毒气室外排队时，克拉里·阿特莱斯的父母看见了玛吉，她正在加拿大营里分拣衣物。

"玛吉，你看着很精神！"拉比·阿特莱斯喊她。玛吉当时穿着一条蓝色的牛仔裤和一件漂亮的衬衫，头发已经长出来了，几乎垂肩。"你见到我女儿克拉里了吗？"

他们清楚玛吉和女儿都是第一批被送来的。玛吉一时不知该如何回答。

"她是不是已经……？"克拉里的父亲哽咽地问。

焚尸炉就在两步之外。玛吉看着他们，几分钟后，他们也将走向生命的终点。

1944 年 10 月 7 日清晨，值夜班的人等待清点换班，回去睡觉，就在这时，一场巨大的爆炸声打破了加拿大营的死寂。空气中弥漫着烟尘和微粒。这一次，不是尸体的灰烬，而是混凝土的灰尘。有座毒气室被炸毁了。

要想忍住不为"特别工作队"的小伙子们欢呼，真是太难了[35]。女孩们甚至连微笑都不能，尽管她们一听到警报声大作，心里都欢唱了起来。

---

35 这里所说的是"特别工作队"（从毒气室搬出尸体并焚烧的犹太奴工）发动的一次起义，也是奥斯维辛 - 比克瑙唯一的一次囚犯起义。详见《无泪而泣 ——奥斯维辛 - 比克瑙集中营的特别工作队》一书。

几分钟之内，数百名党卫队队员跳下卡车和吉普车，冲进了加拿大营，随后到来的人将之包围，并越过营区继续向前。党卫队开枪击中了瞄准的目标。

一些男囚跑进了分拣营，迅速藏进厚厚的衣服堆里。几名党卫队的人用枪指着女孩们，其他人则在追捕囚犯。到处都是嘈杂声。女孩们习惯了目睹死亡，而男囚们却死得荡气回肠。每一声枪响都回荡在女孩们心中，激起她们的同情。

"特别工作队"的小伙子们被枪杀的动静划破了清晨的沉寂。只有一件事值得欣慰：被枪杀总比被毒死要好。

在对分拣营的彻底搜查中，党卫队用刺刀刺穿了成堆的衣服。弗朗茨·温舍发现一个男囚藏在大衣堆里，而奥托·格拉夫又找到了另一个。他们将男囚们拖拽出去，扔到地上，不停歇地脚踹、殴打他们，直到他们伤痕累累，奄奄一息。

这些男囚被处死只是时间问题，以让奥斯维辛的秘密深埋在沉默的灰烬中，她们也一样，不可能活着离开。

第二天早上，伴随茶水而来的是一则悄悄传播的营内消息：4名年轻女囚被抓。其中一个是她们的同伴罗莎·罗伯塔，尽管遭受了数小时的折磨，她们也未供出任何一个人。地下组织也还安全。

女孩们一边喝着温热的茶，一边将笑脸埋在红色的碗里，互相传递着这个消息。那些女孩将火药偷运给"特别工作队"，她们的行动令人振奋。也许他们性命难保，但至少无所畏惧。那些自我奉献、勇往无前的年轻男女令每个人都铭记在心。也许他们还能活下来，也许有一天真相会大白于世。

这次行动虽然产生了一些影响和效果，但只有一座毒气室被损毁。杀戮机器几乎没受影响，继续朝着"最终解决方案"开动。

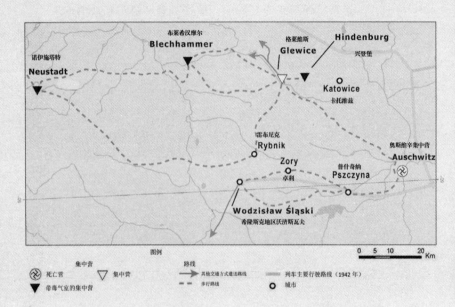

图例

集中营 | 路线

💥 死亡营　　　　　　　　　　🔻 集中营　　　　　　➤ 其他交通方式遣送路线　　　　▓ 列车主要行驶路线（1942 年）

🔻 带毒气室的集中营　　　　　　　　　　　　　- - - 步行路线　　　　　　　　○ 城市

1945 年，继死亡行军后，第一批遣送来的女囚被迫继续行进通往德国和奥地利集中营的路线图，版权归希瑟·丘·麦克亚当所有，绘图由瓦尔瓦拉·维杜希纳提供。

远处没有任何铁丝网或瞭望塔。自由是头顶吹过的风，是春天甘甜的空气，是繁花绽放的树。

第三部分

999

The Extraordinary

Young Women of the First Official

Transport to Auschwitz

第
三
十
六
章

坦然接纳我受过的痛苦，

让我坚不可摧。

——纳伊拉·瓦希德，《盐》

　　罗丝秋季从 11 号营房被释放，但她没回到位于哈梅兹的农场。相反，她被分派到一个工作队，去清理那间损毁的毒气室周围的瓦砾。体力活十分辛苦，但她毕竟幸存下来，还离开了死亡营。

随着苏军前线不断推进，党卫队将囚犯转移至德国境内，准备清空集中营。10 月 28 日，贝尔莎连同其他 1038 名囚犯被转移至卑尔根－贝尔森集中营。在那批转移的囚犯中，可能就有当时还无人知晓的荷兰来的女孩安妮·弗兰克[36]。卑尔根－贝尔森集中营"条件是最糟的，我们已经精疲力竭，伙食恶劣"。贝尔莎再次被安排到医院，"那里有成堆成堆的尸体"。

几周过后，乔安（1188 号）、埃拉以及埃拉的两个妹妹伊迪和莉拉（3866 号）被送去德国的莱辛巴赫，这座城市离奥斯维辛集中营约 200 公里，有一座军工厂。

而在奥斯维辛集中营，囚犯们了解外界动态的唯一途径就是营里的小道消息，这些消息在每日早茶时传递过来。男囚们抬着茶桶走向营房，将最近的消息传递给分发茶水的人，再由她们将消息传递给拿着红碗排队的女孩们。"据说有人和抗击德国人的地下行动有关联。"琳达回忆道。最重要的消息是："坚持，坚持，或许我们就能够幸运地离开这里。"

形势发生了变化。囚犯不知道的是，希姆莱下令停止"在奥斯维辛集中营的毒气室里使用齐克隆 B 杀人"，往集中营运送囚犯也停止了，但"只是换了种杀戮方式，改用枪杀。他们

---

36 《安妮日记》的作者，安妮·弗兰克是德籍犹太人，1944 年在荷兰被捕后送入奥斯维辛，后转移到卑尔根－贝尔森集中营。

将一些人带到一起，一次处决三四十人。他们只让部分人参与，成规模的屠杀算是结束了"。加拿大营的女孩们仍旧是12小时轮班工作，分拣衣物和其他物品。党卫队的人偷偷溜进分拣仓库，"偷拿衣服、珠宝和贵重物品"。他们如同松鼠囤积坚果过冬一般，偷走一切能偷的东西，占为己有，为将来做打算。

1944年冬天，又一场来自北极的寒潮席卷欧洲。女孩们在奥斯维辛集中营迎来第三个冬天，这对她们来说是难以置信的，希望已被灰色地平线上挥之不去的乌云遮住。"我们找到了一些零零散散的报纸，我们了解到战争即将结束。"欧洲大部分地区已经被盟军占领，飞机不断掠过头顶上空。"他们多次轰炸，但从不轰炸集中营，"琳达回忆道，"我们不停地祈祷，希望他们来轰炸。"

尽管早在1943年春，鲁迪·弗尔巴和弗兰克·韦克斯勒就写了报告，绘制了集中营的地图，但只有两座营房被炸毁，里面都是些德军士兵。他们给了女囚们一条上好的德国面包，这是她们很长时间以来头一回吃到这么好的面包。刚给完面包几分钟，士兵的营房就被夷为平地，囚犯的营房却安然无恙。党卫队、电网栅栏、轨道、焚尸场以及毒气室等等都完好无损。她们依然被关在集中营内，唯恐战争结束得太迟，自己等不到获救的那一天。

伊迪丝听说有几个胡门内女孩在缝纫工作队，"我告诉艾尔莎说，我们应该尽量弄个缝补衣服的活"，她的直觉是对的。即使她们当时是在营内工作，负责打扫营房，但去比克瑙集中营外干活绝对是她们做的最正确选择，因为守卫和党卫队正变得愈发紧张不安、残暴不已。德军的战争局势越是不利，他们对囚犯就越是凶残。在朋友的帮助下，伊迪丝和艾尔莎进了缝纫队工作，"在那里我们整天就是补补袜子"。伊迪丝找到了两个胡门内的好友，她们是盖尔布家的两姐妹——科尔内利亚和埃泰尔卡。这是她们在奥斯维辛干的最后一份活。

临近圣诞，琳达和其他值夜班的加拿大营女孩在排着队换班。队伍前有两个护士坐在一张桌边，等着从她们胳膊上抽血。德军血库已空，如今他们需要供血。针扎进胳膊，女孩们蹙起了眉头，她们的血就这样装满瓶子，用于拯救她们的敌人。

长时间以来，她们被党卫队的人视为避之不及的贱民，受到非人对待，突然间，她们的血液就适合用来拯救德国人的生命了？"他们一点一点榨干了我们的生命，还抽光了我们的血。"每个女孩都因此得到了一条面包和一些意大利腊肠。琳达唯一能看到的希望就是战争确实就要结束了，不然德国人为何会使用犹太人的血液？集中营的女孩没人会将自己的血液自愿捐献给德国军队。德国人称犹太人为吸血鬼，如今，"谁才是吸血鬼？"琳达问道，"他们吸光了我们的血。"

圣诞前夜，一名党卫队队员走入营房，宣告："我们要进行一场特别的盛宴。"他大声命令所有人去往桑拿房。琳达、佩吉和她们的朋友缓慢地从相对安全的加拿大营走过去，以为必死无疑。桑拿房是用于给囚犯消毒处理的地方，但自从五号焚尸场被毁，有传言说桑拿房也成了秘密毒气室。她们从彼此的眼神中看到了浓浓的恐惧。

"一切都结束了。"琳达想着，但至少自己是和最好的朋友佩吉一同赴死。

在脱衣室的空旷区域，支起了一处舞台。"布置得十分精致。"女孩们环顾房间，满是惊讶和不解。党卫队坐在临时搭建的舞台前排，其中就有门格勒医生和克雷默医生，臭名昭著的党卫队成员伊尔玛·格蕾泽，以及集中营营管玛丽亚·曼德尔。女孩们在后排坐下来。有党卫队的人在场，她们至少不会被毒气杀死。

舞台上走出了两名希腊犹太姑娘，苏西和露西亚，是在加拿大营干活的。她们穿上了晚礼服，让人几乎认不出来了。苏西清了清嗓子，起了个调。露西亚应和着她。接着苏西开口唱了起来：

Che bella cosa na jurnata'e sole ...

（意大利语歌曲《我的太阳》：啊，多么辉煌，那灿烂的阳光。）

她们的歌声在桑拿房上空盘旋，闯入了加拿大营女孩们的心中。琳达和其他人听不懂意大利语或那不勒斯语，无法理解歌词之意，但女孩们知道这首歌是为她们而唱的：

啊，

你的眼睛闪烁着光芒，

仿佛那太阳灿烂辉煌。

她们的歌声回荡着，阳光如此明媚，美好若此刻。她们已经很久没有过这样的感受，也已经很久未曾呼吸过雨后宁静而清新的空气。

她们失去了父母，失去了兄弟姐妹，失去了儿女，失去了亲人。关于那些充满阳光却已经逝去的面孔的记忆，填满了整个营房。鲁津卡是否在歌声中看到阿维娃天使般的脸庞？琳达又在想念谁？抑或她已经忘记了对爱的向往？她们是否还能活得足够长久，在夜间见到爱人的脸庞？

女孩的声音愈发嘹亮，唤起了勇气和希望，她们的面容犹如阳光般灿烂。

新年前夕，党卫队的人在喝酒庆祝，而奥斯维辛集中营的女孩们却只能安静地待着。还要多久才能等到她们期盼已久的结局？1945年会是她们年轻生命的终点还是新生的起点？为了"庆祝"新年黎明的到来，100名波兰女囚和100名波兰男囚被枪决于五号焚尸场外——他们都是政治犯，极可能参与过华沙起义。在加拿大营的女孩们颤抖不已。睡着的人也都被惊醒。接下来会有更多人被处决，更多人被转移，更多人会死去。从跨年夜到1月4日的4天时间里，比克瑙集中营的女囚数量减少了1000多人。她们可能是被转移到其他集中营了，但关于她们去向的记录并不明确，而且"被转移"往往全然不是字面上的意思。

尽管美军轰炸机已在进行例行侦察，掠过集中营上空，对建筑群进行航拍，但奥斯维辛是一场不会结束的噩梦。1月6日下午晚些时候，负责缝纫和洗衣的姑娘们被叫到外面进行点名。与伊迪丝和艾尔莎一起的人中有雷娜，她的妹妹丹卡，她们的朋友迪娜、伊达、鲁泽娜和其他第一批入营的人。任何稍不寻常的事情都会引起恐慌，沿着大路向奥斯维辛1号集中营行进，这就足够让人担心，她们在绞刑架前停了下来。

两股绞索仿佛张开了獠牙，等着受刑者。有四个女孩偷运火药给"特别工作队"的男囚，供他们炸毁焚尸场，她们是其他女孩心中的英雄，而现在其中两个即将被处决。伊迪丝不记得被押上绞架台阶的是哪两个女孩，可能是艾拉·加特纳、雷佳娜·萨菲尔或伊斯特·瓦斯布鲁姆。

党卫队的人喊道："好好看看，这就是和我们唱反调的下场。"

谁要敢移开视线，就会受到死亡威胁。

雷娜回忆道："脚底的凳子被抽走，她们挣扎了几下，没了动静。"

几小时后，曾经在加拿大营工作的罗莎·罗伯塔，也就是第四名女孩，当众被处决。琳达、佩吉、玛吉、海伦娜、埃尔娜·德朗格和费拉·德兰格以及平时和罗莎一起工作、一起吃饭、一起说话、相伴而眠的人，都在为她哭泣。那几个女孩奋起反抗党卫队，为炸毁毒气室提供帮助，她们比其他囚犯更能激起压迫者的恐惧。

"我们将她们时刻铭记于心。"伊迪丝说。

拆房队现在开始拆除焚尸场，炸掉妇女营的一些营房。在党卫队的看管下，文员被命令将"囚犯文件、死亡证明和文件"装上汽车。

1月的漫漫长夜里，天空中云层堆叠，不时透出红色和橙色的光。60公里之外，克拉科夫正在战火中燃烧。"战场离得越来越近，枪声已经愈发清晰。"琳达和还在加拿大营干活的女孩担心自己会成为最后一批被带到毒气室附近枪杀的人，因为她们知道得太多。她们的健康状况比营里的大多数女孩都好，因为能吃饱饭，而且在室内干活。盟军飞机在营地上空不断出现，重新燃起了她们心中快要被浇灭的希望。

男囚拖着装满茶水的汤桶悄悄传话："要准备好。"小道消息已经传开，称营地会被清空，党卫队计划到时候纵火焚烧，将这里夷为平地：

"谁要是落下了，就会被活活烧死。"

"党卫队会在周围倒上汽油，给电网通电，锁上门，再点火。"

就在党卫队计划让所有人步行前往德国的时候，奥斯维辛集中营地下组织里的囚犯偷运出最后一份报告：

党卫队充斥着混乱和恐慌。我们正试图用一切政治手段，让撤离变得更容易一些，并保护落在队伍后面的体弱多病者免遭屠戮。

当局正在组织死亡行军，但由于命令不断变化，只有一件事是确定的："这种撤离方式意味着至少有一半囚犯将被消灭。"

第三十七章

哪怕以海洋为墨，以天空为纸，也无法描绘出我经历的
恐惧。

——一个波兰犹太男孩在克拉科夫的隔都写道

文秘人员不再把成箱的文件往汽车里塞，而是开始把"各
种集中营文件"从党卫队办公室拿出来丢进架起的火堆里焚毁。
这些文件中有数十万囚犯的照片和女囚营的许多数据记录，包
括囚犯总数、死亡人数、拣选日期和次数以及处决记录等。

随着撤离的传言越来越多，曼奇尽可能救治每一个尚能行走的人。海伦娜正在医院，党卫队的温舍过来提醒她要撤离了。这一消息迅速在营里传开，如果温舍要海伦娜撤离，那么能走的必须走，这样才能活命。奥斯维辛集中营一旦被点燃，就将成为一个巨大的焚尸场，谁也不想被关在里面。

有些囚犯能接触到加拿大营中的衣物，开始用空的汤桶运物资。雷娜和洗衣队的朋友分到了靴子、手套、保暖外套和砂糖。温舍给海伦娜和她姐姐都安排了保暖的衣物和好鞋。这也是他为自己心爱的女人做的最后一桩"善"事。

至于那些病情严重、无法走出病房的病人，曼奇和其他医务人员也无可奈何。

为了生存，她们想尽办法多拿一些东西，以挺过这最后一道鬼门关。死亡行军途中，谁要是衣衫褴褛，就会被冻死。加拿大营的囚犯尽其所能，想方设法拿一些衣服和鞋子给其他人。在厨房干活的人则把糖、面包和其他不易腐烂的东西拿给朋友。

与此同时，白雪皑皑的土地上燃起了一个个火堆，关于囚犯的记录被投进了遗忘之火。

伊迪丝知道她无法挺过死亡行军。"我腿伤很严重，没办法在雪地里走上几百公里，我做不到的。"她告诉艾尔莎。

"没有你，我不走！"眼见艾尔莎如此决绝，伊迪丝最终下定决心一起走。

1月18日凌晨1点，最后一次点名结束。曼奇无奈只能将无法走动的病人留在医院病房，加入了撤离的队伍，她就在伊迪丝、艾尔莎和伊莲娜旁边。

"我们是奥斯维辛从有到无的亲历者。"伊迪丝说。

接下来的死亡行军，将会让许多人的生命落下帷幕。但对于其中一位而言，她的生命在死亡行军开始之前就已落幕。里亚·汉斯（1980号）在医院工作，她在医院时常帮助病人抢在被党卫队拣选前离开病房。1月18日，留在病房中的诸多女孩也包括她的妹妹玛雅。"她患了肺结核，病得很重，已经无法动弹。"里亚怎么能弃妹妹于不顾，任由她被活活烧死？但她又没法获准留在集中营，和妹妹一同赴死。于是她偷了一小瓶吗啡，注射到妹妹的静脉里，让她毫无痛苦地死去。这是她当时唯一能为妹妹做的"善举"。

在人群中和曼奇、伊迪丝会合后，里亚无法直视她们，来自胡门内的女孩们四处张望，玛雅哪去了？里亚只能保持沉默。她们中又有一个人永远离开了。玛雅甚至都没活到20岁。妹妹的死沉甸甸地压在里亚心头。她该如何迈开沉重的脚步？

"大家对她气愤不已，"伊迪丝说，"但她是在用另一种方式拯救玛雅。她哪能料准党卫队在我们撤离后会不会纵火焚烧营地呢？谁知道苏军能否及时赶到救下她呢？"

组织撤离花了一整天的时间，她们已经筋疲力尽了。此时大雪纷飞，积雪已经堆至膝盖。鬼魅般的瞭望塔下，大批党卫队的人在把守着，她们出发了。几小时前，男囚已经走出了营地，在积雪中蹚出了一条路。

"犹太人而已，管它什么天气！"这道指令从未像现在这样真实。女孩们踏入了暴风雪中。

她们能听到远处的枪声，但前行的方向离苏联军队推进的方向越来越远，离获得自由的希望也越来越渺茫。

琳达说："雪能有一两米厚。"她有鞋，但鞋子不成对。"没关系，至少有鞋穿。"她脚上穿着暖和的袜子。许多囚犯一无所有。"（比克瑙的）囚犯只有单薄的夏装和木底鞋可穿。"他们无法撑过如此寒冷的天气。

女孩们被分成几组，沿着几个不同的方向朝德国边境行进。因此，她们的经历和在雪地里前行的时间各不相同。

"先行者为后边的人蹚出了一条路。党卫队走在队伍两侧。"有的党卫队士兵骑着马，持枪对着囚犯。"只要走不动，就会立刻被射杀。"琳达、佩吉和米拉·戈尔德（4535 号）尽可能走得离她们的工作队远一点。"我们时不时会踩到尸体。"琳达一想起这事仍心有余悸，连说话的声音都在颤抖。"如果死去的同伴还有可用的物品，比如鞋子或毛衣，我们就拿走。但我们没有力气将她们抬到路边。所以，一路上有不少尸体。"琳达她们走的是最远的路线，一路向北穿过波兰进入山区，并且要走上一周。

"雪染成了红色，就像我们刚到奥斯维辛集中营时那样。"伊迪丝回忆道。时间一点点过去，暴风雪继续肆虐，满地的雪浸染着鲜血结成了冰。曼奇滑倒了。伊迪丝和艾尔莎抢在党卫队开枪之前把她拉了起来。过了一会儿，她们遇到了曼奇的同事罗丝医生，她也曾帮助过伊迪丝，被枪杀了，即使当初担任要职，现在也变得什么都不是。"他们不会尊重任何人。"

"我的脚几乎失去了知觉，无法从积雪里抬起。"鲁泽娜回忆道。"我的脚全都湿了，陷在了积雪中。"里亚也已经精疲力竭，怀着对妹妹的哀悼，她的脚步愈发沉重。

女孩们在暴风雪和黑暗中呼喊着消失的同伴。

"你在哪？听得见我说话吗？"

她们的声音被暴风雪吹散。

"鲁津卡也筋疲力尽，"海伦娜回忆道，"她失去了丈夫和孩子，两次跌坐在雪地上，我也已经体力不支。她丧失了活下去的念头，不想再站起来。"

她抬头看着海伦娜说："你还年轻，走吧！我的家人都不在了，我活下去也没意义了。你快走吧！"

鲁津卡跌倒在雪地里，等着子弹穿过头颅，告别这个世界。

党卫队离她很近。

她们尽管只剩一点点力气，还是将她拽了起来。如同死亡行军中的许多人一样，她们的帮助让她渐渐缓了过来，体力也慢慢有所恢复。

伊迪丝自己都不敢相信她是如何在死亡行军中存活下来的。"但我活了下来。"

"唯一能吃的就是雪。我们都冻僵了，身上也湿透了。"前两个晚上，女孩们在农场里停下脚步，她们被允许在谷仓里躺下休息一会儿。躺在干草上让她们感觉暖和了一些，但她们的衣服都湿透了。谷仓里挤不下的那些人就睡在外面的雪地。"身上湿了，就蜷缩着，然后一切都冻住了。很多人的鼻子和脚趾都冻僵了。"琳达说，"鞋子湿了，但我不敢脱，因为怕没法再穿上。袜子也湿了，全都湿了。"

雷吉娜提供证言时，死亡行军的后遗症表露明显。她扭动双手，焦躁不安，眼里流露出恐慌，思绪混乱。采访者总会不停地提问。但此时需要的是沉默。有时候，听幸存者讲述时，最好的办法就是保持安静，握住她的手，真切感受她的悲痛。有些经历不堪回首，每一位幸存者都有自己无法言说的时刻。这也是为什么琳达和伊迪丝关于死亡行军的证词显得如此重要，因为她们的证词提供了其他幸存者不忍回想的信息。

暴风雪开始消散，苏军的火箭弹照亮了天空。前线正在向她们逼近，但她们被驱赶着撤离，离自由越来越远。也难怪不少人不愿再往前挪一步。

1月20日，第一拨人抵达离德国边界不远的希隆斯克地区沃济斯瓦夫。她们被迫睡在火车站外，其中有一些来自波兰的非犹太人。第二天，又有成千上万人抵达。"从早晨一直到深夜，一列列火车陆续会集于此，上面运的是因发烧陷入昏迷而半死不活的女囚。"

女孩们又累又饿，疲惫地瘫倒在满是黑灰的露天运煤车里。雪又开始下起来，雷娜从车厢边沿捧起一把雪，补充水分。其他人身体过于虚弱，什么也做不了。众人挤在一起取暖，但几乎没用，因为她们的衣服仍然是湿的。火车开动时，虚弱一点的女孩，还有靠在车厢上的女孩就冻死了。

在火车站的混乱中，许多人失去了朋友，她们坐上了四列开往不同方向的火车被运往四个不同的集中营：格罗斯－罗森、萨克森豪森、拉文斯布吕克和布痕瓦尔德。

有2000人原本是被运往格罗斯－罗森集中营的，却因该营已塞满了人而被其指挥官打发走了，随后又被萨克森豪森集中营拒于门外。她们在经过5天的运转后，于1月27日抵达拉文斯布吕克集中营。运往布痕瓦尔德集中营的那一批也因该营爆满而被拒收，于是改道前往卑尔根－贝尔森集中营。伊莲娜·费恩也在这批人之中。

1 月 22 日，最后一批人跌跌撞撞抵达希隆斯克地区沃济斯瓦夫，罗丝就在其中。她们到达时，被告知要找地方休息，早上再在火车站集合。为什么她们不趁机逃跑？她们的囚服上涂着红叉，很是醒目，一旦被抓，很有可能会被枪毙。

那天晚上，罗丝梦见党卫队来了，杀了她和她的朋友以及留她们过夜的主人一家。她担心，她们只有集中营的囚服可以穿，一旦逃跑就会被抓到，于是说服了一些同伴按照党卫队的命令早上去火车站。是服从命令的恐惧盖过了她们对自由的渴望，还是因为对死亡的恐惧束缚着她们？不论出于什么原因，她们没有趁此机会逃跑，也许是因为她们又累又饿，根本无力逃跑。

罗丝和她的四个朋友来到火车站，登上了一节运煤车厢，里面坐满了男囚。她们很害怕，但男囚对她们很友好，还建议她们要说自己是火车停下来时遵照命令上车的。火车一路南行，罗丝希望这是要去斯洛伐克。火车途径了斯洛伐克最西端的一个山口，然后继续驶过边境，进入奥地利，把女孩们送到了毛特豪森集中营。罗丝感到难过，她们要永远失去自由了吗？

与此同时，琳达和其他两三千名女孩仍在徒步行进。"我们走了大约一个星期"，然后她们也来到了希隆斯克地区沃济斯瓦夫，被迫登上露天的运煤车厢。由于极度脱水，一些女孩爬到车厢连着火车头的地方，那里不仅有点热气，还有水从阀门滴出来。"除此以外，什么也没有。"琳达和其他几个人"贪婪地"啜吸着滴出的热水。

在寒冷的雪地里跋涉了一个星期，几乎没有食物，大多数女孩变得虚弱不堪。每节运煤车厢要塞进100名女孩，拥挤得无处下脚。"许多人死了。"活着的人无法料理死者，她们别无选择，只好把死者抛下去。

现在听起来可能是铁石心肠，但在当时的情形下实属无奈之举。"（我们）把死者身上所有可用的衣物都拿走了"，用来保暖。她们相信那些死去的女孩也会希望生者尽自己所能活下去。"我不知道我们走了多久。但是你无法想象……挨饿是多么痛苦。"琳达哽咽着，泪水盈满眼眶。"挨饿比生病更令人痛苦不已……"琳达过了一会才缓过神来，"这趟……这趟从沃济斯瓦夫到拉文斯布吕克的列车之行，是我人生中的至暗时刻，我差点冻死，有些同伴和我们一起在奥斯维辛集中营熬了三年，却死在了车上，我们只能把她们抛下去。"结果，在来到拉文斯布吕克集中营时，她们发现，既没有房间，也没有食物，什么都没有。

1月27日，就是琳达她们抵达拉文斯布吕克那天，苏联军队开进了奥斯维辛和比克瑙的集中营。就在几天前，加拿大营的30间储藏营房被焚毁。苏联军队到达时，营房仍在燃烧，在剩下的六个部分烧毁的营房里发现了超过100万件"男人和女人的外衣"。他们还在那里发现了"600 多具男女囚犯的尸体，他们在过去几天里或死于枪杀，或死于其他手段"。比克瑙集中营还活着的 5800 名囚犯中，有 4000 名女囚。

在死亡行军后被分配至哪个集中营，很大程度上决定了她们能否活下来。在所有的死亡营中，卑尔根－贝尔森集中营最为致命。伊莲娜说，这是一座"非常糟糕的集中营"，"每个人都染了病，睡在地上。一切都在地上。他们给了我们水，还有一片面包，其他什么都没有了"。

幸运的是，同乡老友鲁泽娜·博罗科维兹认出了伊莲娜，偷偷把她带进了自己的房间。鲁泽娜·博罗科维兹也是第一批被遣送的，很可能在 10 月份和贝尔莎一起被转运了。她在 1942 年被遣送到奥斯维辛集中营时已经 19 岁了，她的好心很可能救了伊莲娜的命。

伊万·劳赫韦格的妹妹埃里卡从拉文斯布吕克集中营被押送到卑尔根－贝尔森集中营，她讲述了吃冻草为生的经历，这些草是她从雪地里挖出来的。在集中营，她被两位同乡搭救了。一位在厨房工作，给她带了三个熟土豆吃。第二位是埃里卡小学老师的妻子，她设法让埃里卡进了儿童营房。这让埃里卡免受晨间点名之苦，点名时党卫队经常殴打甚至虐杀她们。更重要的是，儿童营里少有疾病肆虐。但这两位同乡在帮助了埃里卡后不到一周，就死于斑疹伤寒。和埃里卡同在儿童营的是伦卡·赫茨卡的侄子米兰。

截至 1 月底，已有 9000 名妇女抵达拉文斯布吕克集中营。其中一队很可能是琳达所在的队伍，在登上开往拉文斯布吕克的运煤车之前，这拨人走了两个星期，大约 300 公里。到了拉文斯布吕克，她们在集中营外待了一天一夜，"因为营内没有她们的立足之地"。"我们以为那就是生命的最后时刻了。没有食物，什么都没有。尽管如此，还有囚犯源源不断地被送来。"当她们最终挤进一顶帐篷时，里面"满是泥浆"，没有地方可躺。

"拉文斯布吕克集中营根本不是人待的地方。我们真的很像桶中的鲱鱼，挤作一团，因为有太多人从波兰的其他集中营转移而来。集中营内已经有成千上万人，人实在太多了，没法洗漱，甚至不知道会不会有吃的。"撑过死亡行军已经足够艰难，难上加难的是，她们还要忍饥挨饿。

当饥肠辘辘的她们冲向汤桶，汤桶倒了，汤洒在结冰的营内道路上。说到自己摔倒在地上舔"冰上的食物"时，琳达一度落泪。

"听着，艾尔莎，"伊迪丝告诉她在营内的姐妹。"如果他们要招人干活，我们就去。我们连死亡行军都熬过来了，挨饿算什么？"

卡车抵达集中营，1000 名女孩被命令上车。这是开往毒气

364

室吗？就连艾尔莎也不在乎了。后来才知道，拉文斯布吕克周边的几个营地能够容纳新的囚犯。其中有雷措集中营（伊迪丝和艾尔莎去的地方）、马尔肖集中营和诺伊施塔特－格莱沃集中营。

鲁泽娜、艾丽丝·伊科维奇（1221 号）和伊达最终来到了马尔肖集中营，那里仅仅建了 10 座小营房，只能容纳 1000 人，现在得住上 5000 人。也许马尔肖集中营的最好之处在于，囚监奥利·赖歇特（502 号）也在营内。1942 年 3 月 26 日，奥利和第一批女孩在同一天抵达奥斯维辛集中营。从 22 岁起，她就因为是共产主义者而被监禁。她竭尽所能，帮助犹太女囚活下来。当奥斯维辛集中营的幸存者见到这位被称为"奥斯维辛天使"的女人时，他们鼓掌欢呼："我们的奥利回来了！"

第一批被遣送的其他女孩中，有许多被转移至德国境内的诺伊施塔特－格莱沃集中营。这次转移很是突然，很多熟悉的人都被分开了。

这座营地没有天使，只有恶魔——女营管德雷施勒。

女孩们仍然不断死去，她们往往是最后领取食物的那一批。施加在她们身上的暴力是其中一个原因。诺伊施塔特－格莱沃集中营有个囚监，喜欢把试图偷食物的女孩活活踩死。营地里的食物没有多少，想要填饱肚子就得铤而走险。在雷娜打算偷三个土豆的时候，囚监拎着一块木板追了上来，想敲死她。雷娜逃到了一座营房，有个女孩可能是第一批被遣送来的，将雷娜藏在了架子床上，救了她的命。

从拉文斯布吕克转运过来时，琳达和一群女孩被带到一座空荡荡的营房，并被锁在了里面。门一关上，她们就慌了。"我们很肯定，那就是个毒气室。"她们砸碎窗户，爬了出来，朝树林跑去。

一名来自奥斯维辛集中营的党卫队女兵一边追赶着她们，一边喊道：

"回来！我们不会杀你们，你们逃跑被抓到都会枪毙！"

她们不知道该相信谁，但听信了党卫队女兵说的，慢慢走了回来。党卫队的人总算说了一次实话，女孩们没有被杀。她们奋起反抗的具体时间已经无法确定，但希姆莱已经开始与瑞典政府谈判交出"人质"事宜，并在 3 月份发布了一项命令——"不准杀害任何犹太囚犯"。那项命令可能挽救了琳达和其他人的命。她们被转移到雷措，伊迪丝和艾尔莎之前在那劳作过一个月。

雷措位于拉文斯布吕克南部，有一座离柏林不远的机场。机场经常遭到轰炸，德国飞机无法降落补给燃油。她们的任务是去机场填平弹坑，清除跑道上的炸弹。这项工作十分危险，但被炸弹炸死总好过死在党卫队手里。此外，只要党卫队撤回掩体躲避空袭，女孩们就可以自由进出营地和厨房。这是她们

366

三年来头一遭吃上汤和面包之外的食物。每当盟军轰炸机飞过头顶，空袭警报长鸣时，党卫队就跑进掩体躲避，而她们就跑向厨房。"所以我们的生活得到了改善，有食物吃了。有时我们甚至会弄到粗面粉和牛奶，弄到干净的水来清洗。"伊迪丝说。

卑尔根－贝尔森死亡集中营最早获得解放。斑疹伤寒已成为一种肆虐的流行病，夺去了成千上万条生命。4月15日，就在安妮·弗兰克因该病去世后的第15天，卑尔根－贝尔森集中营被移交给英国和美国军队。下午4点左右，广播里传来消息："我们来了！我们来了！我们来解救你们了！"她们简直不敢相信自己的耳朵。"到了那天晚上7点，营地里已经堆满了食物。"然而，饥饿和疾病是如此严重，有人一下子吃了太多而活活撑死。2月以来，有2.8万名囚犯死亡。

整座整座的营房被烧掉，以杀死携带疾病的虱子。他们还搭建了女性洗澡间，并用杀虫药粉除虱。英国广播公司记者理查德·丁布尔比如此描述这座营地："超过一英亩的土地上，躺满了死者和奄奄一息者。死人与活人，竟看不出什么区别……在贝尔森的这一天，是我一生中最可怕的一天。"

对贝尔莎和伊莲娜而言，这一天却是最美好的一天。

英国广播公司的一段录像显示，贝尔莎穿着一条裙子和一件干净的白衬衫，带领两名着装整齐的英国士兵从焚尸场出发，从集中营党卫队指挥官身边经过。"如今他成了阶下囚，我恢复了自由身。"

希姆莱早在 1945 年 3 月就开始与瑞典政府谈判释放犹太囚犯事宜。为此牵线搭桥的是瑞典红十字会副会长伯纳多特·福尔克伯爵，他也在努力解救数以千计来自瑞典和丹麦的囚犯。

福尔克的干预一再被希姆莱的自恋和自欺所阻挠，但希姆莱需要钱来保全自己。为了说服瑞典人与他谈判，他提出将释放 1000 名女囚，还威胁说，如果谈不成，就杀死她们。这些女囚包括埃拉、伊迪、莉拉、琼，可能还有埃尔娜和费拉以及马蒂尔达。

琼一直在波尔塔－韦斯特法利卡被挖空的山里干活，给炸弹和弹药装引信，这是她干过的"最可怕"的工作。"我们以为自己永远都走不出去了。"她们害怕被遗弃于此，无人问津，直至死去。

而埃拉、伊迪和莉拉则在波尔塔－韦斯特法利卡挖沟，在波尔塔－韦斯特法利卡的女囚中，有 1000 人被装上车厢。没有人知道她们要去哪，也不知道她们是希姆莱和瑞典红十字会谈判的筹码。坐火车不停地来回奔波令她们神经紧张。"他们不知道该如何处置我们。"琼说。这是一场用女性做赌注的拉锯战。

福尔克伯爵无法满足希姆莱提的所有要求，而希姆莱的想法反复无常，双方几乎不可能达成一致。谈判彻底失败时，党卫队打开了车厢门，挥舞着自动步枪大喊："出来！下车！都下车！"

仿佛又回到了1942年。女孩们跌跌撞撞地下了车，感觉身处荒无人烟之处，事实上，她们距离路德维希卢思特城堡广场不远。

女孩们站在党卫队面前，如同面对一堵无法穿透的墙。

"我们都以为活不过那天了。"琼抽泣着说。

下午，正当党卫队准备射杀她们时，一名德国士兵开车穿过现场，鸣着喇叭，挥舞着白旗，喊道："停下！别开枪！"

希姆莱已经默许。福尔克伯爵和瑞典政府赎回了她们的自由。

女孩们回到火车上，当车门再次打开时，她们就将重获自由。

火车停在汉堡站时，琼听到卖报纸的小贩吆喝："希特勒死了！希特勒死了！"

透过车厢缝隙，她看见报纸上的头版头条，没错，是真的。"我们简直不敢相信。"

几个小时后，火车门开了，女孩们来到了丹麦。"那里有修女，有红十字会，有人从窗户扔过来面包。"

"你们自由了！"他们大喊着，"自由了！"

过了几分钟，她们那习惯了昏暗环境的双眼才适应了敞亮的自由之光，而心理上的适应则花了更长时间。街上的人们递给她们巧克力、香烟和白面包，"我们太久没吃过这些，胃都已经不适应了"。帐篷已经搭建起来，用于安置她们。医生和护士给予了她们及时的照料。最重要的是脱掉长满虱子的衣服。她们对于这个环节已经很熟悉了：脱掉衣服等待检查。

红十字会的工作人员把汽油泼在那些满是病菌的衣服上，当火焰从衣服堆上升腾而起时，女孩们惊慌失措，试图逃跑。她们尖叫着，抽泣着，满脸恐惧地紧紧抱住对方。"我们光着身子，以为下一个被烧的就是我们自己，我们听不懂瑞典语，也不明白瑞典人跟我们说了什么……也不知道这堆窜起的火是不是要烧死我们。"

当带着她们离开火堆去洗澡时，又引发了一阵恐慌。瑞典人又哪里知道，正常生活中的每一件小事，对于在奥斯维辛集中营里煎熬了三年的女孩而言，都可能意味着死亡？有人用德语解释说淋浴器里只有水，没有别的，升腾而起的是水汽不是毒气。尽管怕得发抖，她们还是洗完了澡，经过消毒除虱，穿上了干爽洁净的衣服，衣服上不再有囚服上的条纹。一位医生用德语对她们解释说，由于她们的胃收缩得厉害，如果现在吃太多太急，会危及性命。他们吸取了卑尔根－贝尔森集中营的教训，对于给长期挨饿的她们吃什么、吃多少都很小心。女孩们分到了维生素和麦片，热粥和麦粉糊有如天赐。

但在整个欧洲，对于第一批被遣送进集中营的其他人来说，自由仍然遥不可及。当位于雷措的机场关闭、营地解散时，有一队人被押往柏林，琳达也在其中。伊迪丝和艾尔莎被驱赶着朝另一个方向行进。盟军轰炸机在投掷食物。当然，囚犯什么都拿不到，党卫队拿走了一切。琳达得到的"只是一大块象牙牌香皂。没有食物，什么都没有"。

走了一整天后，伊迪丝和艾尔莎落在了队伍后面。党卫队已经在前面很远的地方。夜幕降临，当她们看见一处小茅草屋时，便当即决定停留在此不再前行。"到了这里，我们就自由了。"她们倒在小房子的地板上，睡得死沉。

伊迪丝醒来，耳边传来一阵轻柔的嗡嗡声。翅膀扇起的轻风掠过她的脸颊。小小的天使们在金色的晨光中嗡嗡作响，穿窗而入。她们是在养蜂房里睡着的。

嘎吱嘎吱的脚步声在门外的小路上响起。门闩打开，一个留着胡须的宽脸德国人走了进来，他起初没有意识到有人睡在地板上。伊迪丝坐起来揉了揉眼睛。

"你们在干吗？"男人问道。

"睡觉。"她答道。

"你们的队伍已经走了，"他说道，"我可以给你们指路，好赶上他们。"

女孩们缓缓站起来，慢慢走到了屋外，顺着养蜂人所指方向走去。一离开养蜂人的视线，她们就找了条沟渠藏了起来。

周围枪声响起，打破了清晨的宁静。不知是党卫队在枪杀囚犯，还是苏联军队在攻打党卫队。女孩们蹲伏在沟渠里，一直到枪声消失。两名女孩决定去探察一番，其他人待在原地。她们带回了好消息。

"我们发现了一处闲置的马厩，里面还有草。"那里简直是完美的藏身之地，此外，她们还要将囚服上的红漆刮掉。党卫队为了便于找到逃跑的囚犯，将囚服上的红色印记画得极为粗大，远远就能看见。她们花了几乎一整天，才将衬衫后面和裤子两边的红漆去掉。

阳光透过敞开的窗子，映出空气中的尘埃和花粉，她们听见一个女人在喊："战争结束了！战争结束了！"

伊迪丝奔到窗边，看见一位德国妇女骑着自行车，手里挥舞着白旗。

"我们自由了！自由了！"她们大喊着，互相拥抱，喜极而泣，怆然泪下。

如果是一部小说，故事到这里就该结束了。结尾之处应该是，每个人都平安幸福，回家与亲人团聚。小说可以这样写。但纪实作品却无法以这样的方式结尾。战争也不是这样结束的。

"因此，虽然我们现在自由了，却不是真正的自由。"

波兰人从牧场牵来两匹马，套上马车，将女孩们扶上了车。伊迪丝坐在马车后面，凝视着不再有轰炸机掠过的蓝天。春意在她们身旁绽放。世界上所有的颜色都更鲜艳浓烈了。绿色变得更青葱，粉色变得更柔嫩，花儿闻起来更加芬芳。目之所及都是奇迹。每一种香味，每一种色调，每一次呼吸，都是一次非凡的体验。伊迪丝已经三年没有感受到快乐了。现在的她享受着每一种感觉，直到身体里的每一个细胞都苏醒着，哼唱着。

来到一座樱桃园，波兰人解开马具，牵着马去喝水。女孩们爬上树。伊迪丝猛地跃坐在树枝上，手伸到头顶，采到了第一颗自由的果实。她的手指、嘴唇和牙齿都染成了紫红色。果汁顺着下巴流下来。她向其他女孩吐核逗趣。一片欢声笑语。她们笑着，又停下看看对方，然后笑得更厉害了。伊迪丝捧起樱桃，就像捧起一把把生命，捧在怀里，装满口袋，塞满嘴巴，直到再也拿不下为止。

每个晚上，波兰人会在路边找一个谷仓，让女孩们躲在稻草里睡觉，直至到达火车站。但另一个问题又出现了，没有证件，也没有钱，她们要怎么回家？

这也是整个欧洲大陆成千上万难民遇到的问题。另一个问题是，她们应该回家吗？对于许多犹太幸存者来说，答案是否定的。

"我没有家人了，"多年后，琼回忆道，"只剩一个表亲。这很难适应。"她确实有一个姨妈，住在纽约的布朗克斯。琼从瑞典写信给她，后来她成了第一批被遣送的女孩中首批移民到美国的人之一。

从波兰来的女孩决定不回家了。她们知道家里已经空无一人。雷娜和妹妹丹卡去了荷兰，她们的朋友埃尔娜和费拉留在瑞典，迪娜去了法国，萨拉最后移民到了阿根廷。玛吉在美国有个姑妈，姑妈一收到她的来信就给她汇了100美元。玛吉买了一件像样的衣服，然后去了斯洛伐克。在回家的火车上，她遇到了所罗门·罗森博格——她未来的丈夫，也是从集中营逃出来的。

对于那些回家的人来说，这一段旅途惊心动魄，充满磨难，因为他们面临着重重障碍。他们时而搭便车，时而扒火车，时而坐马车，时而步行数英里。

有的女孩，比如来自普雷绍夫的伦卡·赫茨卡的朋友卡托（1843号），得到了一张红十字会寄来的卡片，用它可以免费乘坐火车。但其他人，比如伊迪丝，什么也没得到。

琳达哽咽着回忆起这一刻：国际委员会抵达她和朋友们被隔离的难民营时，宣布她们为"世界公民"。她们获得了文件，能够去任何想去的地方，但她们还是最想回到斯洛伐克。"我知道，我的家人都不在了。但我还是想回去。"

每周都有一班火车从布拉格开往布拉迪斯拉发。琳达和她的朋友们从柏林走到布拉格，全程318公里。当她们抵达布拉格时，火车上已经挤满了难民，车厢里没地方了。琳达、佩吉和其他几个朋友就从火车的一侧爬上去，坐在车顶。

从车顶看去，世界徐徐展开。自由就是远处青山与粉蓝天空之间的地平线。地平线被暴风雨洗刷得干干净净，奥斯维辛这片荒凉的灰褐色在它的光亮中逐渐褪去。远处没有任何铁丝网或瞭望塔。自由是头顶吹过的风，是春天甘甜的空气，是繁花绽放的树。太阳烘烤着她们疲惫的筋骨，温暖着她们被劳苦、饥饿和恐惧折磨得僵硬的肌肉。她们紧绷的神经逐渐松弛。经过城镇和村庄时，她们从车窗和车顶向村民挥手，村民也向她们欢呼挥手。就像三年前一样，女孩们又唱起歌来。

回　归

　　里亚从位于德国的家来到胡门内。1945 年 8 月她刚回家时，体重是 39 公斤，这还是获得自由之后体重增加了一些的结果。"我病得很重，骨瘦如柴，甚至找不到可以打针的地方，后来妈妈用椰子油给我洗澡才好一些。"里亚是父母幸免于难的少数几个幸运儿之一。她的父亲在城外有一座农场，当城内出现异样时，他们一家就搬到了农场。他们穿得像斯洛伐克农民，还带孩子去天主教堂，教堂的神父是他们的好朋友。和卢·格罗斯一样，里亚的兄弟姐妹们学会了怎么说"我的天父"，假装是天主教徒。她的一家就是这样活下来的。卑尔根 - 贝尔森集中营被解放时，伊万·劳赫韦格的妹妹瘦得只有 38 公斤了。她在英国部队医院休养两个月后，"回到我身边时，体重仍然只有 40 公斤。她没了头发，也没了牙齿"。伊万甚至没认出她来。这辈子的大多数时间，她的身体状况都很差，"还做过很多次手术和皮肤移植，经历过多次肾功能衰竭"。

然而，几乎很少有女孩能回归原来的生活。佩吉知道她的兄弟姐妹已经死在奥斯维辛的毒气室里，但她仍希望自己的家还在。她从斯特罗普科夫走了两小时，回到了自家的小村庄，看到的却是满目疮痍，自家的农场也被烧成平地。在失落与回忆的重压下，她花了更长的时间才回到斯特罗普科夫。上一次走上那条路时，她和家人说了再见，却未曾想竟是永别。她曾和安娜·朱多娃（1093 号）以及鲁泽娜·克莱曼（1033 号）在一起。她们也活了下来，但现在又在哪儿呢？她坐在斯特罗普科夫的犹太人聚居区路边，哭了起来。佩吉身无分文，无家可归，也没有家人在世。这时来了一位年轻的犹太妇女，她的丈夫曾把她和双胞胎女儿藏到地窖里。她停下来，问佩吉怎么了。

　　"我不知道这辈子该怎么办。"佩吉抽泣着。

　　"我家里只有一张床和一个沙发。"那位年轻的妇女告诉她，"你可以和我的其中一个女儿睡沙发，我和另一个女儿睡床。"佩吉被收留进这个临时家庭，成为了小女孩们的保姆，慢慢回归了现实生活。

　　那年夏天，琳达回到父母家时，一切看起来都和离开时一样。她敲了敲那扇大木门，祈祷家里还有人活着。一个面容冷峻的乌克兰男子打开门，瞪着她呵问道："你要干吗？"怎么会有人对一个像琳达这样娇柔和善的年轻女孩如此粗鲁呢？

"嗯……这是……这是……我的家。"她因紧张和恐惧而有些结结巴巴,不知道还能说点什么,最后说,"我想回自己的家。"

"这是我家,我花钱买的。"乌克兰人说,"你哪来的就回哪去!"门砰的一声重重关上,差点拍到她脸上。"我觉得自己像从坟墓里飘出来的孤魂野鬼。"

尽管琳达已经在奥斯维辛经历了那么多残酷的暴行,但更令她感到震惊的是,她的家已经不属于她,家中所有的一切,那些儿时的藏品、她母亲祖传的珠宝,都没有了。她没有了家人,也没有了可以继承的东西。除了一些尚未消散的集中营岁月的碎片,什么都没有了。

她回到了布拉迪斯拉发,这里还有一些朋友。她发现自己的姐姐凭借一份假的身份证明,以天主教教徒的身份活了下来。1946 年,她在买面包时遇到了弗雷德·布雷德,两人结为夫妻。她在这个世界上不再孤单了。她唯一的希望是拿回自己家的房子,就像争取自由那样。当房子可以归还给她时,她已经移民去了美国。

爱丽丝和其他几个女孩乘坐货车抵达斯洛伐克。当她们快要到一个农场时,爱丽丝按照斯洛伐克传统问候一个非犹太农夫:"愿耶稣保佑你度过美好的一天。"在自己的祖国说着母语感觉真好。农夫的妻子正往路边走来,想看看路过的是谁。她面带微笑地看着这位妇女。

"可以给我们一点牛奶吗？"爱丽丝问道，"我们刚从集中营出来，实在是太渴了。"

意识到她们是犹太人时，这对夫妇吓坏了。在回家几天后，伊迪丝也在市场遇到了同样的情况。

另一些人的归家之旅要顺畅很多。伊达被安置在德国波金格的一个流散营，后来被捷克人接走了。捷克人派来大巴车接回了难民。"我得说，那是我一生中最快乐的时光。我们死里逃生，受到了捷克人的善待，路上有一桶桶牛奶、蛋糕、面包和萨拉米香肠，任何你想要的都有。谁吃得下这么多？无论你之前有多饿，也会吃撑的。"

埃塔、范妮和她们的表妹玛莎也终于到达布拉格，只不过她们是步行抵达的。那时火车已经挤满了，根本上不去，但她们发现一群波兰和斯洛伐克男人自发组织起来，护送幸存的女孩们回到斯洛伐克。这段路程有 300 公里，步行回家要一周多的时间，但至少女孩们一路上很安全，能得到很好的保护和照顾。

玛莎和两个表姐——埃塔和范妮一起，沿着陡峭的山坡向波普拉德镇走去，回到了空空荡荡、破败不堪的家中。她们是家里仅有的幸存者。玛莎的邻居从前门向她招手，把门打开。

"我有些东西要给你。"她说。

她拿了一把铲子，将玛莎带到后院，在那里挖出一块沾满泥土的肮脏的法兰绒毯子。在孩子们被带走前，玛莎的妈妈曾

380

去到邻居家里，恳求道："如果玛莎能回来，请帮我把这些给她。"

"给你。"邻居将她妈妈留存下来的东西递给她，"就是这些。"

玛莎双手颤抖，打开那块旧法兰绒毯子，看到母亲留下的、已经失去光泽的安息日烛台。这是玛莎唯一剩下的东西了。她的女儿莉蒂亚到现在还在用。

埃塔的故事与玛莎相似。她和姐姐回到波普拉德时，一个非犹太人认出她们，说道："我想和你们谈谈。"战争爆发前，她们的父亲曾借给此人2万克朗。"我不会欠着这笔钱。"他连本带利还清了债务。

在卑尔根－贝尔森集中营解放后，贝尔莎通过一名随军牧师在邻近的集中营里找到了她的妹妹范妮。她们含泪重逢。贝尔莎说："那一刻真是悲喜交加……我们三年半没见了。"范妮告诉姐姐德国人如何抓捕犹太人，又如何闯进姐姐玛格达住的屋子。玛格达躲在一个柜子里。德国人搜查柜子，找到了玛格达。当时范妮躲在床底下，德国人压了压床垫，她屏住呼吸一动不动，逃过一劫，直到1944年才被抓。而玛格达直接被送去了毒气室。

在卑尔根－贝尔森集中营，美国人给每个人发放了身份证，并为那些想去布拉格的幸存者安排了一辆卡车。贝尔莎和范妮没有钱坐车，但她们展示了自己的编号，上了火车。在站台上，范妮看到了迈克·劳特曼。他在战争期间靠着假的身份证明生活。她向迈克介绍贝尔莎，三人一起回到了斯洛伐克。到达布拉迪斯拉发后，美国犹太人联合分配委员会将他们"安置在一家酒店，虽然不是希尔顿级别的，但也已经足够豪华了，甚至配有一个犹太洁食厨房"。

通过其他难民，女孩们了解到有个哥哥在战争期间当过游击队员，现在还活着。她们给他寄了一张卡片。几天后，哥哥埃米尔来到布拉迪斯拉发，继续照顾她们。"他既当爸又当妈，为我们遮风挡雨，撑起一片天。"有一个月的时间，贝尔莎和范妮除了休养，什么也没做。同时，迈克·劳特曼也经常过来，看看她们是否安好。贝尔莎微笑着说："几年后，他成了我的丈夫。"他们的结婚照上，站在贝尔莎身后的是埃琳娜。

鲁泽娜到达布拉迪斯拉发时，找到了能短暂陪伴她的老朋友。她的丈夫埃米尔听说她还活着，立马坐上了开往布拉迪斯拉发的夜班火车。次日早上8点，他来到科恩菲尔德斯的办公室，鲁泽娜在那里睡觉休息。"我那时非常虚弱，疲惫不堪。他们把他带去我睡的房间。他叫醒了我，恍若一场梦，然后我们陷入了沉默。突然间，当我回想起长时间以来所经历的一切，眼泪不由自主地流了出来。"

好几个月的艰辛归家路还剩最后一程。火车停在米哈洛夫采时，伊迪丝离胡门内还有35公里。她似乎再也走不动了。米哈洛夫采是爱丽丝、雷吉娜·施瓦茨姐妹曾经住过的地方。爱丽丝坐着马车，还在路上。施瓦茨姐妹正在德国的斯图加特休养。这里只有伊迪丝一人。

伊迪丝一边等着登车的汽笛，一边焦急地在站台上走来走去。她离家那么近，却又那么远，她不知道自己是否应该继续这趟回家之旅。

"你不是伊曼纽尔·弗里德曼的女儿吗？"

伊迪丝低头看着这个犹太男人——这个为数不多的幸存的犹太人之一，一副难以置信的表情浮现在他脸上。

"我就是。"

"你的父亲在这儿！就在犹太会堂！"

今天是安息日吗？她早就忘记了，也好久没有过休息日了。

"请问你能去犹太教堂，告诉他我在站台上吗？"她苦苦哀求，不愿意离开站台，生怕火车开动。

他急忙跑去教堂，冲进大门，大喊道："伊曼纽尔先生！你的女儿伊迪丝从集中营回来了！"

伊曼纽尔冲出大门，穿过大街，跑到车站，火车还在那里等着发车信号。

"爸爸！"伊迪丝冲向父亲。她即将投入的这个怀抱，能够驱散梦魇，将她带回家。

他没有拥抱她，也没有说一句话。空气凝固了。

"爸爸，你为什么这么奇怪？"

那个让伊迪丝和莱亚去"工作"的决定带来的愧疚感沉重地萦绕在他心头。他几乎无法面对幸存的女儿。战争的鸿沟横亘在他们之间。

伊迪丝看出父亲的内心在哭泣。他的眼神充满悲伤，不知道如何向自己的女儿开口。

"别担心，爸爸。一切都会好起来的。跟我回家吧，给妈妈一个惊喜。"

"今天是安息日，我不能出行。"

伊迪丝对父亲的反应有些难以置信。"爸爸，我已经死过一回了，跟我一起回家吧，上帝不会介意的。"她招手让他上火车，他上去了，但还是没有拥抱她。

笨重的火车在摇摇晃晃中缓慢前行，好像并不理会伊迪丝的迫切心情。这段路程虽然很短，却是她归家旅程中最漫长的一段。

她离家时还是个孩子，归来时已成年——一个历尽苦难的成年人。她的母亲也会像父亲这样对她吗？

她不知道接下来会发生什么，只是期盼着一切如故，这种天真的想法仍存在于她心中。现在的胡门内已是一片凋零。这里曾住着的 2000 户犹太家庭，现在只剩百来户了。

在普雷绍夫，乔拉·施皮拉发现他是班级里仅有的 3 名幸存者之一。政府给他发的身份证编号是 15。此地的犹太社区曾有 4000 人，现在在他之前回到普雷绍夫的犹太人只有 14 名。

在停战后的几个星期回到胡门内的犹太人中，有卢·格罗斯和他的家人。他们在山上躲了两年，还要假装成非犹太人，当他们再次回到斯特凡尼察大街时，即使是才六岁的卢·格罗斯也知道，这条街再也不会被称为格罗斯街了。已经没有几个姓格罗斯的人了。但奇迹中的奇迹，是他的祖父哈伊姆还活着。

当赫林卡卫队打算把他送到奥斯维辛集中营时，祖父哈伊姆正坐在家门外的台阶上。他把那条用象牙色、粉蓝色和银色的线手工刺绣而成的精美祈祷巾[37]裹在肩头。"我哪儿也不去。"他对卫队的人说。

他们威胁说要开枪打死他。他耸了耸肩，满不在乎。

卫队的人装模作样地威胁了一番，任由哈伊姆坐在那，原因是："他不值得浪费一颗子弹"。卢继承了祖父的披巾，现在仍会在特定场合披上它。

弗里德曼一家不再住在那间公寓里。他们搬进了一座公寓楼。拉迪斯拉夫·格罗斯曼的姐姐曾住过这栋楼。后来格罗斯曼一家的大部分人被炸弹炸死。下午的时候，拉迪斯拉夫经常

---

37 犹太教男子做晨祷时用的披巾。

站在楼前，哀悼他逝去的家人，其中包括父母、姐姐、堂亲、姑姑和叔叔。有一天他正站着，火车的汽笛声响起，汉娜匆匆走出门。

"弗里德曼夫人，这么急匆匆的，是要去哪里？"他问道。

"我的伊迪丝好像回来了！"

火车进站，几分钟后汉娜赶到了车站。她踉踉跄跄着从站台上的人群中挤过，大声叫着伊迪丝的名字，疯狂地寻找着她的女儿。

伊迪丝走下火车时，似乎不太相信自己终于回到了胡门内。她伸长脖子，一看见母亲，就疯狂挥手："妈妈！妈妈！"

汉娜一激动，晕倒在站台上。

苏醒过来后，她不停地抚摸着女儿的脸颊、头发，不停亲吻着伊迪丝的手。

此时的伊迪丝是一个即将年满20岁的少女。她从战争中归来，身心受创，但活了下来，而她的很多朋友和家人都没能幸免。这个犹太聚居区到处是空荡荡的店铺，空荡荡的花园，空荡荡的街道，空荡荡的房子。

还有一家咖啡馆，玛吉的父母曾在这里卖过糕点。咖啡馆早已空置，现在也用木板钉上封住了。玛吉的家人都不在了。还有莫斯科维奇的家，那个阿努曾经住过的地方。阿努再也不会在做面包的日子过来，吃掉伊迪丝妈妈做的热乎乎的白面包了。还有安娜·赫什科维奇的家。安娜再也不会来接莱亚去看电影了。阿德拉的红色秀发再也看不到了，再也不会出现在伊莲娜的照片中了。泽娜永远长不到她那么高了。欣达·卡汉和克拉里·艾尔斯永远不会结婚生子、白头偕老了。海伦娜的外甥女阿维娃，永远不会满 8 岁了。那些年少时期的熟悉面孔已经成为永恒的回忆。

伊迪丝一瘸一拐地在路上走着。一切恍然如梦。这真的是妈妈在搂着自己吗？耳边响起的真的是妈妈的声音吗？在她们的新公寓门外，伊迪丝发现拉迪斯拉夫正睁大眼睛注视着她，"一脸惊诧"，没有几个女孩活了下来。

"嗨，格罗斯曼。我认识你。"

"我也认识你。"

他们在一起了。

后 记

"他是我一生的挚爱。"过去三年里，伊迪丝把每一天都当作是最后一天活着。现在，她突然之间获得了自由，并且爱上了拉迪斯拉夫·格罗斯曼。"我对一切又充满了希望，对我们的未来充满了希望。"但往后的日子并未如她所愿过得那么顺利。

伊迪丝患上了严重的结核病，在瑞士的疗养院里住了三年才康复。手术后，她的膝盖无法弯曲。医生告诉拉迪斯拉夫，她的病情太严重，应该"让她安静地离开"。

伊迪丝问拉迪斯拉夫，会不会介意她身体上的缺陷。拉迪斯拉夫向她保证："只有你的灵魂有缺陷，我才会介意。"她和拉迪斯拉夫于1949年结婚。结核病康复后，伊迪丝读完了高中，并继续学习生物学。她没有成为医生，但做过研究员。其间，拉迪斯拉夫获得了哲学博士学位，并开始写书、编剧、创作电影剧本。拉迪斯拉夫的电影《大街上的商店》（The Shop on Main Street）获得了1965年奥斯卡最佳外语片奖，那时他们还住在布拉格。

奥斯卡颁奖典礼后不久，格罗斯曼一家与弗尔巴一家定居在以色列，拉迪斯拉夫在那里继续写作。就在他去世前，诺贝尔奖委员会的人拜访了位于海法（Haifa）的格罗斯曼夫妇，显然是在考虑将诺贝尔文学奖授予拉迪斯拉夫。但几天后，拉迪斯拉夫心脏病发作，还没得到这份荣誉，就去世了。

"我父母在布拉格的朋友都是典型的中欧犹太知识分子。"伊迪丝和拉迪斯拉夫的儿子乔治·格罗斯曼说。乔治承袭父亲的文艺基因，成为了一名爵士音乐家和作曲家。"那些语言学家、社会学家、作家和医生，周末都会来访，或者是我们去他们家。我们来往很频繁。在家里，通常是我父亲在说。他的战争经历虽然痛苦，但并不像我母亲的那样可怕。后来我了解到，在战争结束后的头几十年里，父亲不太喜欢母亲谈论奥斯维辛。我在布拉格长大，从没听过母亲谈论在奥斯维辛的经历。虽然我不知道太多细节，但确实看到了文在母亲手臂上的数字。我知道，这种无法言喻的恐惧像乌云般笼罩着她，也笼罩着我们。我确信，这在很大程度上助长了伴随我一生的焦虑感，让我潜意识觉得危险时刻存在。我想我们都是'幸存者二代'[38]。"

---

38 指的是继承了幸存者的某种心态或受其影响的子女。

伊迪丝还讲述了一个有关施瓦尔博娃医生不为人知的故事。1943 年，当时她还在奥斯维辛集中营时，有人为她提供了前往巴勒斯坦的安全通道，让她有机会离开集中营。但她说，奥斯维辛有人需要她，她要留下来。如果她做了不同的决定，她的命运也会迥然不同。

施瓦尔博娃医生在布拉格的查尔斯大学念完了医学专业，并在 1947 年 2 月成为一名有执照的医生。她在布拉迪斯拉发的儿童医院工作，是一名儿科教授。她的回忆录《被熄灭的眼睛》于 1948 年首次出版，记录了第一次遣送的故事。第二本回忆录名为《我过着别人的生活》。她的两本书都未被翻译成英语。2002 年 12 月 30 日，她在斯洛伐克的布拉迪斯拉发去世。

不幸的是，幸存者在证词中提到其他女医生时从未提及姓氏。因此，关于她们自己以及关于她们如何在如此残酷的环境下帮助女孩的故事，我没法找到更多详细的资料。

琳达至少在两次针对党卫队的审判中作过证。第一次是 1969 年在维也纳审判党卫队的弗朗茨·温舍和奥托·格拉夫的时候。当时海伦娜已结婚，并改用了希伯来语名字茨波拉·特霍里。她飞往维也纳为温舍作证，正是因为她的这一举动，审判引发了以色列幸存者之间的紧张关系。

"我永远不会原谅她。"埃塔说。伊迪丝说，海伦娜担心自己会因被指控为通敌者而被迫离开以色列。在维也纳的审判中，琳达肯定知道海伦娜来作证了，但在给南加州大学大屠杀基金会视觉历史档案馆的证词中，她对海伦娜作证的事情只字未提。

温舍和格拉夫都未被判有罪。"他们是虐待狂，"琳达说，"尽管我提供了证言，其他目击者也提供了证言，却没起任何作用……他们被释放了。他们没进监狱。他们从奥斯维辛敛财无数，把这一切都带到了维也纳，所以他们有钱请十个律师来为他们成功开脱罪责。"

二十年后，当琳达飞往德国指证党卫队的戈特弗里德·韦塞时，情况有所不同了。他在奥斯维辛被称为威廉·退尔[39]，因为他喜欢把罐头放在小男孩的头和肩膀上练枪法。击中罐头之后，他会一枪将男孩打死。琳达目睹过其中一场杀戮。加拿大营的女孩曾把水扔给一个匈牙利来的孩子，是韦塞用刺刀挑死了他，然后命令女孩们立正站好，在每数到第十个女孩时就将其枪杀。琳达目睹了这一切。

琳达的女儿达莎·格拉菲尔告诉我，"现场来了电视台记者，也来了报社记者，甚至还有高中生来旁听我母亲的证词"，而被告"看起来像富有的企业家，完全不像是在接受审判的杀人犯"。

---

39 14 世纪瑞士的民族英雄。哈布斯堡王朝派驻瑞士的总督曾胁迫威廉·退尔用箭射其子头上的苹果。他一箭命中，却暗中藏了第二支箭，预备射不中苹果后射杀总督。意大利作曲家罗西尼为其创作过歌剧，其中《威廉·退尔序曲》广为人知。

琳达担心这次审判会像温舍和格拉夫的审判那样再次失败。与维也纳的庭审一样，法庭一开始就对琳达进行了长达三四个小时的询问。法官和辩护律师问了她一大堆问题，但事实是她比法庭上的任何人都更了解奥斯维辛。"我对当时发生的一切记忆犹新，尽管我不太记得昨天发生了什么，也不记得我午饭吃了什么。"

琳达在加拿大营目睹了党卫队是如何敛财致富的。像大多数斯洛伐克女孩一样，她也会说德语，知道党卫队之间说了些什么。有一次，他们想为难她，询问她见到被告是早上还是晚上。

"我没法告诉你们是早上还是晚上，因为毒气室一直在运行，但我可以通过地上的臭味告诉你们是夏天还是冬天。"琳达告诉他们。

最后，法官问她还有什么想说的。

这位满头白发、身躯伛偻的老人颤颤巍巍站起来，注视着旁听席，说："我已经等了大半辈子，等着站在你们面前，指认你们。"她走到韦塞身边，指着他，让每一个人都能看到。"你们谁他妈的也别想给他脱罪！"

然后，她走出了法庭。她女儿一想起这事就哽咽起来。"德国的几个高中生跟着我母亲走出法庭，拥抱她并对她说：'别担心，这种事不会再发生了。'"

韦塞被判有罪，但他在保释后逃到了瑞士。12周后，他被

逮捕，服刑到 1997 年。之后，他因健康原因再次被保释，2002
年去世。

20 世纪 50 年代，里亚抵达以色列后不久，一名幸存者谴
责她殴打过自己。里亚被逮捕了，她必须为自己辩护，驳回关
于她虐待囚犯的指控。伊迪丝说，这实在不公平，因为如果说
集中营还有人在向她们伸出援手的话，那个人就是里亚。"里亚
是个心地善良的人。"不过，这次指控很严重。指控者不仅指责
里亚殴打过女囚，还声称她指着手臂上文的数字说过"我不可
能成为犹太人，在这里只有德国人能得到这个编号"之类的言论。
事实上，在以色列，至少有其他几个幸存者也在第一批被遣送
的人当中，包括海伦娜。但在 1944 年，当大多数斯洛伐克女孩
进入集中营时，党卫队才开始在囚犯的数字前添加字母。她看
到里亚的四位数编号开头是"1"，就认定她做过囚监。 在奥斯
维辛集中营，幸存者的编号如果很靠前，会引起怀疑：为了活
下来，都干了什么？

在雇用了一名律师为自己辩护后，里亚被判无罪。但在此
之前，她被关进了以色列的监狱——她也曾被关进奥斯维辛集
中营，这真是一个讽刺。

伊迪丝坚定地为里亚辩护。"如果她打过人，那也是为了保
护她们。新来的女孩什么都不懂，对危险一无所知。我打赌是
里亚救了那个女孩的命，而她自己却不知道。"

佩吉和琳达成了一辈子的知己。琳达的女儿达莎还记得，母亲在奥斯维辛和曾在加拿大营待过的朋友们说起她们从党卫队眼皮子底下成功拿走东西而开怀大笑的经历。有些人认为幸存者会永远活在伤痛中，但在经历了长时间的悲伤和恐惧后，她们需要笑着面对和释怀。

佩吉年轻时的照片说明，尽管在战时和战后经历了许多苦难，但她还是那个喜欢扮鬼脸的女孩。和大多数幸存者一样，佩吉受孕困难，妊娠也不足月。几乎每一个幸存下来的女性都经历过流产，或者不得不接受医疗"中断"（当时对"堕胎"的称呼），以挽救自己的生命。佩吉流产了一对双胞胎，是两个男孩。"党卫队踢了我一脚，我的子宫被踢坏了。"后来，她终于怀上了，早产了4周。

"我们这一代人是在缺少祖父母关爱的环境中长大的，"丹卡和雷娜的侄女萨拉·科恩说，"我们的姑姨叔舅或堂表兄弟姐妹也很少。直到我有了丈夫，参与了家庭聚会，看到自己的孩子从祖父母那获得的无条件的爱，我才终于明白我的童年缺失了什么。"

贝尔莎移民去了俄亥俄州克利夫兰，她带着她的儿子杰弗里·劳特曼一起去过几次奥斯维辛。贝尔莎尽其所能告诉下一代有关大屠杀的事情。"带着孩子们一起回到集中营旧址，告诉他们大屠杀是真实发生过的，这很重要。当我离开人世，一切都会被遗忘。谁还会记得呢？"她说道。

你们会的，读者们，你们会记得的。

贝尔莎和她在奥斯维辛认识的许多女孩仍然是朋友，她住的地方离她最好的朋友埃琳娜只有几个街区。在我们的书《雷娜的承诺》里，埃琳娜是第二个我访谈的幸存者，她讲述了第一次被遣送的经历，并证实了雷娜所说的关于波普拉德遣送队的细节。当时我并不知道还有其他幸存者，因为雷娜最好的朋友埃尔娜和迪娜已经去世了。

埃琳娜自此便隐姓埋名，这些年来我跟她失去了联系。就在我写完这本书的时候，我收到了埃琳娜女儿发来的一封电子邮件，里面有她妈妈和贝尔莎的照片，照片上她们拿着课本，看起来像是高中时代拍的。

"我和哥哥都觉得母亲总是批评我们，批评我们的选择和决定。"埃琳娜的女儿说，"我有时叫她'铁娘子'。后来我才意识到她是在保护我们，是在引导我们过更好的生活。毫无疑问，过去的经历给她带来了创伤，但也让她更注重活在当下、更看重家庭。17 岁时，她成了家里第一个被带走的人，熬过了集中营的恐怖和盘剥。获得自由后，她发现自己是这个曾经庞大的家庭中唯一的幸存者。母亲总陷入无止境的担忧中，但她努力把自己的焦虑转化为一些有意义的活动，去维系家庭生活，与其他幸存者和难民保持联系。因为父母过去的经历，我总是觉得我们跟别人不同，甚至可以说有些特别。但我相信，活下去的勇气和信念会代代相传。"

20世纪40和50年代，创伤后应激障碍（post-traumatic stress disorder, PTSD）还没有形成清晰的定义，也尚未获得承认，但幸存者早已深受其苦，琼（1188号）就是如此。"我害怕影子。如果我在开车，警察在我后面，我整个人就会发抖，我担心他在追我。我看到穿制服的，便会觉得不寒而栗。"

"我们看起来是正常人，但其实不是。"伊迪丝说。过去的惨痛经历怎么可能对她们没有一点影响？"我没法再去上学了，身体也落下病根。虽然艾尔莎回来时人没什么事，但在以后的日子里，恐惧与她如影随形。"

伊迪丝也同样如此，她只是表现得没那么明显。平时跟正常人无异，但只要稍有动静就会让她感到恐慌，这种情况时不时出现，是幸存者患有创伤后应激障碍的真实写照。

我现在在波兰的泰里克兹，与埃尔娜和费拉的儿子们在一起。他们从以色列飞过来，在一个已成滑雪胜地的村庄寻找失散的家人，哪怕只是犹太人。滑雪道边的电线杆上拴着金属喇叭，放着20世纪80年代的美国流行音乐，震耳欲聋。

"我们是幸存者的后代，很清楚没有人能在那种地方活那么长时间。"阿维说道，"我知道在我出生时，我的母亲（费拉）患上了精神分裂。"泪水已经在他的眼眶里打转，他的表兄拍了拍他。他们如同亲兄弟一般，因为阿维在他两岁前是由姑姑埃尔娜抚养的，彼时他的母亲身体还未恢复。"我14岁时，她再次患上精神分裂。"他的声音哽咽了，"她常常冲到大厅尖叫，说有人要来打她、杀她。"

"我母亲的情况要好一些，"埃尔娜的儿子阿基瓦说，"我从来没有见过她崩溃，也没见过她哭。从来没有。"她从未把她的经历告诉家里的任何人。

伊迪丝说："我们从苦难中活了下来，但是精神上的摧残远比肉体上的折磨要严重得多。这种挥之不去的阴影改变了我们看待世界、看待人的方式。这是战争给我们带来的最大伤害。"

雷娜记住了发生在她身上的一切，希望有一天能告诉她的母亲。当她意识到母亲在大屠杀中被杀时，她依然希望能找到倾吐的对象，而那个人就是我。

"我怎么可能记住过去发生的一切呢？"琼·罗斯纳·温特劳布问道，"我现在活着的唯一动力就是为了我的女儿和外孙们。"对她们中的大多数人来说，孩子赋予了她们活下去的意义。

阿维怀念母亲时，泪水止不住地流。"我们为母亲们感到骄傲，在那样艰难的情形下，她们活了下来。我们还为所有那些女孩感到骄傲——不论她们是否幸存下来，因为她们竭尽全力与命运抗争。她们有了自己的家庭，成功回归了现实生活。"

埃拉和妹妹伊迪回到斯洛伐克，发现五个叔叔都活了下来，但家里其他人都死了。他们在斯洛伐克住了一段时间，然后举家搬迁去了加拿大——埃拉就是在加拿大给伊迪的孩子们当保姆的。"我从来不想要孩子，"埃拉说，"当我在集中营时，我总想着我会被杀掉。我想，也许我会获得自由，但我不想要孩子，因为我不希望我的孩子经历我所经历的一切。"30多岁时，她意外有了个女儿。"这是我生命中最美妙的惊喜。没有她的生活根本不叫生活。"

埃拉和伊迪的表妹也叫玛格达（1087号），她是唐娜·斯坦霍恩的母亲。"我很小的时候就知道我的父母和其他人不一样。"唐娜说，"这让我想要保护他们，去治愈他们试图在我面前隐藏的深深的伤口，去尽我所能让他们过得开心。"同样，母亲们也想尽一切办法让孩子们开心，从不告诉他们关于大屠杀的经历。但我认识一个孩子，她很小的时候就被告知了一切，也因此遭受了二次创伤。种族灭绝不会彻底消失。它会继续困扰幸存者以及他们身边的亲人，甚至可能会塑造他们的人生。

奥尔纳·塔克曼的母亲玛尔塔从未谈及她的经历。2016年，奥尔纳开启了一段自我发现之旅——和我一起前往斯洛伐克和奥斯维辛。在女孩们被收容的城镇里，我们参观了过去的犹太教堂和市政厅，寻找着他的家人。在第一批遣送发生的75周年

398

之际，我们沿着波普拉德到奥斯维辛的火车路线重新走了一遍。我们站在 10 号营区的空地上，这里曾是女孩们最初被关押之地，也是后来纳粹进行绝育试验之地。当时，奥尔纳望着这片空地，吐露道："我的母亲应该就是在这儿被迫做绝育手术的。我是被领养的。"直到母亲去世后，奥尔纳才知道自己是被领养的。所有和玛尔塔一起活下来的人都保守着这个秘密。

有了孩子对她们而言可能是某种治愈。曾经有人问雷娜，战争结束后她是如何恢复精神状态的。"我生了个孩子。"她说。经历了一次流产之后，她的女儿西维亚出生了，这简直就是个奇迹。雷娜抱着女儿，满怀喜悦地看着丈夫说："我爱你，约翰。"她看着医生和护士说："我也爱你们。"

孕育新的生命，对她们而言是一种新生，也是她们活下来的赠礼。

难怪玛尔塔领养了奥尔纳。

玛尔塔的经历随着她的去世而消逝，成为众多可能永远不会被揭开的故事之一。尽管如此，写作和艺术仍是她们找到意义的另一种方式。移居法国后，迪娜嫁给了法国著名的抵抗战士埃米尔·瓦伊达。他们在普罗旺斯养育了一个儿子。迪娜写过很多笔记，大多是用波兰语或蹩脚的法语写的。在她的沉思录里，夹杂着看上去令人不安甚至有些恐怖的抽象水彩画。

玛蒂尔达·赫拉博韦克（婚前姓弗里德曼）（1890 号）写

了一本书《文有编号的手臂》。她也是纪录片和戏剧《第一批遣送中的最后一个女人》里的人物——当然，她并非最后一位。玛蒂尔达于2015年去世。到那时为止，第一批被遣送的女孩中至少还有6位尚在人世。也许还有其他人。

马奇是第二批被遣送的人之一。她移民到澳大利亚后，出版了她的回忆录。我和雷娜一起写了《雷娜的承诺》，而现在我又与伊迪丝一起写了这本书，还制作了一部纪录片。开始写的时候，伊迪丝告诉我，这本书"应该是关于我们所有人的，而不仅仅是一个人"。后来也确实如此。

前几批遣送者中的斯洛伐克幸存者，背负着令现在的人难以理解的沉重枷锁。埃塔的女儿艾瑞拉·诺伊曼解释说："在以色列，每个人都会指责这些活下来的斯洛伐克人。"因此，她们只想保持沉默，不愿去谈论这件事。"当初她们想说的时候我们不想听，现在我们又会因此而感到内疚。如今她们几乎都去世了，想要了解更多已经不太可能。"

正因为如此，南加州大学大屠杀基金会视觉历史档案馆成了至关重要的数据库。不少故事都有记录，虽然并不完整。年迈的幸存者说话常常很跳跃，而访谈者往往会漏掉一些关乎重要细节的关键问题，比如她婚前姓什么？她的编号是多少？在奥斯维辛，编号蕴含着丰富的信息，揭示出抵达时间、乘坐的交通工具、有多少人一起被遣送以及有多少人被送去毒气室。如果没有这些编号，我们就无法将幸存者和未能幸存的人置于达努塔·捷克所精心编纂的《奥斯维辛编年史》这部历史记录中。

许多幸存者从德国政府那里得到了一些经济赔偿，但她们需要提前申请，申请需要提供身份证编号、医疗证明和一份关于自己过去经历的声明。在一位幸存者去世后，她的儿女发现了一份提交给德国政府用于报销的医疗报告。报告上说，一位精神病医生曾给她提供治疗，以治好她的抑郁症，打消她的自杀念头。她的丈夫也一直对她的治疗情况保密。

当伊迪丝离开捷克斯洛伐克时，已经过了要求赔偿的最后期限。作为一名身体残疾的幸存者，她有充分的索赔理由，于是到法院上诉。德国法院虽然在情理上支持她获得赔偿，但又说法律无法修改。"这条法律可不怎么样。"

当伊达的女儿为母亲填写表格时，德国官员说："编号这么靠前（1930号），没有谁能在奥斯维辛集中营里活下来！"但她们确实活下来了，虽然有些人得到了赔偿，但有很多人要么因为烦琐的申请流程而选择了放弃，要么像伊迪丝和琳达一样因为制度原因而无法申请。

佩吉说："他们对于拿走的一切没有做出任何赔偿，也没有为我父亲和我所遭遇的一切给予补偿。我在集中营待了38个月，从来没拿到一分钱。"她还流产了一对双胞胎。

许多幸存者再也不想回到奥斯维辛或波兰。"母亲从不想让我们回到波兰。"阿基瓦·科伦（埃尔娜·德朗格的儿子）说。而另一些人，如海伦娜和贝尔莎，则带着她们的儿女回到这些地方参观。能认识一位幸存者并和她聊聊，意义非凡。能和幸存者一起回到集中营参观，更是能改变人生的经历。这是她们待了将近三年的"家"。她们熟悉这里的一草一木、一砖一瓦。但对一些幸存者而言，回到这里的感觉糟糕透了。有一张1990年的照片，是雷娜站在"劳动使人自由"的标语下。照片上的她显得很无助，就像她来到奥斯维辛那天的感觉一样。她想去比克瑙，去之前的毒气室为父母念祷词，但在死亡之门的阴影下，她崩溃了。"带我回家吧。"她恳求丈夫。他们乘下一班飞机回了美国，再也没有回去过。直到2017年，我替她完成了哀悼父母的心愿。

在澳大利亚，奥尔纳也有着非常相似的经历。"妈妈很幸运能和几位一起熬过奥斯维辛那段艰难岁月的幸存者保持联系。她们中有七个人住在附近的墨尔本。她们经常见面。虽然我不知道她们具体在聊什么，但我记得她们经常会谈起在奥斯维辛的日子。尽管她们会流露出伤感与难过，但现在回想起来，我印象最深的还是她们经常因为说起如何智斗党卫队并幸存下来的经历而大笑不已，仿佛已经将那些不堪回首的悲惨过去抛诸脑后。"

或许在谈到集中营时能展露笑颜的只有那些曾在加拿大营干活的幸存者。雷娜没有什么关于集中营的趣事可以和朋友分享，伊迪丝也没有。在加拿大营干活的会有些不同，她们会觉得自己很有成就，智斗党卫队，从他们眼皮子底下拿些必需品给其他同伴，这些反叛行为成为了珍贵的回忆。有多少人能像玛吉那样，有过将睡衣塞进鞋子里的举动呢？

加拿大营早就被烧成平地。这片分拣仓库的所在地，只剩下一排排的水泥地基。许多幸存者曾在这里干过活，竭力忍受过痛苦。五号焚尸场的废墟所在之处，现在也被夷为平地。伊达·艾格曼就是溜进附近的那间桑拿房里洗澡的。

身处开阔的加拿大营里，塔米和雪伦（伊达的孩子们）在想哪块水泥地曾经是母亲睡觉的地方，哪一块又曾经是她干活的地方。进入桑拿房，她们还想起她冒着生命危险淋浴的场景。她们正看着满是照片的纪念墙，一群来自瑞典的高中生向我们走来。不一会儿，房间里满是年轻的声音和面孔。

"她们的母亲是第一批被送往奥斯维辛集中营的人，有些后来幸存了下来。"我告诉带队的老师，"那一批人中有297名十多岁的少女，年龄和你们的学生差不多。"

十几岁的孩子们立刻围拢在这对"幸存者二代"姐妹的身边，这些学生中还有一些来自非洲的难民。当这对姐妹讲述了她们的母亲逃离压迫、成为难民以及移民到另一个国家的经历时，有不少学生感同身受，触景生情，潸然泪下。

几个小时后，我们与奥尔纳·塔克曼和伊达的孙女丹尼拉相遇在第 25 号营房。1942 年，贝尔莎、埃琳娜和玛吉在这里运过尸体；埃拉在这里救过伊莲娜；伊迪丝在这里为莱亚哭泣。我们紧握着彼此的手，开始祈祷。我们为莱亚、玛格达、阿德拉、马格杜斯卡和努西，为第一批被遣送的所有女孩祈祷，也为所有被遣送至此而失去生命的人祈祷。

最后的话

亲爱的读者：

请大家一定要明白，战争中没有赢家。即使获胜，也总会失去很多，钱财、孩子、家庭，等等。那算不上胜利！战争是人类最糟糕的经历！我想告诉大家的是，要用心去感受和理解，而不是道听途说，这样才能明白那些年里到底发生过什么。

这场被称为大屠杀的灾难，可以写出成千上万本书，但它永远无法被完整地描述出来。永远不能。我经历过。我和它共处了七八年。我经历过。我看到每个人如何用不同的方式应对它。谁能坚持到底，不放弃希望，认为一切都会好起来？谁还在凭借意志，坚持抗争？我们又如何依靠信仰活下去？说实话，我并不相信我能活下来。但我对自己说，我会尽我所能。

我现在还活着。

—— 伊迪丝·弗里德曼（1970 号）

格罗斯曼和格罗斯家族（从左到右依次为）拉迪斯拉夫·格罗斯曼、黛博拉（阿德拉的妹妹）、伊迪丝·格罗斯曼（1970号）、安娜·格罗斯（黛博拉的女儿）、祖兹卡（拉迪斯拉夫的妹妹）和她的丈夫贝拉·斯皮格尔医生，朱拉杰·格罗斯（黛博拉的儿子）和乔治·格罗斯（伊迪丝的儿子）。照片由格罗斯曼和格罗斯家族提供。

致　谢

对于如此浓烈的情感而言，"感激"这个词似乎太微小，不足以表达我对那些把家人的故事托付给我的家庭如此深切的谢意。我由衷感谢他们给我的这份信任。1992 年，当见到雷娜时，我未曾料想还能在二十五年后见到阿德拉·格罗斯一家，还能找到贝诺维奇娃姐妹的名字，还会有勇气写另一本关于大屠杀的书。

如果没有伊迪丝·格罗斯曼，这本书便无法写成。她敢于追溯过去，敢于在镜头前讲述自己如何生存下来，敢于接受如此多的个人采访，这都成为我做这项研究和写作这本书的动力。伊迪丝已经九十五岁了，却不知疲倦，头脑清晰，她直面我的提问，把自己在营地认识的许多女孩的情况倾囊相告，我有幸听她分享了那么多令人动容的故事，对此我永怀感激。我要谢谢伊迪丝，允许我进入她的生活，接纳我进入她的家中，结识她的家人。虽然我从未见过伊迪丝的丈夫拉迪斯拉夫·格罗斯曼本人，但我要感谢拉科（拉迪斯拉夫的昵称）写了很多关于家的小说，这些小说将他们的精神注入了本书开头。

2012 年，正是因为阿德拉的故事以及找到了她的表兄卢，我开始了这段旅程。感谢卢的妻子琼读了《雷娜的承诺》这本书，找到了阿德拉，与我取得联系。卢和格罗斯一家得知了他们的表妹在集中营的故事，此前七十年的时间，她都杳无音信。

我也要衷心感谢伊万·贾尼，他在九十二岁时成为我的研究助理，并在接下来的三年里持续帮助我。我本来是想找一位年轻的学生当助理，结果却找到了一位耄耋之年的老人。他在澳大利亚墨尔本当地的犹太人大屠杀纪念中心不知疲倦地追寻真相，帮助我们弄清楚了这段历史中令人困惑的某些地方，尤其是关于盖扎·孔卡博士。作为见证者，伊万写的文章和乔拉·阿米尔的回忆录意义重大，是我为这本书找到的最有价值的资料之一。

2016 年，我有幸见到帕沃尔·梅安博士和他来自布拉迪斯拉发犹太人文化博物馆的助手斯坦尼斯拉娃·伊库洛娃。梅安才华横溢，也提供了很多帮助。在我解开谎言和背叛交织的谜团，解读复杂的政治举措、官方法令，揭示名单的来源时，他们掌握的事实和拥有的洞察力发挥了关键作用。感谢他们邀请我参加周年纪念活动。感谢他们为了让女孩们被铭记、尊重和怀念，每一年在波普拉德所做的一切。

机缘巧合在此书创作的各个环节中都发挥了作用。如果没有在意大利威尼斯的犹太隔都五百周年纪念日遇见我的文学经纪人斯科特·孟德尔，我就不可能写出这本书，尽管他当时对这个故事并不感兴趣。几年后，我的优秀的编辑——米凯拉·汉密尔顿与出版社一起加入了本书的出版工作，成为讲述这个故事、让女孩们广为人知的先锋。感谢我的外国版权团队和宣发团队将这个故事传播给世界。我还要对亚瑟·麦瑟尔说："谢谢您对细节的关注以及在整本书的制作阶段所给予的帮助。"

为了纪念伊琳娜·斯特泽莱卡和她为奥斯维辛妇女营所做的工作，我非常感谢她为撰写"斯洛伐克犹太人悲剧"（The Tragedy of the Jews of Slovakia）系列文章所做的一切，感谢她让我和雷娜也有机会参与其中略献绵薄之力。伊万·卡梅内克博士或许只是将我引荐给历史学家扬·赫拉文卡和米查拉·莱尼科娃，但我也非常感谢他早期对第一批遣送者的研究，这些研究指引我找到了所需要的斯洛伐克国家档案馆文件。我也非常感激布拉迪斯拉发的科美纽斯大学通史系教授爱德华·尼安斯卡和他的学生，他们共同编制了多卷本的蒂索政府内政部以及法庭文件的目录。我在韦纳图书馆（Weiner Library）找到的相关书籍，也帮助我在斯洛伐克国家档案馆找到了所需要的历史文件。还有马雷克·佩伊克博士，他在档案馆里递给我一箱又一箱的资料，感谢他在翻译上的耐心协助。当我被一堆堆箱子和旧文件包围时，我无比开心。就在这些资料堆里，我时不时看到盖扎·孔卡的签名，这些签名通常不容易看到。

谨向奥斯维辛－比克瑙国家博物馆的研究人员和档案管理员表达我最深切的感谢：感谢皮奥特·切凯维奇，他在 2012 年带我进了他的办公室，并亲自带我参观了奥斯维辛尚未开放的地方，这给了本书很多启发；感谢多雷塔·内克斯，他是第一个带我去第 10 号营房的人；感谢万达·赫特尼，他在 2017 年将和我一起旅行的幸存者的后代带到 10 号营房，他们的母亲曾是第一批被奥斯维辛集中营关押的；感谢马格达莱娜·加布里奥和卡塔日娜·科隆科帮助我们在博物馆现场进行拍摄。

在南加州大学大屠杀基金会视觉历史档案馆，我要感谢我在 2012 年联系的第一个人——克里斯平·布鲁克斯。她在数据库中搜索了第一批被遣送的幸存者的证词，并给了我一份最初的名单，名单上有 22 人，还有她们年轻时的照片。这份清单就是这本书的萌芽。我也要感谢南加州大学大屠杀基金会视觉历史档案馆的检索部主管乔治娜·戈麦斯，她帮助我获得了使用证词和照片的许可，使得读者也可以看到女孩们的样子。除此之外，我还要感谢以色列犹太大屠杀纪念馆的档案管理人员多年来的帮助，他们包括：鲁特·戈兰尼、玛丽莎·弗恩和阿拉·库切连科，感谢他们将原始名单给奥娜和她的儿子吉迪恩看。我也要感谢美国大屠杀纪念馆的利利亚·梅耶罗维奇，她解答了我的许多问题，并且总是回复迅速。我也非常感谢英国大屠杀纪念馆的主任西蒙·本特利，感谢他的善意和支持以及他手下出色的工作人员。

在这个过程中，没有人比真正的幸存者、她们的孩子、她们的证人和未能幸存者的家人更重要。正是通过他们，我发掘出许多不为人知的故事，可能在本书付印时都仍在继续进行。他们已经铭刻在我心里，成为我生活中不可分割的一部分，我无法恰如其分地表达出我对他们所有人的尊敬和爱意。

在马丁·吉尔伯特爵士的图书馆里，我曾与他的遗孀埃丝特·吉尔伯特夫人以及幸存者的儿子伊万·斯洛博达坐在一起，伊万翻译了有关女孩们吃喝问题的历史文件，这是我在写这本书的过程中最深刻的记忆之一。我被马丁先生的书包围着，听到像鲁迪·弗尔巴这样的名字被不断提及，就像提及亲近的朋友一样熟悉。谁会想到，一个曾经认为历史课是午睡好时机的孩子，会成为大屠杀历史研究方面的专家呢？我非常感激马丁·吉尔伯特爵士在我在修改新一版的《雷娜的承诺》时所给予的支持，也很感激埃丝特·吉尔伯特夫人的支持，她一直是这个项目的推动者，曾鼓励我记录第一批被遣送的女孩的故事。我希望我所做的事能让鲁迪和马丁感到骄傲。

我要感谢奥娜·塔克曼、阿维·科伦、阿基瓦·伊沙里、丹尼尔拉和乔纳森·弗林斯塔特，感谢你们加入我的斯洛伐克和波兰之旅，这段旅程的顶点是参观奥斯维辛－比克瑙集中营。我还要感谢导演、摄影师和亲爱的朋友史蒂芬·霍普金斯，他拍摄了整个旅程以示后人，并制作了一部关于女孩们的纪录片，感谢他们的辛勤工作和不知疲倦的研究。我也很感谢最亲爱的伊莎贝尔·莫罗斯帮忙联系到了我的译者——来自莱沃恰的玛蒂娜·姆拉佐娃，她在进修高级学位的学业压力下挤出宝贵的时间来为我翻译大量的斯洛伐克语材料。还有我的其他几位译者和誊写员：凯瑟琳·富雷、加布里埃尔·巴罗、埃丝特·马蒂厄、约翰尼·鲍尔、佩德罗·奥利维拉和谢卡尔·加洛特，感谢你们。当然还有阿维优秀的妻子——萨拉·伊萨卡里，她为翻译希伯来语证言作出了大量贡献。我也要感谢莎拉·戈登帮我审阅初稿，感谢《国家地理》杂志的奥利弗·佩恩以及他的妻子辛迪·莱特纳，感谢他们帮我联系到了基蒂·克劳斯——我亲爱的文字编辑，她昼夜不停地工作，直到完稿最后一刻还在帮我修正错误。

我还得感谢许多第一批被遣送的女孩的亲属，他们为我提供了故事和照片，让我们了解到这些年纪轻轻的女孩在1942年的真实面貌——如此年轻，如此纯真。感谢贝尼·格林曼（玛格达·阿姆斯特的表亲)、彼得·丘多(克拉拉·卢斯特巴德尔的儿子)、安德里亚·格兰茨皮格尔(萨拉·布莱希的孙女)、达莎·格拉菲尔(琳达[利布沙－赖希]的女儿)、伊兰娜·莱福维茨(塞雷纳·莱夫科维茨的女儿)、唐娜·斯坦霍恩(玛尔塔·弗里德曼的女儿)、西莉亚·普雷特和贝莉·利斯(雷吉娜·施瓦茨的两个女儿)、朱迪丝·戈尔德(佩雷尔·弗里德曼的女儿)、杰弗里·劳特曼(伯莎·贝尔科维茨的儿子)、纳奥米·伊科维茨(伯莎·贝尔科维茨的侄女、范妮的女儿)、露丝·怀斯(艾琳娜·扎克门的女儿)、维拉·鲍尔(雷吉娜·沃尔德的女儿)、罗塞特·鲁特曼(埃拉的女儿和伊迪、莱拉的侄女)、帕沃尔·黑尔(格特鲁德·克莱因贝格尔的侄子)、伊娃·兰格(弗里达和海伦娜·贝诺维奇娃的侄女)、伊万·斯洛博达(朱迪塔的儿子)、西尔维亚·拉尼尔、约瑟夫和罗伯特·克尼亚(均为雷娜的孩子)、苏珊·哈特曼·施瓦茨(努西的侄女、尤金的女儿)、迪安·扬(马格杜斯卡·哈特曼的侄子、安德鲁·哈特曼的女儿)、阿莱娜·吉舍(雷娜的朋友)、谢丽尔·梅特卡夫(代表科普洛维茨和齐格勒一家,也感谢玛雅·李(马格达·海林格的女儿)、萨拉·科恩和诺曼·布兰德尔(均为丹卡的女儿)和祖扎娜·科瓦奇科娃(曼奇的侄子),谢谢你们分享他们的生活。我很抱歉无法在这本书中讲述更多你们和他们的故事。

413

　　写作过程中最艰难的莫过于讲述那些未能活下来的女孩的故事。当我直面那些逝去的年轻生命，安妮塔·索恩总是在适当的时候给我精神上的鼓舞。我真希望我能知道马格杜斯卡和努西身上发生了什么，但她们正说明了还有成千上万的——不，数以百万计的——永远无法解决的谜团。

　　感谢研究星相的莫莉·麦考德和罗伯特·威尔金森，帮助我弄清关于希姆莱的某种迷信观念，感谢他们认真对待我的直觉，探讨了戈培尔对"最终解决方案"的传达与占星术的某种可能的联系。谢谢他们对解读这段历史的奉献与努力。

　　写这本书有时会让我情绪激动。我非常感谢我的写作团队苏基、费利西亚和康妮，还有我的好朋友劳伦、妮珂莱特和塔玛拉的支持。还要感谢我的哥哥，他是家中的第一位作家，忍受我消失了 10 个月的行为，谢谢他一直以来对我的鼓励和信任。我还要感谢我的父亲，他并不总能理解我在做什么，但一直都很支持我。

　　第一个坚持要我写这本书的人是我的良师益友丈夫西蒙·沃拉尔，虽然他有时也后悔让我写这本书。感谢他翻译了德文文献，还代表我与拉文斯布吕克档案馆的管理员打交道；感谢他作为我的第一个读者、编辑和支持者；感谢他做饭洗碗，还要忍受我的情绪波动（我在写作过程中有时会沉浸在悲伤中）；感谢他始终如一的悉心陪伴，陪我完成了这本书的著述。

最后，我要对我的两个孩子表达谢意，并以他们为自豪：十四岁的乔西·珀尔，刚刚完成第一部小说；另一个小宝贝唐娜·斯奈德所展现的天赋、机灵以及获得的全 A 成绩都让我赞叹不已。他们赋予了我的生命更多意义，无论是现在还是未来，他们是我永远的骄傲。

译后记

在众多关于大屠杀和集中营的书籍当中，这本书是极为特殊的。它有历史研究的细密严谨，也不时用文学的想象来填补资料的空白。很少有人会想到，第一批"正式"被遣送至奥斯维辛的囚徒，竟然是 999 名斯洛伐克犹太女孩。这本书是她们的史诗。它讲述了阴谋、欺骗、死亡与毁灭，也讲述了温情、勇气、抗争与重生。

感谢以色列犹太大屠杀研究所的首席历史学家吉迪恩·格雷夫教授。在翻译本书的过程中，他回答了关于奥斯维辛的一些细节问题，并欣然为中译本作序。此外，2019 年翻译出版他的代表作《无泪而泣》，也是这本译作得以产生的重要机缘。

感谢澳大利亚阿德莱德大学的诸葛漫教授。他解答了一些关于犹太传统的疑问，并以幸存者后代的身份与我进行了深入讨论。

最深的感谢要留给我的学生们。在翻译的过程中，这本书也被用作指导研究生、进行翻译教学的材料。中山大学国际翻译学院 2019 级翻译硕士研究生曾海星、张子渝各自试译了部分章节，并撰写了翻译报告。在研究生"英译汉"的课堂上，2020 级研究生们也参与了几个章节的翻译讨论。他们敏锐的意识、灵活的思维和强大的检索求证能力，解决了一些难点，让译文增色不少。他们曾和我一起面对语言和文化的挑战，分享翻译和思考的快乐，即便是对于这样一本讲述苦难的沉重的书。谢谢你们。

曾 记

2021 年 3 月于中山大学珠海校区

999: THE EXTRAORDINARY STORY OF THE FIRST WOMEN IN AUSCHWITZ By HEATHER DUNE MACADAM

Copyright: ©2020 BY HEATHER DUNE MACADAM

This edition arranged with KENSINGTON PUBLISHING CORP Through BIG APPLE AGENCY, INC., LABUAN, MALAYSIA.

Simplified Chinese edition copyright: 2020 Beijing Xinchang Cultural Media Co., Ltd.

All rights reserved.

图书在版编目（CIP）数据

血泪之泣 / （美）希瑟·丘·麦克亚当著；曾记译. --长沙：湖南人民出版社，2024.5

ISBN 978-7-5561-3221-8

Ⅰ．①血…　Ⅱ．①希…　②曾…　Ⅲ．①第二次世界大战—犹太人—集中营—史料　Ⅳ．①K152

中国国家版本馆CIP数据核字（2023）第070269号

血泪之泣

XUE LEI ZHI QI

著　　者：〔美〕希瑟·丘·麦克亚当
译　　者：曾　记
出版统筹：陈　实
监　　制：傅钦伟
产品经理：田　野
责任编辑：田　野
责任校对：周海香
装帧设计：陶迎紫

出版发行：湖南人民出版社〔http://www.hnppp.com〕
地　　址：长沙市营盘东路3号　邮　编：410005　电　话：0731-82683313

印　　刷：湖南天闻新华印务有限公司
版　　次：2024年5月第1版　　印　　次：2024年5月第1次印刷
开　　本：880mm×1230mm　1/32　　印　　张：13.625　　插　页：16
字　　数：245千字
书　　号：ISBN 978-7-5561-3221-8
定　　价：88.00元

营销电话：0731-82221529（如发现印装质量问题请与出版社调换）